W0064273

Zu diesem Buch

Wer auch immer und aus welchen Gründen den Schritt in die Selbständigkeit unternimmt, er sieht sich vor allem zwei Problemen gegenüber: der Organisation seiner Finanzen und der sozialen Absicherung. Dieses Handbuch berät vom Aufbau einer günstigen Kranken- und Altersversicherung bis zum effizienten Steuersparen, von der sinnvollen Gütertrennung bis zur Absicherung von Darlehen, von der Einrichtung einer Buchhaltung bis zu den Vorteilen der Künstlersozialkasse.

Die Autoren

Cornelius Buchmann, geboren 1967, hat ein geisteswissenschaftliches Studium an der Uni Hamburg absolviert und war von 1994 bis 1998 freier Mitarbeiter am Institut Für Finanzdienstleistungen in Hamburg. Seither arbeitet er als Conceptioner für neue Medien. Er ist mit Roland Keich Autor des Ratgebers «Wohneigentum. Wie Sie den Kauf eines Hauses oder einer Wohnung sicher finanzieren» (rororo Sachbuch 60221).

Herbert Künzel, geb. 1939, Ausbildung zum Bankkaufmann, langjährige Praxis bei der Organisation und beim Controlling von Handels- und Wirtschaftsunternehmen, mittlerweile selbständiger Buchführungshelfer und Wirtschaftsberater für Jungunternehmer, Freiberufler sowie kleine und mittelständische Unternehmen.

Cornelius Buchmann, Herbert Künzel

Freiberuflich arbeiten

Wie Sie als Selbständiger Ihre Finanzen optimal
organisieren und sich sozial absichern

Rowohlt

Dieser Finanzratgeber wurde herausgegeben vom
Institut Für Finanzdienstleistungen e. V. (IFF), Hamburg

Redaktion im Institut Cornelius Buchmann
Redaktion im Verlag Wolfgang Müller
Umschlaggestaltung Tobias Bott
(Foto: Tony Stone Images / Daniel Bosler)

2. Auflage März 2001

Originalausgabe
Veröffentlicht im Rowohlt Taschenbuch Verlag GmbH,
Reinbek bei Hamburg, Oktober 1998
Copyright © 1998 by Rowohlt Taschenbuch Verlag GmbH,
Reinbek bei Hamburg
Satz Sabon und Frutiger, PostScript, QuarkXPress 3.31
bei UNDER / COVER, Hamburg
Druck und Bindung Clausen & Bosse, Leck
Printed in Germany
ISBN 3 499 60570 8

Inhalt

Vorwort 7
Einleitung 9

Wie Sie Ihren Betrieb aufbauen 13

1. Welchen Beruf übe ich aus? 14
2. In guter Gesellschaft 19
3. Verträge und Vereinbarungen 22
4. Wie Struktur in Ihre Finanzen bringen? 33
5. Wie Sie Ihre Buchhaltung aufbauen 36

Der notwendige Versicherungsschutz 49

1. Haushalts-Check 51
2. Die private Haftpflichtversicherung 54
3. Betriebs- und Berufshaftpflichtversicherung 58
4. Die Berufsunfähigkeitsversicherung 62
5. Die Risikolebensversicherung 74
6. Rechtsschutzversicherungen 82

Das Thema Krankenversicherung 85

1. Die gesetzliche Krankenversicherung 89
2. Die private Krankenversicherung 97
3. Auswahl eines privaten
   Krankenversicherungsunternehmens 123
4. Worauf beim Abschluß einer
   Krankenversicherung zu achten ist 131

Die Künstlersozialkasse: Wenn Fisch auch Fleisch sein kann 137

Vorsorgestrategien und Altersvorsorge 149

1. Absichern geht vor Altersvorsorge:
   Versicherungen und Rücklagen 152
2. Die gesetzliche Rentenversicherung:
   Für Selbständige kein Thema? 161
3. Playboy oder Parkbank –
   So viel Geld brauche ich im Alter 174
4. Mittel- und langfristige Geldanlage:
   Die Bausteine für Ihre Vorsorgestrategien 181
5. Investmentfonds (Aktienfonds, Rentenfonds,
   Immobilienfonds, gemischte Fonds) 183
6. Wertpapiere (Anleihen,
   festverzinsliche Wertpapiere, Rentenwerte) 192
7. Aktien 196
8. Kapitallebensversicherungen 199
9. Private Rentenversicherungen 204
10. Fremdgenutzte (vermietete) Immobilien 208
11. Geldanlage und Euro 210
12. Ihr Produktmix für die Altersvorsorge 215

Ein Wort fast zum Schluß 217

Adressenverzeichnis 220

Sachwortregister 222

Vorwort

Geld verdienen, aber auch Geld ausgeben ist heute gar nicht mehr so einfach. Dazwischen sind die «Finanzdienstleistungen» getreten, sie sind ein selbstverständlich gewordener Teil unserer sozialen Existenz und ihrer Sicherung.

Dabei wird es immer schwieriger, die Palette der Angebote zu überschauen. Mit dem Heraussuchen der günstigsten Zinssätze und Gebühren ist es heute längst nicht mehr getan. Es reicht auch nicht mehr aus, zu wissen, was die «besten» Angebote und Leistungen sind. Es gilt genauso herauszufinden, wo ich sie bekommen kann und ob sie für mich auch zugänglich sind. Schließlich ist für jeden ein anderes Produkt «das beste» – abhängig von seiner sozialen Lage und Zukunft. Tests allein nach dem Prinzip «möglichst billig» führen somit in die Irre. Was geschieht jedoch, wenn die ec-Karte gestohlen wird, Kreditkarten nicht mehr bezahlt werden können oder das Girokonto über das Limit überzogen ist? Schon mancher hätte gerne im nachhinein auf viele Annehmlichkeiten oder ein paar Mark verzichtet, wenn dafür eine bessere Krisenbewältigung möglich gewesen wäre. «Partnerschaft bewährt sich in der Not», sagt der Volksmund. Um diese Qualität von Finanzdienstleistungen beurteilen zu können, braucht der Verbraucher einen unabhängigen Partner mit langjähriger Erfahrung. Ein solcher Partner möchte das IFF für Sie sein. Es richtet sich mit dieser Serie von Finanzratgebern direkt an Ihr Bedürfnis nach gutem Rat bei komplizierten Entscheidungen.

Auch wenn es zuerst einmal um Ihren unmittelbaren Vorteil geht, mittelbar zielen wir auf die Steigerung der Qualität von Finanzdienstleistungen, ihres Vertriebs und der damit verbundenen Beratung. Der Markt richtet sich nach Angebot und Nachfrage. Die Anbieter wollen ihre Produkte verkaufen, und sie wollen daran Geld verdienen. Kundenfreundlichkeit, Verbraucherschutz und Verständnis auch für problematische Lebenssituationen kommen nicht von alleine ins Angebot der Sparkassen, Banken und Versicherungen. Das bewirken vielmehr wachsame Verbraucher, die auf diese Punkte achten, danach fragen und kontrollieren, ob sie auch tatsächlich eingehalten werden. Mit diesem und den anderen Finanzratgebern des IFF wollen wir dazu beitragen, daß es immer mehr kritische Verbraucher auf dem Markt gibt, die den Finanzanbietern kundig und selbstbewußt gegenübertreten.

Mit dieser Zielsetzung vor Augen können wir Ihnen nicht versprechen, daß alles so einfach ist, wie viele Ratgeber und vor allem die Werbung vorspiegeln. Nur zu oft werden Probleme und mögliche Konflikte heruntergespielt oder außer acht gelassen. Wir können Ihnen nur versprechen, daß wir bemüht sind, auch die komplizierteren Aspekte einfach darzustellen. Natürlich haben Sie als Leser die Möglichkeit, diese Kapitel zu überspringen, wenn sie nach Ihrem Geschmack zu sehr ins Detail gehen. Wenigstens wissen Sie auf diese Weise aber, was Sie dann vielleicht nicht wissen.

Unzählige Spar- und Anlage-, Kredit- und Kontoprobleme, die wir in den letzten zehn Jahren zusammen mit den Verbraucherzentralen begutachtet, analysiert und nachgerechnet haben, waren uns eine gute Vorbereitung auf die schwierige Aufgabe, kompetent Rat zu geben im Interesse des Verbrauchers. Gewiß werden Sie den Unterschied zu solchen Büchern bemerken, die nicht aus der Verbraucherberatung, sondern aus der Verkaufserfahrung heraus entstanden sind.

Ihr

Prof. Dr. Udo Reifner
Direktor des Instituts Für Finanzdienstleistungen (IFF) e. V.

Leider ist es dem IFF nicht möglich, einzelne Verbraucher zu beraten. Dafür wenden Sie sich an die Verbraucherzentralen, die ständig die Ergebnisse unserer Untersuchungen in ihre Beratung einarbeiten und uns informieren, mit welchen Problemen Sie zu kämpfen haben. So bleiben wir in Kontakt mit Ihnen.

Einleitung

Die Existenzgründung ist Thema vieler Bücher. Die vermitteln Ihnen allerlei Tricks und Tips, wie Sie Ihre Firma oder Ihren Betrieb organisieren, Ihre Werbung gestalten oder Fördergelder vom Staat erhalten können. Eine Frage kommt dabei allerdings meist zu kurz: die Frage, wie Sie neben den geschäftlichen auch Ihre privaten Finanzen optimal organisieren. Mit dieser Frage wollen wir uns in diesem Band ausführlicher auseinandersetzen.

Dabei bildet insbesondere die Frage der sozialen Absicherung einen Schwerpunkt dieses Buchs. Welche Versicherungen müssen Sie für sich und welche für Ihren Betrieb abschließen? Wie organisieren Sie Ihre Krankenversicherung und Ihre Altersvorsorge? Welche Besonderheiten müssen Sie als Freiberufler beachten? Und wo stecken Fallen, durch die Ihnen Ansprüche oder Kostenersparnisse verlorengehen?

Wir haben uns bemüht, einen möglichst großen Bogen zu spannen und Ihnen viele, auch kleinere Tips zu geben, die Ihnen helfen können, die Rahmenbedingungen Ihrer freiberuflichen Tätigkeit optimal zu gestalten. *Checklisten*, die Sie kopieren und individuell ausfüllen können, helfen Ihnen, Ihren Bedarf und Ihre Situation richtig einzuschätzen. In *Beispielen* wird Ihnen demonstriert, wie sich abstrakte Formulierungen in konkrete Sachverhalte verwandeln, die Ihrem Alltag entsprechen. *Tips*, aber auch Warnungen (*Achtung*) informieren Sie darüber, was Sie besonders beachten sollten. Und immer wieder wird am Ende eines Kapitels oder an sonst uns wichtig erscheinenden Stellen ein *Fazit* gezogen, in dem Sie die wichtigsten Informationen noch einmal zusammengefaßt finden.

Dieser Ratgeber ist so aufgebaut, daß Sie keine besonderen Vorkenntnisse brauchen. Schritt für Schritt erhalten Sie eine umfassende Einführung in die Thematik. Sie lernen die Begriffe kennen, mit denen Sie bei Banken, in der Werbung, in Allgemeinen Geschäftsbedingungen der Versicherungsgesellschaften und im Schriftwechsel mit dem Finanzamt konfrontiert werden.

Wir sind davon ausgegangen, daß Sie den Band von Anfang bis Ende durchlesen. Deshalb wird in den späteren Kapiteln oft nur kurz erwähnt, was in den vorangegangenen ausführlicher erläutert wurde. Trotzdem können Sie diesen Ratgeber auch dafür gebrauchen, in einzelnen Kapiteln die Fragen nachzuschlagen, die Ihnen vielleicht gerade besonders «auf den Nägeln brennen». Am Ende des Bandes finden Sie ein umfangreiches Sachwortregister, mit dessen Hilfe Sie die Begriffe, die Sie interessieren, nachschlagen und die entsprechenden ausführlichen Erklärungen schnell auffinden können.

Als Selbständiger, Bankkunde, Versicherungsnehmer und Steuerzahler sind Sie mit vielen Gesetzen und Regelungen konfrontiert. Diese Vorschriften sind immer wieder Änderungen unterworfen. Wir raten Ihnen deshalb, sicherheitshalber zu prüfen, ob nicht mittlerweile Gesetze geändert oder neue Regelungen eingeführt wurden.

Wenn Sie den Band im ganzen durchgelesen haben, verfügen Sie über ein fundiertes Grundwissen, mit dem Sie selbst die Spreu der vielen Angebote vom Weizen trennen können. Am Ende sollten Sie in der Lage sein, Ihre Situation selbst zutreffend einzuschätzen und daraus die richtigen Konsequenzen zu ziehen. Schnell werden Sie dabei merken, daß es zu vielen Problemen ganz unterschiedliche Antworten und selten nur eine einzige «richtige» Lösung gibt. Ihre Entscheidungen sind durch Ihre individuellen Umstände geprägt, und vielleicht kann dieser Ratgeber Ihnen dann nicht immer alle Fragen beantworten. Für diesen Fall haben wir Ihnen verschiedene Anlaufstellen genannt, bei denen Sie sich weiter beraten lassen können. Und auf jeden Fall wissen Sie dann, welche Fragen Sie dort stellen sollten und welche Sie unbedingt stellen müssen.

Wir bilden uns nicht ein, Ihnen viel darüber erzählen zu können, wie Sie Ihre beruflichen Ziele erreichen. Dazu ist der von uns angesprochene Personenkreis ohnehin zu groß. Wie Sie Ihr Unternehmen erfolgreich starten können, wissen Sie selbst am besten. Dies ist also kein klassisches Existenzgründerbuch. Es richtet sich auch an diejenigen, die vielleicht schon seit einiger Zeit freiberuflich tätig sind, bis jetzt aber noch keine Zeit, keine Muße oder keine finanzielle Möglichkeit gefunden haben, um neben den Erfordernissen Ihres Betriebs auch Ihre persönliche Absicherung zu organisieren. Deshalb haben wir einige klassische Themen der «Existenzgründer-Literatur» in diesem Band bewußt ausgelassen; so zum Beispiel den Themenkreis öffentlicher Förderkredite. Dazu sind bereits viele umfangreiche und hervorragende Ratgeber erschienen, zum Beispiel der in diesem Verlag erschienene Band Gabriele Kaufmann u.a. «Existenzgründung» (rororo Sachbuch 9949), um nur einen zu nennen. Wir haben uns deshalb in diesem Band ausführlicher mit Fragen beschäftigt, die in anderen Büchern zu kurz kommen. Dieses Buch ist vor allem für diejenigen geschrieben, bei denen ein kaufmännischer Grundlehrgang im Rahmen ihrer Ausbildung nicht vorgesehen ist und die von daher oft vor dem grundsätzlichen Problem stehen, wie Sie Ihre Finanzen überhaupt organisieren sollen.

Alle Angaben in diesem Band beziehen sich auf den Stand September 1998.

Da sich vor allem steuerliche Regelungen in den Jahren seit 1998 verändert haben, empfehlen die Autoren den Kontakt zum Finanzamt.

Wie Sie Ihren
Betrieb aufbauen

1. Welchen Beruf übe ich aus?

Sobald Sie für eine von Ihnen erbrachte Arbeitsleistung eine Rechnung zugunsten Ihres eigenen Kontos ausstellen, haben Sie damit bereits Einkünfte aus selbständiger Arbeit erzielt. In diesem Moment haben Sie faktisch auch ein Unternehmen gegründet. Sie unterliegen damit der Pflicht, Ihre Einkünfte gegenüber der Steuer zu dokumentieren und eine ordentliche Buchhaltung zu führen, haften für die eventuell aus Ihrer Arbeit entstehenden Schäden und Folgeschäden, fallen in bestimmten Berufszweigen unter die Anmeldungspflicht und unterliegen den gesetzlichen Bestimmungen zum Abschluß branchenspezifischer Versicherungen. Die Gründung eines Unternehmens ist mit einer ganzen Reihe von Konsequenzen verbunden, die für viele Freiberufler und Selbständige zu Beginn Ihrer Tätigkeit noch gar nicht abzusehen war.

Noch bevor Sie Ihre erste Rechnung schreiben, sollten Sie also überlegen, welchen Beruf Sie eigentlich in welchem Rahmen ausüben wollen. Neben der Entscheidung, ob Sie sich gleich voll auf die Selbständigkeit einlassen oder ob Sie zunächst teils angestellt, teils freiberuflich arbeiten wollen, steht vor allem die von Ihnen gewählte Tätigkeit und die damit verbundene Berufsbezeichnung im Vordergrund. Mit unterschiedlichen Berufen sind auch unterschiedliche Pflichten verbunden, die sich bereits bei der offiziellen Anmeldung Ihrer selbständigen Tätigkeit bemerkbar machen.

Für viele selbständig Tätige steht am Anfang ihrer Selbständigkeit der Gang zum Gewerbeamt. Das Gewerbeamt ist der jeweiligen regionalen Verwaltung untergeordnet. Dort können Sie einen Antrag auf Zulassung Ihres Gewerbes stellen. Die amtliche Zulassung wird dadurch dokumentiert, daß Ihnen ein Gewerbeschein ausgestellt wird.

Für manche Freiberufler ist dieser Gang zum Gewerbeamt bereits der erste Fehler ihrer Karriere als Selbständiger. Denn mit der Anmeldung eines Gewerbes sind neben einer Menge Papierkrieg auch einige besondere Verpflichtungen verbunden. So meldet das Gewerbeamt Ihre Gewerbeanzeige, in der Sie Ihren Namen, die Bezeichnung des ausgeübten Berufes, den Geschäftsinhaber (Geschäftsführer) Ihres Betriebs und einige persönliche Daten angegeben haben, an verschiedene Stellen weiter.

Als erstes wird das für Sie zuständige Finanzamt davon informiert, daß Sie eine selbständige Tätigkeit aufgenommen haben. Von dort aus wird man Ihnen einen Fragebogen zuschicken, in dem Sie zu Ihren Einkommensverhältnissen und vor allem nach dem Gewinn befragt werden, den Sie mit Ihrer Tätigkeit erzielen werden. Diese Daten dienen dem Finanzamt dazu, festzulegen, in welcher Höhe Sie Steuervorauszahlungen zu leisten haben. Je höher Sie Ihren erwarteten Gewinn angeben, desto höher fällt auch die Steuervorauszahlung aus. Geben Sie hingegen einen nur unbedeutenden Gewinn an, müssen Sie damit rechnen, daß das Finanzamt nachforschen wird, aus welchen Mitteln Sie Ihren Lebensunterhalt bestreiten wollen. Dies kann für Sie unangenehme Folgen haben, wenn das Finanzamt auf diesem Wege von zusätzlichen Vermögenswerten oder Einkünften erfährt, die bis jetzt in Ihrer Steuererklärung nicht aufgetaucht sind.

Die zweite Stelle, die Geld von Ihnen haben will, ist die Berufsgenossenschaft. Über sie wird die gesetzliche Unfallversicherung am Arbeitsplatz geregelt. Wenn Sie Angestellte beschäftigen, müssen Sie für diese Beiträge an die berufsgenossenschaftliche Unfallversicherung bezahlen. Aber auch als Geschäftsführer der eigenen Firma sind Sie in den meisten Fällen in der gesetzlichen Unfallversicherung pflichtversichert.

Je nach der von Ihnen angegebenen Berufsbezeichnung informiert das Gewerbeamt auch die Handwerks- oder die Industrie-

und Handelskammer. Die Mitgliedschaft in diesen Institutionen ist für Gewerbetreibende nicht freiwillig; Sie sind zum Beitritt und zu der entsprechenden Beitragszahlung verpflichtet.

Wenn Sie als Handwerker eine Meisterprüfung und als Kaufmann eine Ausbildung zum Vollkaufmann vorweisen können, wird Ihr Gewerbebetrieb in der Handwerksrolle oder dem Handelsregister eingetragen. Sollten Sie sich dafür entscheiden, Ihren Betrieb als GmbH zu organisieren, werden Sie auch als Kleinunternehmer ins Handelsregister aufgenommen.

Sofern Sie eine entsprechende Qualifikation nicht nachweisen können, dürfen Sie sich auch nicht unter der jeweiligen Berufsbezeichnung als Handwerker oder Kaufmann selbständig machen oder eine mit dieser Berufsbezeichnung verbundene Tätigkeit ausüben. Darüber wacht neben den berufsständischen Verbänden auch das Gewerbeaufsichtsamt, das ebenfalls automatisch von Ihrer Gründung informiert wurde. Im Gewerbeaufsichtsamt wird noch einmal, wie im Gewerbeamt, geprüft, ob Sie eine Berufsbezeichnung angegeben haben, die auf einen genehmigungspflichtigen Beruf, zum Beispiel Arzt oder Rechtsanwalt, hindeutet. Neben einem Handwerk oder einem Handelsunternehmen gibt es viele weitere Berufe, die Sie nur dann ausüben dürfen, wenn Sie eine entsprechende Qualifikation nachweisen können.

Wenn Sie ein Gewerbe angemeldet haben, unterliegen Sie auch später noch der Gewerbeaufsicht. Wenn Sie also Ihren Firmensitz verlegen, eine neue Filiale eröffnen, Ihren Tätigkeitsbereich verändern oder Ihren Betrieb einstellen wollen, müssen Sie diese Änderungen gegenüber dem Gewerbeamt anzeigen. Daneben gibt es noch eine Reihe weiterer Meldepflichten, über die Sie – je nach der von Ihnen ausgeübten Tätigkeit – vom Gewerbeamt informiert werden.

Die Pflicht zur Anmeldung eines Gewerbes besteht grundsätzlich nur für Gewerbebetriebe. Wann ein solcher Betrieb vorliegt, ist zum Beispiel im Einkommensteuergesetz erläutert: «Eine selbständige nachhaltige Betätigung, die mit der Absicht, Gewinn zu erzielen, unternommen wird und sich als Beteiligung am allgemeinen wirtschaftlichen Verkehr darstellt, ist Gewerbebetrieb, wenn die Betätigung weder als Ausübung von Land- und Forstwirtschaft noch als Ausübung eines freien Berufs noch als andere selbständige Arbeit anzusehen ist.»

Neben den gewerblichen Berufen gibt es eine ganze Reihe von sogenannten freien Berufen, für die also keine Anmneldung beim Gewerbeamt erforderlich ist. Auch dann nicht, wenn die sonstigen Anforderungen an ein gewerbliche Tätigkeit durch das Einkommensteuergesetz erfüllt sind, die Tätigkeit also selbständig, nachhaltig (also über einen längeren Zeitraum) und mit Gewinnerzielungsabsicht am allgemeinen wirtschaftlichen Verkehr teilnimmt.

Die Liste der anerkannt freien Berufe ist recht lang. Trotzdem müssen die Gerichte immer wieder im Einzelfall entscheiden, ob es sich um einen gewerblichen oder einen freien Beruf handelt. Einige der wichtigsten anerkannt freien Berufe sind: Erzieher, Lehrer und Dozenten, Rechtsanwälte und Rechtsbeistände, Notare, Wirtschaftsprüfer, vereidigte Buchprüfer und Revisoren, Steuerberater, ärztliche und Heilberufe (zum Beispiel Ärzte, Psychologen, Heilpraktiker, Zahnärzte und Krankengymnasten); Wissenschaftler, Künstler, Schriftsteller, Journalisten, Bildberichterstatter (zum Beispiel Pressefotografen und -kameraleute), Übersetzer und Dolmetscher, Lotsen, Ingenieure, Architekten sowie Volks- und Betriebswirte in beratender Tätigkeit.

Dazu zählen auch ähnliche Berufe; besonders dehnbar ist in diesem Zusammenhang der Begriff einer «künstlerischen Tätigkeit». Unter ihn können vom Kostümschneider bis zum Werbetexter viele kreative Berufe zusammengefaßt werden. Für diese Berufe brauchen Sie keine Gewerbeanmeldung.

Wenn Sie unsicher sind, ob Sie eine freie oder eine gewerbliche Tätigkeit ausüben werden, sollten Sie sich vorher umfassend zum Beispiel bei den berufsständischen Vereinigungen oder bei einem Steuerberater erkundigen. Besonders heikel kann die Frage des ausgeübten Berufs nämlich zum Beispiel dann werden, wenn die selbständige Ausübung des Berufs sonst durch Handwerks- oder Handelsrecht an den Nachweis bestimmter Qualifikationen gebunden ist, um überhaupt auf eigene Rechnung stattfinden zu dürfen. So darf ein Fotograf sich ohne Meisterprüfung nur als Bildberichterstatter oder künstlerischer Fotograf selbständig machen. Und ohne Meisterprüfung kann ein Friseur sich nicht selbständig machen, es sei denn, er übt als Maskenbildner eine künstlerische Tätigkeit aus.

Unberührt von der Frage nach der Gewerbeanmeldung bleibt allerdings die Frage nach der Genehmigungspflicht. Zum Glück, wie man auch einmal festhalten muß, sind einige Berufszweige, wie zum Beispiel Ärzte, Steuerberater oder Rechtsanwälte, daran gebunden, Ihre Tätigkeit genehmigen lassen zu müssen. Bei Ärzten erfolgt diese Anmeldung zum Beispiel über die Ärztekammer, bei Rechtsanwälten über die Anwaltskammer. Bei einigen Berufen, wie zum Beispiel der Tätigkeit als Steuerberater, folgt auf die Anmeldung bei der zuständigen Behörde eine Überprüfung, ob Sie der angemeldeten Tätigkeit auch wirklich nachgehen. Diese Anmeldung muß also in regelmäßigen Abständen erneuert werden. Eine Anmeldung wird nur dann vollzogen, wenn Sie eine entsprechende Qualifikation für die Tätigkeit nachweisen können, also zum Beispiel ein abgeschlossenes Hochschulstudium oder eine erfolgreich vor einer Kammer abgelegte Prüfung.

Auch als Freiberufler unterliegen Sie über die Genehmigungspflicht bestimmter Berufe hinaus einigen Anzeigepflichten. So müssen Sie Ihre Einkünfte aus selbständiger Arbeit spätestens in Ihrer Steuererklärung gegenüber dem Finanzamt offenlegen. Dies reicht zum Beispiel für den Fall aus, in dem Sie Ihrer freiberuflichen Tätigkeit neben einer Angestelltentätigkeit nachgehen. Wenn Sie unter die Umsatzsteuerpflicht fallen, ist eine frühzeitige Anzeige gegenüber dem Finanzamt erforderlich. Dazu erfahren Sie später mehr. Wenn Sie als Freiberufler Arbeitnehmer beschäftigen, müssen Sie diese bei der Sozialversicherung und der Berufsgenossenschaft anmelden. Und wenn Sie als Künstler tätig sind und nicht mehr als einen Angestellten beschäftigen, unterliegen Sie sogar als Selbständiger der Versicherungspflicht in der gesetzlichen Renten- und Krankenversicherung über die Künstlersozialkasse. Auch zu diesem Punkt erfahren Sie in späteren Kapiteln Genaueres.

Fazit: Bevor Sie Ihre selbständige Tätigkeit anmelden, müssen Sie sich umfassend über die Konsequenzen der von Ihnen gewählten Berufsbezeichnung informieren. Nach der Frage, ob Sie einem genehmigungspflichtigen Beruf nachgehen wollen, sollten Sie die Frage klären, ob Sie für Ihren Beruf ein Gewerbe anmelden müssen oder nicht. Mit der Gewerbeanmeldung sind viele Pflichten verbunden, die Sie umgehen können, wenn Sie einen der freien Berufe ausüben. Umgekehrt sind Sie als Freiberufler selbst dafür verantwortlich, Ihre Tätigkeit im vorgeschriebenen Rahmen gegenüber den zuständigen Stellen anzuzeigen.

2. In guter Gesellschaft

Wenn Sie Ihre selbständige Tätigkeit aufnehmen, gelten Sie, solange Sie keine anderen Schritte unternommen haben, zunächst als Personengesellschaft; egal ob nun mit oder ohne Gewerbeschein. Sollten Sie sich entschlossen haben, den Schritt in die Selbständigkeit nicht allein, sondern zusammen mit einem oder mehreren Partnern zu unternehmen, bilden Sie mit diesen zusammen automatisch eine andere Form der Personengesellschaft: eine «Gesellschaft des bürgerlichen Rechts» (GbR).

Bei Personengesellschaften haften alle am Unternehmen beteiligten Personen uneingeschränkt mit ihrem gesamten Firmen- und Privatvermögen für die Verbindlichkeiten, die sich aus der betrieblichen Tätigkeit ergeben.

Welche Rechtsform Ihr Unternehmen aufweist, ist aber nicht nur unmittelbar für die Frage der Haftung von Bedeutung. In mittelbarem Zusammenhang damit steht zum Beispiel auch die Frage, wie bereitwillig Sie von fremden Kapitalgebern, zum Beispiel von Banken, Kredite erhalten. Allgemein werden Sie mit einer Personengesellschaft weniger Schwierigkeiten haben, einen Bankkredit für Ihre Firma zu erhalten, als zum Beispiel mit einer GmbH.

Diese «Gesellschaft mit beschränkter Haftung» trägt ihren Namen nicht zu Unrecht: Bei dieser Gesellschaftsform ist die Haftung allein auf das Firmenkapital beschränkt, das zu diesem Zweck mindestens in Höhe von derzeit 50 000 DM bei der Gründung nachgewiesen werden muß. Entsteht durch die geschäftliche Betätigung einer GmbH eine Verbindlichkeit, die über den Rahmen der Kapitaleinlage hinausgeht, kann der Gläubiger, der diese Verbindlichkeit begründet, den Firmeninhaber nicht über das Firmenkapital hinaus haftbar machen. Deshalb verlangen etwa Kreditgeber bei einer GmbH zusätzliche Sicherheiten, zum Beispiel aus dessen Privatvermögen. Eine GmbH unterliegt grundsätzlich der Anmeldung als Gewerbebetrieb. Gleiches gilt für die vielen anderen Gesellschaftsformen, auf die Sie Ihre Unternehmung rechtlich begründen können.

In diesem Band beschäftigen wir uns zwar vornehmlich mit den Fragen einer freiberuflichen Tätigkeit, also mit Berufen, die nicht der Anmeldpflicht als Gewerbebetrieb unterliegen. Diese Betriebe sind in der Regel in der Rechtsform einer einfachen Personengesellschaft oder einer GbR begründet. Trotzdem wollen wir Ihnen in einem kurzen Abriß einen Überblick über weitere bestehende Gesellschaftsformen geben. So können Sie dann zum Beispiel auch bei Geschäftspartnern und Auftraggebern einschätzen, mit wem Sie es zu tun haben.

Hohes Ansehen bei den Kreditgebern genießt die Offene Handelsgesellschaft (OHG). Auch hier reicht die Haftung unbegrenzt in das Privatvermögen der Geschäftsinhaber. Die Gründung einer OHG ist ausschließlich Vollkaufleuten vorbehalten, die eine entsprechende Qualifikation nachweisen können, und ist an eine notarielle Beurkundung gebunden.

Eine Kommanditgesellschaft (KG) besteht aus dem Geschäftsführer (Komplementär) und den Kommanditisten. Über die Geschicke der KG bestimmt allein der Geschäftsführer. Die Kommanditisten beteiligen sich ausschließlich durch Kapitaleinlagen am Unternehmen. Ihr Anspruch an eine Beteiligung an den Firmengewinnen, aber auch ihre Haftung richtet sich nach der Höhe ihrer Kapitaleinlage, ist aber bei der Haftung auch auf diese begrenzt. Der Komplementär haftet hingegen mit seinem gesamten Privatvermögen. Aus diesem Grund kommt es hier häufig zu einer Verknüpfung zweier Geschäftsformen: zur GmbH & Co. KG. Hier wird die Rolle des Komplementärs von einer GmbH übernommen, deren Haftung auf die Höhe der Kapitalanlage, also zum Beispiel auf 50 000 DM, begrenzt bleibt.

Die GmbH ist die gängigste Form einer Kapitalgesellschaft. Auch eine GmbH bedarf der notariellen Beurkundung, wobei die Höhe des Stammkapitals («gezeichnetes Kapital») sowie die Besitzverhältnisse an der Gesellschaft festgehalten werden. Das gezeichnete Kapital ist das Kapital, für das Sie als Gesellschafter haften, bzw. das Kapital, welches in die Gesellschaft eingezahlt wurde. Dabei muß es nicht immer um Geld gehen: Das Kapital kann auch in Sachwerten, also zum Beispiel in Firmenwagen, Maschinen oder auch der Büroeinrichtung, bestehen.

Für eine GmbH wird zwischen den Teilhabern zumeist ein Gesellschaftsvertrag vereinbart, in dem die Beteiligungsverhältnisse und die Mitbestimmungsrechte der Teilhaber geregelt werden. Wenn Sie in Ihrer GmbH auf jeden Fall die Oberhand behalten wollen, müssen Sie dafür Sorge tragen, daß Ihr Anteil am Stammkapital mindestens 50 Prozent beträgt. Sie können sich aber auch durch den Gesellschaftsvertrag als Geschäftsführer mit alleiniger Verfügungsgewalt über das Unternehmen bestellen lassen.

Auch als Einzelunternehmer können Sie Ihren Betrieb zu einem beliebigen Zeitpunkt durch notarielle Beurkundung in eine GmbH umwandeln. Bei einer solchen Ein-Mann-GmbH sind die Vorteile eines Einzelunternehmens mit denen der GmbH vereint: Sie sind Chef im eigenen Haus, führen als Angestellter Ihres Unternehmens die Geschäfte, haften aber nur in Höhe des Gesellschaftsvermögens.

Eine von vielen Anlegern und Firmen genutzte Form der finanziellen Beteiligung an einem Unternehmen ist die stille Teilhaberschaft. Die stillen Teilhaber treten meist nicht nach außen auf und beteiligen sich auch nicht an Entscheidungen des Unternehmens. In welchem Rahmen ein stiller Teilhaber über seine Einlage hinaus für Verbindlichkeiten des Unternehmens haftbar gemacht werden kann, und in welchem Rahmen er an den Gewinnen des Unternehmens beteiligt werden muß, wird dabei in einem einfachen Vertrag festgehalten. Dieser Vertrag bedarf keiner besonderen Form, sondern kann als «Privatvertrag» aufgesetzt werden. Von stillen Teilhabern erhält das Unternehmern so «bequemes» Eigenkapital. Da die Vereinbarung keine besonderen Formalitäten erfordert, sondern in einem einfachen Vertrag besteht, ist sie auch recht unkompliziert zu handhaben. Diese Form der «finanziellen Ausrüstung» eines Unternehmens kann von daher auch für Ihre freiberufliche Tätigkeit interessant sein.

3. Verträge und Vereinbarungen

Ein großer Teil des Privatlebens und fast das ganze Geschäftsleben besteht aus Verträgen, Absprachen und Vereinbarungen. Dabei kommt ein Vertrag schnell zustande: Für ihn ist es lediglich erforderlich, daß mindestens zwei Vertragspartner gegenseitig Ihren Willen über einen Vertragsgegenstand bekunden. Dabei ist der eine Partner des Vertrages in der Regel der anbietende und der andere der zustimmende Vertragspartner. Damit ein Vertrag rechtswirksam zustande kommt, bedarf es nicht immer der Schriftform. Auch eine mündliche Absprache kann als Vertrag gewertet werden; dabei muß sie nicht einmal durch den sprichwörtlichen Handschlag besiegelt werden.

Allgemein wird in der Geschäftswelt in einem Vertrag geregelt, daß ein Vertragspartner eine bestimmte Leistung in einem festgelegten Umfang zu einer festgelegten Zeit erbringt und dafür vom anderen Vertragspartner innerhalb einer festgelegten Zeit eine bestimmte Gegenleistung erhält. Sobald ein Vertrag wirksam zustande gekommen ist, also zum Beispiel die gesetzlich vorgeschriebenen Mindestanforderungen an die Geschäftsfähigkeit der Vertragspartner erfüllt sind, gelten automatisch die gesetzlichen

Bestimmungen des Bürgerlichen Gesetzbuches. Hier sind einige grundsätzliche Fragen des Vertragsrechts geregelt, also zum Beispiel die Verpflichtung, daß beide Vertragspartner an die Vereinbarung gebunden sind.

Darüber hinaus werden mit den meisten Verträgen noch zusätzliche Vereinbarungen getroffen, die nicht immer Bestandteil des Vertragstextes sein müssen. So reicht bei Kauf- oder Dienstleistungsverträgen zum Beispiel der Hinweis darauf, daß über den Vertragsinhalt hinaus zum Beispiel noch die Allgemeinen Geschäftsbedingungen des Händlers gelten. Hier können wichtige Punkte, wie zum Beispiel ein «Eigentumsvorbehalt», geregelt sein. Durch einen solchen Eigentumsvorbehalt wird geregelt, daß die vom Vertragspartner empfangene Ware bis zur vollständigen Bezahlung im Eigentum des Verkäufers verbleibt. Als Käufer sind Sie in diesem Fall Besitzer der Ware bis zur vollständigen Bezahlung, aber noch nicht Eigentümer.

Ebenfalls im Vertrag oder in den mit dem Vertrag geltenden Geschäftsbedingungen geregelt werden Fragen der Gewährleistungspflicht, also zum Beispiel der Garantie auf den tadellosen Zustand einer Ware, oder Modalitäten bei Nachbesserungen und Reklamationen.

Vor allem wenn Sie als Freiberufler Dienstleistungen erbringen, sollten Sie prüfen, ob Sie durch eigene Geschäftsbedingungen mehr Klarheit in Ihre Verträge bringen sollten. Oft werden von den berufsständischen Organisationen Muster für solche Geschäftsbedingungen angeboten. Trotzdem sollten Sie nicht die Investition scheuen, Ihre Geschäftsbedingungen und standardisierten Vertragstexte durch einen Anwalt prüfen zu lassen. Es ist schon einiger juristischer Sachverstand notwendig, um Verträge rechtssicher aufzusetzen. Dabei sind viele Fallstricke und Fußangeln zu beachten, denn unglückliche Formulierungen oder unzulässige Vertragsklauseln können dazu führen, daß ganze Verträge unwirksam werden.

Tip: In umfangreichere Verträge sollten Sie auf jeden Fall eine «salvatorische Klausel» mit etwa folgendem Wortlaut einbauen: «Sollten einzelne Vereinbarungen dieses Vertrages unwirksam sein, bleiben die Wirksamkeit der anderen vertraglichen Vereinbarungen und der Zweck des Vertrags davon unberührt.» Mit dieser Klausel schützen Sie sich davor, daß der gesamte Vertrag unwirksam wird, nur weil vielleicht in einem Punkt die notwendige Form nicht eingehalten oder eine Vereinbarung getroffen wurde, die den gesetzlichen Anforderungen nicht entspricht.

Letzte Sicherheit darüber, daß Ihr Vertrag rundum «wasserdicht» ist, können Sie aber auch durch eine salvatorische Klausel nicht erreichen. Immer wieder stellen die Gerichte fest, daß auch althergebrachte Formulierungen oder Klauseln der Geschäftsbedingungen den gesetzlichen Bestimmungen zuwiderlaufen. Eine Prüfung Ihrer oft verwendeten Verträge und Geschäftsbedingungen durch einen fachkundigen Anwalt kann diese letzte Sicherheit zwar auch nicht erreichen, Sie aber zum Beispiel auf bereits bestehende Probleme von Formulierungen und Vertragsklauseln hinweisen.

Im folgenden wollen wir nur kurz die wichtigsten Verträge vorstellen, mit denen Sie im Rahmen Ihrer freiberuflichen Tätigkeit wahrscheinlich konfrontiert werden. Wenn Ihnen spezielle Punkte unklar sind, sollten Sie dazu Rechtsrat, zum Beispiel bei einem Anwalt, einholen. Auch die Verbraucherzentralen haben vielfach ausgedehnte Erfahrungen bei der Prüfung von Verträgen und Geschäftsbedingungen. Auf jeden Fall finden Sie dort Informationen über aktuelle Entwicklungen in der Rechtsprechung, die sich mit der Prüfung von Verträgen befaßt.

Die ganze Palette aller möglichen Verträge aufzuführen, die Ihnen in der Geschäftswelt begegnen können, würde an dieser Stelle zu weit führen. Wichtig erscheinen uns an dieser Stelle jedoch zwei Vertragsarten, die häufig die Grundlage einer freiberuflichen Tätigkeit sind: Werkverträge und Honorarverträge.

Ein **Werkvertrag** wird zwischen Auftragnehmer und Auftraggeber vereinbart. In seinem Rahmen verpflichtet sich der Auftragnehmer, ein bestimmtes Werk in der im Vertrag festgelegten Form und in einer im Vertrag festgelegten Zeit für den Auftraggeber auszuführen. Dafür wird im Werkvertrag eine Gegenleistung vereinbart, die der Auftraggeber an den Auftragnehmer bei Erfüllung des Werkes erbringt, zum Beispiel ein festes Honorar. Im Vertrag ist auch festgelegt, an welche Bedingungen die Auszahlung des Honorars an den Auftragnehmer geknüpft ist; zum Beispiel an die Abnahme des Werks durch den Auftraggeber.

Bei Werkverträgen tragen Sie als Auftragnehmer einige Risiken, die Sie bei der Vereinbarung des Vertrags so weit wie möglich eingrenzen sollten. So ist es zum Beispiel wichtig, daß der Umfang des Werks und die Anforderungen an eine Abnahme durch den Auftraggeber so genau wie möglich beschrieben werden. Ansonsten steht es in der Macht des Auftraggebers, die Abnahme eines Werks abzulehnen und immer neue Nachbesserungen zu verlangen, die über den ursprünglichen Rahmen der abgesprochenen, aber nicht im Vertrag vereinbarten Tätigkeit hinausgehen. Da Ihr Honorar verbindlich im Vertrag festgelegt wurde und Sie allein das Risiko tragen, ob dieses Honorar ausreicht, um Ihren Arbeitsaufwand angemessen auszugleichen, steckt in zu vage verfaßten Werkverträgen eine Kostenfalle, die Ihre gesamte Kalkulation über den Haufen werfen kann.

Beispiel: Herr Grau vereinbart im Rahmen seiner freiberuflichen Tätigkeit als EDV-Berater, eine Netzwerklösung für einen Bürobetrieb einzurichten. Er bespricht seine Aufgaben mit dem Geschäftsführer der Firma und einem Mitarbeiter, der für die Computeranlage im Büro zuständig ist. Die einzelnen Arbeitsplätze sollen durch das Netzwerk miteinander verbunden werden und alle auf einen zentralen Drucker zugreifen können. Für seine Tätigkeit schließt Herr Grau einen Werkvertrag, in dem als Beschreibung des Werks «Einrichtung eines Netzwerks mit Zugriff auf einen zentralen Drucker» festgehalten wird. Herr Grau besichtigt die Büroräume und die technische Ausstattung. Er schätzt, daß er für die Einrichtung des Netzwerks etwa zwei Arbeitstage aufwenden muß, und kalkuliert auf dieser Basis sein Honorar. Um ungestört arbeiten zu können, vereinbart er mit dem Geschäftsführer, daß er den Auftrag an einem Wochenende erledigen wird, wenn die Arbeitsplätze nicht besetzt sind.

Als Herr Grau am geplanten Wochenende zur vereinbarten Zeit erscheint, herrscht im Büro Hochbetrieb. Da ein unerwarteter Auftrag eingegangen ist und schnell bearbeitet werden muß, soll die Einrichtung des Netzwerks um zwei Wochen verschoben werden. Unverrichteter Dinge fährt Herr Grau wieder nach Hause; die Kosten für Hin- und Rückfahrt muß er selber tragen.

Beim nächsten geplanten Termin muß Herr Grau feststellen, daß sich die Anzahl der Arbeitsplätze im Büro und damit sein Arbeitsaufwand verdoppelt hat. Das wachsende Auftragsvolumen seines Auftraggebers hat diese Erweiterung notwendig gemacht. Darüber hinaus wird ihm eröffnet, daß der neue Leiter der Bürotechnik der Ansicht ist, daß ein hausinternes E-Mail-System wesentlicher Bestandteil eines Datennetzwerks sei. Herr Grau erledigt zunächst die Vernetzung der einzelnen Computer; sein «Werk» wird vom Auftraggeber allerdings noch nicht abgenommen, da das interne E-Mail-System noch nicht eingerichtet ist. Insgesamt muß Herr Grau statt der geplanten zwei nun fünf Arbeitstage aufwenden, um die geänderten Ansprüche seines Auftraggebers zufriedenzustellen. Trotzdem kann er ihm nur das im Vertrag vereinbarte Honorar in Rechnung stellen, da sich der Auftraggeber auf den Standpunkt zurückzieht, dieses sei für das im Vertrag beschriebene Werk fest vereinbart worden. Herr Grau konnte durch das Honorar gerade seine eigenen Aufwendungen decken; verdient hat er an diesem Auftrag nichts.

Um Desastern dieser Art vorzubeugen, hätte Herr Grau von vornherein im Werkvertrag den genauen Umfang seiner Tätigkeit präzis beschreiben müssen. In diesem Zusammenhang hätte er zum Beispiel die Anzahl der Computer, die vernetzt werden sollen, und die mit der Vernetzung verbundenen neuen Funktionen genau festhalten müssen. Hätte er darüber hinaus auch den Termin für seine Auftragserfüllung verbindlich festgelegt, hätte er zumindest über einen Ausgleich der zusätzlichen Fahrtkosten bei seinem ersten, vergeblichen Besuch verhandeln können. So mußte er aufgrund der unpräzisen Formulierung des Werkvertrags in den sauren Apfel beißen und kann sich bestenfall noch freuen, daß seinem Auftraggeber nicht noch andere Leistungen eingefallen sind, die von der Formulierung des Werkvertrags hätten gedeckt sein können.

Wenn Sie als Auftragnehmer Ihre vertraglichen Verpflichtungen aus dem Werkvertrag nicht oder nicht rechtzeitig erfüllen, kann Ihr Auftraggeber im Einzelfall sogar Schadenersatz von Ihnen verlangen. Fungieren Sie zum Beispiel als Subunternehmer Ihres Auftraggebers und bearbeiten einen Teil eines Gesamtprojekts, kann es sein, daß Ihr Auftraggeber das Gesamtprojekt nicht zum vorgesehenen Termin abschließen kann, wenn Sie Ihr Werk nicht vertragsgemäß abliefern. Sollte Ihrem Auftraggeber dadurch ein Schaden entstanden sein, kann er von Ihnen eventuell Schadenersatz verlangen. Auch aus diesem Grund sollten die vertraglichen Vereinbarungen so genau wie möglich getroffen werden.

Nicht immer erfolgt die Auszahlung eines Honorars im Rahmen eines Werkvertrags in einer Summe. Bei langfristigen Verträgen ist es durchaus üblich, daß ein Teil des Honorars bereits zu Beginn Ihrer Arbeit ausgezahlt wird. In welchen Raten die Auszahlung des Honorars erfolgt, muß ebenfalls verbindlich im Werkvertrag geregelt sein. Und sollten Sie Ihren Teil des Vertrags nicht erfüllen können, müssen Sie den bereits ausgezahlten Honoraranteil zurückerstatten. Dies kann unter Umständen selbst dann verlangt werden, wenn Sie einen Teil Ihres Werks erbracht und dafür einen beträchtlichen Aufwand betrieben haben. Allerdings hat Ihr Auftraggeber in dem Fall, indem er sich das Honorar zurückerstatten läßt, auch keinen Anspruch darauf, Ihr Werk zu verwenden.

Im Rahmen von **Honorarverträgen** werden meist Dienstleistungen vereinbart, die vom Auftraggeber über einen längeren, mitunter auch über einen unbestimmten Zeitraum in Anspruch genommen werden. Oft steht zu Beginn des Honorarverhältnisses noch nicht fest, welches Volumen der Gesamtauftrag haben wird und über welchen Zeitraum Sie die Dienstleistung erbringen. Deshalb wird hier meist auch kein festes Gesamthonorar wie im Werkvertrag vereinbart. Statt dessen wird oft ein pauschaler Kostensatz, zum Beispiel ein Stunden- oder Tagessatz, vereinbart, den Sie je nach Arbeitsanfall berechnen.

Im Rahmen des Vertrags kann – muß aber nicht – festgelegt sein, in welchem Rhythmus Sie Ihren Kostensatz in Rechnung stellen. Bei Aufträgen, die nur über kurze Zeit laufen, kann zum Beispiel die Zahlung des Honorars zum Ende des Vertragszeitraums vereinbart werden. Ebenso ist es möglich, daß ein Gesamtkostenrahmen wie beim Werkvertrag vereinbart wird, der aufwandsabhängig auf den vereinbarten Kostensatz verteilt wird. Dieses Limit kann verbindlich festgelegt oder mit dem Hinweis auf eine bei Überschreitung notwendige Zusatzvereinbarung verbunden sein.

Einige Berufsgruppen sind bei der Gestaltung Ihrer Honorarverträge und Kostenabrechnungen an gesetzliche oder berufsständische Regelungen gebunden. So dürfen zum Beispiel Rechtsanwälte ihre Kosten nur nach einer festen Gebührenordnung (BRAGO) abrechnen; auch Architekten und Ingenieure sind hier durch eine entsprechende Regelung gebunden (HOAI). Die meisten anderen Freiberufler können ihre Honorare nach den Prinzipien von Angebot und Nachfrage frei aushandeln.

Für beide Vertragsarten gilt, daß Sie für Schäden, die durch mangelhafte oder nicht fachgemäße Ausführung Ihrer Arbeiten entstehen, haften müssen. Ein genereller Haftungsausschluß, den Sie im Vertrag oder in Ihren Geschäftsbedingungen festgelegt haben, ist rechtlich nicht zulässig und damit automatisch unwirksam. Wie Sie sich vor den Folgen einer solchen Haftung schützen können, erfahren Sie im Kapitel «Betriebs- und Berufshaftpflichtversicherungen» (S. 58).

Eine andere, für Sie als Selbständiger besonders wichtige vertragliche Vereinbarung ist der **Ehevertrag**. Wenn Sie Ihre selbständige Tätigkeit im Rahmen einer Personengesellschaft ausüben, greift die Haftung für Verbindlichkeiten gegenüber Ihrem Unternehmen unbegrenzt auch auf Ihr Privatvermögen über. Wenn Sie mit Ihrem

Ehepartner oder Ihrer Ehepartnerin keine Gütertrennung vereinbart haben, also in einer «Zugewinngemeinschaft» leben, ist von diesen Haftungsfragen auch das Vermögen Ihres Ehepartners oder Ihrer Ehepartnerin betroffen. Durch einen Ehevertrag können Sie diesem Risiko frühzeitig vorbeugen.

Nach den heutigen gesetzlichen Bestimmungen treten Sie automatisch mit der Ehe in den Güterstand einer «Zugewinngemeinschaft» ein; die Zugewinngemeinschaft wird deshalb mitunter auch «gesetzlicher Güterstand» genannt. Dabei bedeutet eine Zugewinngemeinschaft im Grunde nichts anderes als eine bestimmte Form der Gütertrennung, bei der in dem Fall, in dem die Ehe geschieden wird, ein beiderseitiger Anspruch auf den Ausgleich der vom einen Ehepartner mehr verdienten Zugewinne während der Ehe besteht. In der Regel beträgt dieser Anspruch 50 Prozent. Jeder Ehegatte bleibt aber auch in einer Zugewinngemeinschaft alleiniger Inhaber seines Vermögens. Demnach kann er auch frei darüber bestimmen, was er mit dem Geld anfangen will.

Ein Ehevertrag schafft für Sie und Ihren Ehepartner oder Ihre Ehepartnerin klare Verhältnisse. Er sollte am Anfang jeder «Unternehmerehe» stehen, kann aber auch noch zu einem späteren Zeitpunkt vereinbart werden. Der Vertrag bewirkt für beide Ehepartner klare Verhältnisse. Auch über die Haftungsfragen hinaus erhalten Sie Planungssicherheit für Ihr Unternehmen: Im Fall einer Ehescheidung kann ein Ehevertrag Sie davor schützen, zum Beispiel die Hälfte Ihres Unternehmens zu verlieren oder künftig bei jeder geschäftlichen Entscheidung auf die Zustimmung Ihres Ex-Partners angewiesen zu sein.

Einen Ehevertag sollten Sie durch einen Notar Ihres Vertrauens entwerfen und beurkunden lassen. Zu diesem Zweck müssen beide Ehepartner vor dem Notar erscheinen und dort ihre Zustimmung zum Ehevertrag erklären. Es genügt also nicht, wenn Sie allein mit Ihrem Partner einen Vertrag aushandeln. Wenn die Formvorschriften für einen Ehevertrag nicht eingehalten werden, ist der gesamte Vertrag hinfällig. In diesem Fall gelten dann ausschließlich die gesetzlichen Bestimmungen – Ihre Ehe zählt also wieder als Zugewinngemeinschaft.

Für einen Ehevertrag ist es (fast) nie zu spät – problematisch wird es allerdings, wenn Sie kurz vor einem drohenden Konkurs einen Ehevertrag abschließen und Ihr gesamtes Vermögen auf Ihre Ehefrau überschreiben, um es vor dem Zugriff der Gläubiger zu retten. Dieser Schritt kann von Ihren Gläubigern angefochten werden. Ansonsten ist die Überschreibung von Privatvermögen auf den Ehepartner ein oft gewähltes Mittel, um es «auf die sichere Seite» zu bringen und vor dem Haftungszugriff einer Personengesellschaft zu schützen. Allerdings setzt dieser Schritt eine gute Ehe voraus, denn bei einer Ehescheidung könnte sich diese Überschreibung als böses Eigentor erweisen. Wenn Sie Ihre Vermögen rechtskräftig auf Ihren Ehepartner (oder Ihre Ehepartnerin) überschrieben haben, steht es diesem frei, damit zu tun und zu lassen, was ihm gefällt. Wenn Sie auf die Idee kommen sollten, dem durch einen zusätzlichen Vertrag mit Ihrem Ehepartner einen Riegel vorzuschieben, stellen Sie damit den aufrichtigen Charakter Ihrer Gütertrennungsvereinbarung in Frage. Sollte etwa einer Ihrer Gläubiger Kenntnis von einem solchen Zusatzvertrag erhalten, könnte er den Scheincharakter Ihrer Vereinbarung ins Feld führen und somit gerichtlich trotz Gütertrennung seinen Zugriff auf das Vermögen Ihres Ehepartners durchsetzen. Und Ihr Partner kann sich im Fall einer Scheidung darauf berufen, daß eine zusätzliche Vereinbarung zur Gütertrennung, die nicht notariell beurkundet wurde, nicht wirksam ist.

Befinden sich also Ihr Unternehmen, Ihre Ehe oder gar beide bereits in der Krise, ist es in aller Regel für eine vernünftige Vereinbarung zu spät. Allein aus diesem Grund sollten Sie schon frühzeitig an die Vereinbarung eines Gütertrennungsvertrags denken. Und je besser Ihr Verhältnis zu Ihrem Ehepartner ist, um so mehr Verständnis wird dieser für die Notwendigkeit eines solchen Schritts haben. Schließlich geht es ja auch darum, für seine Sicherheit zu sorgen.

Eheverträge werden dabei nicht für die Ewigkeit geschlossen. Sie können jederzeit im gegenseitigen Einvernehmen geändert oder aufgehoben werden. Dies setzt allerdings wiederum die notarielle Beglaubigung voraus.

Die Vereinbarung eines Ehevertrags ist mit einigen Kosten verbunden. Für die notarielle Beurkundung fallen Notarkosten an. Für diese Gebühren wird allein die Beurkundung vorgenommen. Ein Notar hilft Ihnen in dieser Eigenschaft nicht dabei, den Vertrag aufzusetzen. Dafür müssen Sie in der Regel noch zusätzlich einen Anwalt einschalten. Die Gebühren für Notar und Rechtsanwalt werden anhand des Gegenstandswertes nach der Gebührenordnung für Notare und Rechtsanwälte (BRAGO) berechnet. Der Gegenstandswert entspricht dem Vermögen der Eheleute. Beträgt dieses Vermögen zum Beispiel 100 000 DM, kommen nach der derzeitigen Gebührenordnung etwa Kosten in Höhe von insgesamt ca. 3600 DM für Notar und Rechtsanwalt auf Sie zu. Dazu kommt noch die gesetzliche Mehrwertsteuer von derzeit 16 Prozent (Oktober 1998).

In einem Ehevertrag sollten folgende Punkte klar geregelt sein: Da im Streitfall ein mißgünstiger Ehepartner ohne die Vereinbarung einer Gütertrennung so viele Möglichkeiten wie Sie besitzt, Ihr Unternehmen handlungsunfähig zu machen, sollten Sie die Verfügung Ihres Partners über das Unternehmen soweit wie möglich beschränken. Der Zugewinnausgleich wird im Fall der Scheidung für beide Partner getrennt ermittelt. Der Ehepartner, der dabei den höheren Zugewinn verzeichnen kann, muß seinem Partner die Hälfte der Differenz vergüten.

Durch einen Ehevertrag können Sie auch den gesetzlichen Güterstand der Zugewinngemeinschaft nach Ihren geschäftlichen und persönlichen Bedürfnissen verändern. Dabei sollten Sie vor allem vereinbaren, daß alle Ansprüche des Ehepartners auf geschäftliche Anteile an Ihrem Unternehmen ausgeschlossen werden. Die Zugewinngemeinschaft sollte sich allein auf das Privatvermögen beziehen. Trotzdem kann im Gegenzug vereinbart werden, daß Ausgleichsansprüche über festgelegte Beteiligungen am Unternehmensgewinn gewahrt bleiben. Ein anderer Weg wäre, feste Abfindungsbeträge für den Fall einer Ehescheidung zu vereinbaren. Ebenso sollte eine Bestandsaufnahme hinsichtlich des von jedem in die Ehe eingebrachten Werts erfolgen, nach der die Gütertrennung vollzogen werden kann.

Für den Fall einer Trennung ist ein Teil der Unterhaltsansprüche gesetzlich geregelt. Dies betrifft vor allem die Kinder aus der Ehe. Aber auch Ihr ehemaliger Ehepartner kann eventuell durchsetzen, daß ihm während der Trennung und nach der Scheidung weiter ein Unterhaltsanspruch zusteht. Beim Unterhalt für die Kinder gibt es klare, vom Gesetzgeber vorgeschriebene Versorgungsansprüche. Eine wie auch immer getroffene Vereinbarung der Ehegatten darf nicht einem von der Scheidung betroffenen Kind zum Nachteil gereichen. Für den Trennungsunterhalt und den nachehelichen Unterhalt müssen im Ehevertrag genaue Vereinbarungen getroffen werden. Natürlich können die Ehepartner in einem Ehevertrag auch vereinbaren, gegenseitig auf Unterhaltszahlungen zu verzichten.

Im Versorgungsausgleich geht es hauptsächlich um die Aufteilung Ihrer Altersversorgung. Ein Versorgungsausgleich kann durch einen Ehevertrag ausgeschlossen werden. Dies hätte dann automatisch zur Folge, daß Ihr Güterstatus zukünftig als Gütertrennung betrachtet wird. Der Versorgungsausgleich kann ebenfalls vollständig ausgeschlossen werden, wenn beide Partner sich eigene Rentenanwartschaften aufgebaut haben und somit vom anderen Partner in jedem Fall unabhängig sind.

Statt durch einen strikten Gütertrennungsvertrag können Sie sich mit Ihrem Ehepartner im Rahmen eines Ehevertrags also auch auf eine modifizierte Zugewinngemeinschaft einigen. In Haftungsfragen bleiben Sie so allerdings beide gleichermaßen gefährdet. Umgekehrt bleibt Ihnen im Rahmen der Zugewinngemeinschaft die Möglichkeit erhalten, sich bei der Steuererklärung gemeinsam veranlagen zu lassen. Welcher Weg im Einzelfall der sinnvollere ist, hängt allein von Ihrer beruflichen und familiären Situation ab. Damit Sie die Situation richtig einschätzen können, sollten Sie im Zweifel lieber auf eine unabhängige Beratung zurückgreifen.

4. Wie Struktur in Ihre Finanzen bringen?

Der erste Schritt bei der Organisation Ihrer Finanzen sollte die Trennung Ihrer privaten von den geschäftlichen Geldbewegungen sein. Richten Sie dazu ein eigenständiges Girokonto für Ihre Geschäftsfinanzen ein. Teilen Sie Ihren Auftraggebern unverzüglich Ihre neue Geschäftskontoverbindung mit, damit zukünftig alle betrieblichen Einnahmen und Ausgaben über dieses Konto abgewickelt werden.

Für kleine Anschaffungen brauchen Sie etwas Bargeld. Dafür können Sie Beträge direkt von dem Geschäftskonto abheben oder begleichen. Wenn Sie Bargeld vom Geschäftskonto abheben, können Sie für dieses Geld oder das Restgeld, das vom Einkauf für das Büro übrigblieb, eine kleine Kasse anlegen. Sobald Sie geschäftlich mit Barsummen hantieren, sind Sie allerdings dazu verpflichtet, ein ordentliches Kassenbuch zu führen. In diesem Kassenbuch werden alle in bar erfolgten Einzahlungen und beglichenen Kosten festgehalten. Ein Kassenbuch können Sie günstig zum Beispiel über den Bürohandel beziehen.

In einem solchen Kassenbuch werden alle in bar erfolgenden Zahlungsein- und -ausgänge erfaßt. Wenn Sie zum Beispiel 1000 DM vom Geschäftskonto abheben, um damit eine neue Telefonanlage zu kaufen, tragen Sie im Kassenbuch auf der Einnahmenseite zunächst unter dem entsprechenden Datum den Eingang von 1000 DM in die Kasse ein. Dazu können Sie zum Beispiel den Vermerk «bar für die Kasse» notieren. Die Kosten für die Telefonanlage, zum Beispiel 700 DM, tragen Sie mit dem Vermerk «Telefonanlage» unter der Rubrik «Ausgaben» ein. Damit haben Sie nach dieser Transaktion einen Kassenbestand von 300 DM im Plus, der nicht nur durch Nachzählen, sondern auch durch Überprüfung des Kassenbuches ermittelt werden kann. Genauso verfahren Sie künftig mit allen Ausgaben und Einnahmen, die Sie in bar tätigen.

Beachten Sie bitte unbedingt, daß Sie grundsätzlich jeden **Ausgabenbeleg** beim Empfang daraufhin kontrollieren, ob auf ihm der im Betrag enthaltene Anteil für die Umsatzsteuer («Mehrwertsteuer») als Betrag ausgewiesen ist. Bei Belegen über geringfügige Ausgaben reicht auch die Angabe der enthaltenen Umsatzsteuer in Prozent. Das Finanzamt erkennt Kostenbelege nicht an, wenn auf diesen nicht der Zahlungsgrund und der Umsatzsteuersatz als Betrag ausgewiesen sind.

Für Ihre Ausgabenbelege sollten Sie einen besonderen Aktenordner anlegen, in die Sie Belege nach den verschiedenen Ausgabenarten und dort nach Datum sortiert ablegen. Dafür ist es zweckmäßig, wenn Sie die Belege zum Beispiel einzeln auf eine DIN-A4-Seite heften, ohne daß sie dadurch unleserlich werden. Dies mag zwar umständlich klingen, erleichtert Ihnen aber die Übersicht – und Ihrem Steuerberater die Arbeit.

Bewirtungsbelege müssen grundsätzlich neben dem Kassenbeleg, auf dem Einzelpositionen wie Speisen und Getränke, Ort und Datum der Bewirtung aufgeführt sind, auch einen Hinweis darauf enthalten, wer bewirtet wurde (Name der bewirteten Personen und eventuell die Bezeichnung der Firma, der diese Personen angehören). Ebenso muß der Anlaß der Bewirtung angegeben sein; zum Beispiel «Akquisitionsgespräch». Der Beleg muß vom Kellner abgezeichnet sein. Die meisten Restaurants stellen auf Anfrage einen gesonderten Bewirtungsbeleg aus, auf dessen Rückseite Sie die erforderlichen Angaben machen können. Solche Belege sind auch als Vordrucke im Bürohandel erhältlich. Die Belege gelten allerdings nur im Zusammenhang mit dem entsprechenden Kassenzettel. Wenn die Bewirtungskosten den Betrag von 200 DM übersteigen, ist es zusätzlich erforderlich, daß der Kellner oder Inhaber des Restaurants handschriftlich Ihren Firmennamen auf dem Bewirtungsbeleg vermerkt. Vom Bewirtungsbetrag werden 20 Prozent für Ihren Eigenanteil als Bewirtender abgezogen. Den restlichen Betrag können Sie als Werbungskosten von der Steuer absetzen.

Neben der Möglichkeit, Beträge in bar von Ihrem Geschäftskonto abzuheben, in Ihre Bürokasse einzuzahlen und damit notwendige Ausgaben in bar zu bestreiten, können Sie natürlich ausstehende Rechnungen auch per Überweisung oder regelmäßige Ausgaben per Dauerauftrag direkt von Ihrem Konto aus begleichen. Eine besondere Form der Überweisung ist dabei die Überweisung von Geldbeträgen auf Ihr eigenes, privates Girokonto: die **Privatentnahme**. Mit einer Privatentnahme zweigen Sie Kapital aus Ihrem Unternehmen ab, um zum Beispiel Ihren privaten Lebensunterhalt zu bestreiten. Damit ist eine Privatentnahme quasi ein Vorgriff auf Ihr eigentliches Einkommen, das erst am Ende des Geschäftsjahrs feststeht: den Gewinn Ihres Unternehmens. Wie jede Überweisung oder jeder Dauerauftrag muß auch die Überweisung auf Ihr privates Girokonto mit einem Verwendungszweck gekennzeichnet werden. In diesem Fall reicht als Buchungstext der Vermerk «Privatentnahme» für Ihre Buchhaltung aus.

Diesen Umweg der Überweisung auf Ihr eigenes Konto sollten Sie im Interesse einer geordneten Buchführung in Kauf nehmen. Sicherlich kann es in manchen Fällen notwendig sein, private Ausgaben sofort in bar zu begleichen. In diesem Fall behandeln Sie die Abhebung vom Geschäftskonto wie üblich als gleichzeitige Einzahlung in die Bürokasse. Im Kassenbuch vermerken Sie, wie auf dem Überweisungsträger, neben Datum und der entsprechenden Summe ebenfalls den Hinweis «Privatentnahme». Keinesfalls sollten Sie jedoch private Rechnungen durch Überweisungen direkt von Ihrem Geschäftskonto aus begleichen. Damit verlieren Sie nicht nur schnell die Übersicht, sondern erschüttern auch das Vertrauen des Finanzamts in Ihre ordentliche Buchführung.

Das Gegenstück zur Privatentnahme ist die **Privateinlage**. Mit einer Privateinlage, also einer privaten Einzahlung oder Überweisung auf Ihr Geschäftskonto, erhöhen Sie Ihr Firmenkapital. Von daher wird eine Privateinlage in Ihrer Buchhaltung wie eine private Investition in Ihr Unternehmen gewertet.

Auch wenn Ihnen diese Vorgänge kompliziert und bürokratisch erscheinen, werden Sie schnell feststellen können, wie sehr Sie damit sich selbst und anderen das Leben erleichtern können. Sie schaffen die notwendige Transparenz und den Grundstock für eine ordentliche Buchführung. Und Sie behalten durch die strikte Trennung zu jeder Zeit den Überblick über Ihre geschäftlichen und Ihre privaten Finanzen.

5. Wie Sie Ihre Buchhaltung aufbauen

Bereits im letzten Kapitel haben Sie verschiedene Buchungsarten sowie den Grundstock einer Buchführung kennengelernt: Ein sauber geführtes Geschäftskonto und ein ordentliches Kassenbuch.

Als Selbständiger sind Sie gesetzlich verpflichtet, über Ihre Einnahmen und Ausgaben ordentlich Buch zu führen. Durch diese Buchführung sollten Sie nicht nur in der Lage sein, jederzeit Aufschluß über den aktuellen Stand Ihres Betriebsvermögens zu geben. Am Ende des Geschäftsjahrs müssen Sie alle Ausgaben und Einnahmen des vergangenen Jahrs gegenüberstellen, um zu ermitteln, ob Ihr Unternehmen einen Überschuß erzielen konnte, also mehr Einnahmen als Ausgaben vorweisen kann. Dieser Überschuß stellt den Gewinn vor Steuern dar – also Ihr eigentliches Brutto-Einkommen als Selbständiger. An diesem Überschuß wird der Erfolg Ihres Unternehmens gemessen. Gleichzeitig dient der Überschuß für das Finanzamt als Grundlage für die Berechnung Ihrer Einkommensteuer.

Es gibt verschiedene Methoden, die als ordentliche Buchführung vom Finanzamt anerkannt werden. Ab einer Umsatzgröße von 500000 DM, einem Betriebsvermögen von mindestens 125000 DM oder einem Gewinn von über 48000 DM müssen Sie Bilanzen vorlegen, die den gesetzlichen Anforderungen an eine Geschäftsbilanz entsprechen. In der Regel werden Sie diese Umsatzgröße aber auch mit einer sehr erfolgreichen freiberuflichen Tätigkeit nicht erreichen. Deshalb dürfte es für Sie in der Regel ausreichen, Ihre Buchhaltung im Rahmen einer einfachen Einnahmen-Überschußrechnung nach § 4 Abs. 3 EStG (Einkommensteuergesetz) aufzubauen.

Selbst wenn Sie einen der genannten Eckwerte überschreiten, müssen Sie deshalb nicht Ihr Buchführungssystem auf das aufwendige Bilanzierungssystem umstellen, wenn Sie bisher Ihre Buchhaltung im Rahmen einer Einnahmen-Überschußrechnung aufgebaut hatten. Sie können beruhigt warten, bis Sie das Finanzamt ausdrücklich zur Umstellung Ihrer Buchführung auffordert, und bis dahin weiter nach dem Modell der Einnahmen-Überschußrechnung arbeiten.

Bei dieser Rechnung werden «einfach» Ihre Einnahmen den Ausgaben im Rahmen eines Kalenderjahrs gegenübergestellt. Im Endeffekt ist die Gegenüberstellung der Gesamtsummen entscheidend. Dabei werden sowohl die Einnahmen wie auch die Ausgaben nach verschiedenen Positionen aufgeschlüsselt. Zunächst zu den Betriebseinnahmen.

Der **Umsatz** bezeichnet die aufgelaufene und gebuchte Nettosumme aller Einnahmen im ausgewiesenen Geschäftsjahr ohne Mehrwertsteuer. Soviel haben Sie mit Ihrer Tätigkeit erlöst.

In der Position **Verkauf Inventar** werden die Erlöse aus dem Verkauf von firmeneigenem Anlagegut, also zum Beispiel Ihrer alten Computeranlage, die Sie auf dem Gebrauchtmarkt verkaufen konnten, aber auch aus Abschreibungen zusammengefaßt. Zum Thema «Abschreibung» lesen Sie später mehr.

Die Position **Umsatzsteuer** in Ihrer Einnahmen-Überschußrechnung gibt an, wieviel Umsatzsteuer Sie im letzten Geschäftsjahr eingenommen haben.

Jeder, der unternehmerisch tätig ist, ist grundsätzlich umsatzsteuerpflichtig. Die Umsatzsteuer, auch Mehrwertsteuer genannt, wird auf jeden wirtschaftlichen Umsatz im Inland berechnet. Dabei gibt es den Regelsteuersatz (1998: 16 Prozent) und den ermäßigten Steuersatz (1998: 7 Prozent). Der ermäßigte Steuersatz gilt nur in besonderen Ausnahmefällen, zum Beispiel für alle Umsätze mit Lebensmitteln, Nahverkehrstransporten, Büchern und Zeitschriften, Kunstgegenständen, künstlerischen, journalistischen oder kulturellen Leistungen sowie Leistungen von Zahntechnikern.

Die Umsatzsteuer wird von Ihnen als Unternehmer mit Ihrer Rechnung eingezogen. Sie sind ab Rechnungsbeträgen über 200 DM dazu verpflichtet, die Umsatzsteuer als gesonderte Position Ihrer Rechnung auszuweisen. Ihr Kunde zahlt an Sie den Rechnungsbetrag inklusive Umsatzsteuer. Doch diese Umsatzsteuer gehört Ihnen nicht; Sie haben sie nur quasi im Namen des Finanzamts eingenommen und müssen sie entsprechend auch wieder an das Finanzamt zurückzahlen. Deshalb sind Sie als Unternehmer dazu verpflichtet, eine gesonderte Umsatzsteuererklärung abzugeben. Je nach der Höhe der von Ihnen getätigten Umsätze müssen Sie die von Ihnen eingenommene Umsatzsteuer jährlich, quartalsweise (bis zu einer jährlichen Umsatzsteuereinnahme von 12 000 DM) oder monatlich (jährliche Umsatzsteuereinnahmen über 12 000 DM) an das Finanzamt abführen. In den letzten beiden Fällen sind Sie verpflichtet, Ihre geschätzten Umsatzsteuereinnahmen auf dem Wege der Voranmeldung sogar im voraus zu zahlen. Freiberufler haben die Möglichkeit, ihre Umsatzsteuer auf dem Wege der «Ist-Besteuerung» jährlich mit dem Finanzamt abzurechnen. In diesem Fall müssen Sie nur die Umsatzsteuer abführen, die Ihre Kunden bereits faktisch an Sie gezahlt haben.

Von der Umsatzsteuerpflicht befreit sind alle Heilberufe (Ärzte, Zahnärzte, Heilpraktiker, Krankengymnasten und Hebammen), Versicherungsvertreter, -makler und die Vertreter der Bausparkassen sowie alle Unternehmer, deren Jahresumsätze im vergangenen Jahr unter 32 500 DM lagen und in diesem Jahr voraussichtlich 100 000 DM nicht übersteigen werden. Wenn Sie Ihr Unternehmen gerade gegründet haben, gilt für Sie im ersten Jahr die Umsatzgrenze von 32 500 DM.

Achtung: Sollten Ihre Umsätze über diese hinaussteigen, kann es Ihnen passieren, daß Sie die Umsatzsteuer auf alle von Ihnen geschriebenen Rechnungen im nachhinein entrichten müssen, selbst dann, wenn Sie keine Umsatzsteuer aufgeschlagen hatten. In diesem Fall werden Ihre Rechnungsbeträge so behandelt, als würden sie bereits Umsatzsteuer enthalten. Kalkulieren Sie also genau, wann Sie in die Verlegenheit kommen, die Umsatzgrenzen in Richtung Steuerpflicht zu überschreiten, und schlagen Sie im Zweifelsfall lieber schon vorher Umsatzsteuer auf Ihre Rechnungen auf. Diese müssen Sie natürlich abführen, auch wenn Sie am Ende wider Erwarten doch unter der Umsatzgrenze liegen sollten.

Wenn Sie Umsatzsteuer abführen, sind Sie umgekehrt auch **vorsteuerabzugsberechtigt**. In diesem Fall können Sie die Umsatzsteuer, die Sie selbst an andere bezahlen müssen, mit der von Ihnen eingenommenen Steuer verrechnen. Haben Sie mehr Steuern eingenommen, als Sie bezahlt haben, müssen Sie die Differenz an das Finanzamt abführen. Haben Sie weniger Steuern eingenommen, als Sie bezahlen mußten, bekommen Sie umgekehrt die Differenz vom Finanzamt erstattet.

Tip: Aus diesem Grund kann es sich immer auch für Existenzgründer lohnen, Umsatzsteuer auszuweisen und an das Finanzamt abzuführen, auch wenn dazu aufgrund der Umsätze eigentlich keine Verpflichtung besteht. Da es gerade in der Anfangsphase zu hohen Investitionen kommt, mit denen auch hohe Umsatzsteuern an Lieferanten und Dienstleister bezahlt werden, kann auf dem Wege des Vorsteuerabzugs kräftig Geld gespart werden, denn wenn Sie mehr Umsatzsteuer bezahlen, als Sie einnehmen, erhalten Sie auf dem Wege des Vorsteuerabzugs zuviel gezahlte Steuern erstattet.

In Ihrer Einnahmen-Überschußrechnung weisen Sie den Betrag aus, den Sie insgesamt an Umsatzsteuer eingenommen haben, unabhängig davon, ob Sie diesen Betrag auch tatsächlich an das Finanzamt abführen mußten.

Unter der Position **Private Verwendung des Kraftfahrzeugs mit Vorsteuer** sind die Kosten Ihres Kraftfahrzeugs, die Sie im Lauf des Jahrs als Aufwendung gebucht haben, zusammengefaßt. Da Sie den Wagen für private Zwecke gebraucht haben, stellt dieser Posten im Prinzip eine Zusatzeinnahme dar, die auf Ihrer Einnahmenseite zu Buche schlägt. Relevant sind hier allerdings lediglich die Betriebskosten, also zum Beispiel Benzin und Öl. Zusätzliche Unterhalts- oder Instandsetzungskosten, wie zum Beispiel Reparaturen, gehören nicht dazu.

Unter der Position **Private Verwendung des Kraftfahrzeugs ohne**

Vorsteuer, in der auch Unterhaltskosten, wie zum Beispiel Versicherungen und Gebühren, erfaßt werden, können Sie nur dann zusätzliche Einnahmen verbuchen, wenn Sie ein Fahrtenbuch führen. Aus diesem Fahrtenbuch muß die strikte Trennung zwischen Privat- und Geschäftsfahrten hervorgehen. Sollte dies nicht möglich sein, können Sie monatlich 1 Prozent des Neupreises Ihres Pkw inkl. MWSt. (Mehrwertsteuer) ansetzen.

Beispiel: Wenn Sie für den Pkw 20000 DM zuzüglich 16 Prozent Mehrwertsteuer (3200 DM), also insgesamt 23200 DM, bezahlt haben, können Sie als Privatanteil bei einer Nutzung von 10 Monaten 10 × 232 DM, also 2320 DM ansetzen. Da diese Kosten privat entstanden sind, müssen Sie nun auch die bereits gekürzte Vorsteuer aus dem Pkw-Kauf und den Kosten wieder zurückzahlen, indem der Eigenverbrauch als Umsatzsteuer wieder versteuert wird.

Auch Telefonkosten können privat anfallen, wenn Sie zum Beispiel (von) zu Hause (aus) arbeiten und keine getrennten Rechnungen für private oder geschäftliche Telefonate ausweisen können. Ein geschätzter Wert von 10 Prozent wird vom Finanzamt in der Regel anerkannt. Diesen Schätzwert können Sie, als Eigenverbrauch deklariert und mit der gesetzlichen Umsatzsteuer angesetzt, ebenfalls zu Ihren Einnahmen hinzurechnen.

Beispiel: Aufstellung der Betriebseinnahmen

Betriebseinnahmen	DM	DM
Umsatz, Waren		95000,00
Verkauf Inventar		600,00
Umsatzsteuer darauf		15214,50
Private Nutzung Pkw (stfr.)	481,40	
Private Nutzung Pkw (stpfl.)	4378,76	
Umsatzsteuer (Privatnutzung)	689,65	5549,81
		117364,31

Wesentlich genauer werden die einzelnen Positionen der **Betriebs-ausgaben** aufgeschlüsselt.

Löhne und Gehälter fallen als Betriebsausgaben an, wenn Sie Personal beschäftigen. Dazu gehören zum Beispiel Löhne für gewerbliche Arbeitnehmer (Lkw-Fahrer, Lagerarbeiter, Maurer, Meister), Gehälter für Angestellte wie Buchhalterinnen, Verkäufer usw. Diese Kosten enthalten auch die Arbeitnehmeranteile zu den gesetzlichen Versicherungen sowie freiwillige Leistungen des Betriebs an die Mitarbeiter.

Raumkosten bezeichnen die Aufwendungen für Miete in gemieteten Räumen für Büro und Lager, aber auch für Kleinreparaturen an den Ausstattungen. Wenn Sie als Freiberufler Ihr Büro in der heimischen Wohnung haben, können Sie nach wie vor einen Teil der privaten Raumkosten als Aufwendungen für Ihr Büro geltend machen. Dazu gehören neben Miete, Strom und Heizung zum Beispiel auch anteilige Kosten für Renovierungsarbeiten. Der Anteil der Bürokosten an Ihren Gesamtaufwendungen richtet sich nach dem Anteil, den die Bürofläche im Verhältnis zur gesamten Wohnfläche einnimmt.

Unter der Position **Miete Kopierer** sind hier beispielhaft die Mietkosten für die technische Infrastruktur Ihres Unternehmens angeführt.

Zinsaufwendungen fallen an, wenn Ihre Bank Ihnen Zinsen für laufende Kreditverträge in Rechnung stellt. Dies kann zum Beispiel monatlich oder auch vierteljährlich der Fall sein.

Auch auf der Ausgabenseite fallen wieder Umsatzsteuern an. Diesmal werden jedoch die Umsatzsteuern aufgeführt, die Sie insgesamt bezahlt haben. Zu den Ausgaben für Steuern kommen auf der Ausgabenseite noch die **Vorsteuern** hinzu, die Sie als Vorleistung für die am Ende des Jahres zu zahlenden Steuern an das Finanzamt abführen.

Als **Kfz-Kosten** fallen diejenigen Kosten an, die anteilig für Betrieb, Nutzung und Unterhalt auf die berufliche Nutzung des Fahrzeugs entfallen. Zusätzlich müssen diese Kosten noch durch die **Abschreibung** ergänzt werden.

Exkurs: Abschreibungen

Wenn Sie im Rahmen Ihres Unternehmens einen Gegenstand anschaffen, um diesen Gegenstand betrieblich zu nutzen, können Sie die Anschaffungskosten auf der Ausgabenseite Ihrer Einnahmen-Überschußrechnung verbuchen und damit Ihren Einnahmen gegenüberstellen. Wenn Ihre Kosten gegenüber den Einnahmen steigen, verringert sich damit Ihr Gewinn. Da Sie allein Ihren Gewinn versteuern müssen, müssen Sie dadurch automatisch auch weniger Steuern bezahlen.

Bei größeren Anschaffungen, wie zum Beispiel einem PC oder einem neuen Pkw, kann es leicht vorkommen, daß Ihre Ausgaben in der Einnahmen-Überschußrechnung die Einnahmen übersteigen. Sie hätten damit im betreffenden Geschäftsjahr praktisch einen Verlust erwirtschaftet. Und wenn kein Gewinn vorliegt, sind folglich auch keine Steuern zu bezahlen.

Nicht zuletzt aus diesem Grund hat der Gesetzgeber die Abschreibung eingeführt. Sie kann Ihnen auch unter dem Begriff **AfA** («Absetzung für Abnutzung») begegnen. Die Regelungen zur Abschreibung sehen vor, daß einige Anschaffungen nur über einen längeren Zeitraum als Betriebsausgaben angesetzt, also abgeschrieben werden können. Dabei wird nach drei Stufen unterschieden:

1. Anschaffungen im Wert von bis zu 100 DM können sofort im Anschaffungsjahr voll abgeschrieben werden, also ohne Einschränkungen auf die Ausgabenseite Ihrer Einnahmen/Überschußrechnung verbucht werden.

2. Bei Anschaffungen in einem Wert über 100 bis zu 800 DM können Sie selbst entscheiden, ob Sie die Anschaffung bereits im Anschaffungsjahr oder über die nächsten Jahre verteilt abschreiben wollen.

3. Anschaffungen mit einem Wert von über 800 DM müssen grundsätzlich über mehrere Jahre abgeschrieben werden. Das bedeutet, daß Sie im Anschaffungsjahr nur einen Teil der Anschaffungskosten auf Ihrer Ausgabenseite verbuchen können. Die restlichen Kosten müssen Sie über die nächsten Jahre verteilen. Eine Ausnahme bei Anschaffungen im Wert von über

800 DM besteht nur für Gegenstände, die nachweislich in kürzerer Zeit, etwa bereits im Anschaffungsjahr, aufgebraucht werden.

Durch die Abschreibung wird dem Umstand Rechnung getragen, daß der Wertverlust eines Gegenstands mit hohen Anschaffungskosten sich meist erst über einen längeren Zeitraum als ein Jahr auswirkt. Ein Neuwagen zum Preis von 50 000 DM weist im nächsten Jahr durchaus nicht einen Wert von 0 auf. Kaufmännisch betrachtet, würden Sie aber genauso rechnen, wenn Sie die Anschaffung des Wagens sofort im Anschaffungsjahr voll abschreiben würden. Der Gesetzgeber schreibt nun vor, daß Sie einschätzen sollen, wie lange ein Gegenstand in Ihrem Unternehmen eingesetzt werden kann, bis er für Sie keinen unternehmerischen Wert mehr besitzt. Über diesen Zeitraum müssen Sie die Investitionskosten verteilen. Bei einem Neuwagen wird zum Beispiel eine Frist von fünf Jahren für angemessen erachtet. Sie könnten diesen Wagen also binnen fünf Jahren abschreiben, indem Sie jedes Jahr 10 000 DM des Anschaffungspreises auf der Ausgabenseite Ihrer jährlichen Einnahmen-Überschußrechnung verbuchen. Erst nach fünf Jahren ist der Wagen dann komplett abgeschrieben. Bei einer gleichmäßigen Verteilung der Anschaffungskosten über den Abschreibungszeitraum haben Sie von der **linearen Abschreibungsmöglichkeit** Gebrauch gemacht.

Nun ist es aber durchaus nicht so, daß teure Gegenstände gleichmäßig an Wert verlieren. So ist zum Beispiel bei einem Neuwagen der Wertverlust in den ersten Jahren viel höher als in späteren Jahren. Deshalb hat der Gesetzgeber zusätzlich die Möglichkeit einer **degressiven Abschreibung** eingeräumt. Bei dieser Form der Abschreibung werden die Anschaffungskosten nicht linear, sondern abnehmend über den Abschreibungszeitraum verteilt. In den ersten Jahren können höhere Beträge abgeschrieben werden als in den letzten Jahren.

Ein weiteres Problem bei der Abschreibung ergibt sich daraus, daß der Preis einer Anschaffung nichts darüber aussagt, wie schnell sie an Wert für ein Unternehmen verliert. Während ein Computer oft schon nach drei Jahren technisch überholt ist, kann ein Schreibtisch über viel längere Zeiträume gute Dienste leisten. Aus diesem Grund hat das Bundesfinanzministerium Übersichten erstellt (die «AfA-Tabellen»), in denen die durchschnittliche Lebensdauer verschiedener Investitionsgüter festgehalten wurde. Zwar obliegt es immer noch Ihnen zu beurteilen, wie lange ein Gegenstand in Ihrem Unternehmen eingesetzt werden kann, bis er praktisch keinen Wert mehr für Sie hat. Allerdings orientieren sich die Finanzämter bei der Prüfung, ob Sie angemessene Abschreibungszeiten eingehalten haben, an den AfA-Tabellen des Bundesfinanzministeriums. Wenn Sie eine kürzere Abschreibungsfrist als in diesen Tabellen gewählt haben und diesen Schritt nicht ausreichend begründen können, kann es sein, daß Ihr Finanzamt Ihre Einnahmen-Überschußrechnung aus diesem Grund nicht anerkennt. Vor allem bei der Abschreibung von Computern gab es hier in der letzten Zeit immer wieder Meinungsverschiedenheiten zwischen Steuerzahlern und Finanzämtern. Während viele Unternehmer zu Recht bemerkten, daß bei der heutzutage rasanten Entwicklung der Computermärkte Geräte oft schon nach weniger als drei Jahren nicht mehr den aktuellen Stand der Technik widerspiegeln und neuere Programme nicht verarbeiten können, hielten einige Finanzämter an den AfA-Tabellen fest, in denen für Computer eine angemessene Abschreibungsfrist von fünf Jahren festgehalten wird.

Neben der allgemeinen AfA gibt es noch einige Sonderformen der Abschreibung, durch die zum Beispiel Existenzgründer oder Betriebe in den neuen Bundesländern besonders gefördert werden sollen. In der Regel sehen sie dazu verkürzte Abschreibungszeiten vor. Von besonderem Interesse für Freiberufler ist seit der letzten Reform der Abschreibemöglichkeiten auch noch die Möglichkeit der Anspar-Abschreibung. Durch diese Abschreibung können Unternehmen eine jährliche Sparrücklage als Ausgabe verbuchen, wenn diese Rücklage dazu dient, innerhalb von drei Jahren genügend Kapital zu sammeln, um eine größere Investition tätigen zu können. Dabei muß das angesparte Kapital ausreichen, um mindestens die Hälfte der Anschaffungskosten zu bestreiten. Diese Rücklage darf pro Betrieb den Betrag von 300 000 DM nicht überschreiten. Mit dieser Neuregelung hat der Staat zum erstenmal auch für Freiberufler eine Möglichkeit eingeräumt, steuerbegünstigt Investitionsrücklagen zu bilden.

Beim Ausgabeposten **Porto, Telefon, Bürobedarf, Fachliteratur** handelt es sich um den normalen täglichen Aufwand, bei dem es sich für jeden Unternehmer lohnt, auch bei noch so kleinen Beträgen auf einem ordnungsgemäßen Beleg zu bestehen. Bei Beträgen unter 200 DM reicht ein Kassenbeleg aus, auf dem neben Datum und Namen des Händlers der gekaufte Artikel, der Preis und die im Preis enthaltene Umsatzsteuer aufgeführt sind.

Beiträge, Gebühren, Versicherung: Diese Posten umfassen die Beiträge zu den Handelskammern, Interessenverbänden, Gebühren des Ortsamts und die allgemeinen für den Betrieb erforderlichen Versicherungen.

Die **Reisekosten** werden nach tatsächlichen Aufwendungen, also zum Beispiel den Kosten für Übernachtung, Bahn, Bus, Taxi und Flug, und den pauschalen Verpflegungsmehraufwendungen unterschieden. Letztere kommen zum Tragen, wenn Sie aus beruflichen Gründen länger als zehn Stunden von zu Hause abwesend sind oder zum Beispiel eine mehrtägige Reise unternehmen. Wenn Sie die Reise mit Ihrem Pkw unternommen haben, können Sie als Reisekosten wahlweise entweder pauschale Kilometersätze für betriebliche Nutzung eines privaten Pkw oder die tatsächlichen Benzinkosten ansetzen.

Geschenke bis zum Wert von 75 DM sind für den Beschenkten nicht steuerpflichtig. Allerdings müssen Sie als Schenkender den Beschenkten mit Namen und Adresse angeben und den Grund für Ihr Geschenk benennen. Dieser Grund muß unbedingt in Zusammenhang mit dem Abschluß eines Neugeschäfts oder der Art Ihres Unternehmens stehen. Finanzämter unternehmen immer wieder Stichproben, inwieweit ein Geschenk nicht doch vorwiegend privaten Zwecken gedient hat.

Bewirtungskosten: Bewirten dürfen Sie jeden, der Ihnen wohlgesinnt ist. Nähere Einzelheiten können Sie auf Seite 34 nachlesen.

Kosten des Geldverkehrs sind zum Beispiel die Kontoführungsgebühren Ihrer Bank, Scheckgebühren oder auch Kosten für Überweisungen.

Beispiel: Aufstellung der Ausgaben und Gegenüberstellung der Einnahmen

Löhne und Gehälter		12 200,10
Raumkosten		6723,36
Miete Kopierer		2826,50
Zinsaufwendungen		1870,60
Gewerbesteuer		1800,00
Vorsteuer		5032,38
Umsatzsteuer		10 788,83
Kfz.-Kosten		
• Versicherung	1248,70	
• Steuer	356,00	
• Benzin	5327,56	
• Wartung/Pflege	678,30	
• Abschreibung	8590,00	16 200,56
Porto		654,60
Telefon		2017,91
Bürobedarf		1246,03
Fachliteratur		355,80
Beiträge/Gebühren/Vers.		1346,00
Reisekosten		4978,36
Geschenke bis 75 DM		487,98
Bewirtung		3156,70
Kosten des Geldverkehrs		456,27
allgemeine Geschäftskosten		1144,22
Abschreibung Anlagevermögen		4815,50
Anlageabgang Betriebsvermögen		1602,00
Abschreibung GWG		4378,00
	84 081,50	−84 081,50
Gewinn		33 282,81

Beachten Sie immer folgenden Grundsatz: Keine Buchführung ohne Beleg. Das heißt für Sie: Jeden Posten Ihrer Einnahmen-Überschußrechnung müssen Sie durch einen oder mehrere Belege dokumentieren können. Diese Belege müssen «ordnungsgemäße Belege» sein; auf ihnen müssen also folgende Daten enthalten sein:

- Lieferant / Dienstleistender / Bankverbindung;
- Leistungsempfänger (ab Beträgen von 200 DM zwingend erforderlich);
- die Bezeichnung der Rechnung (zum Beispiel Rechnungsnummer);
- Gegenstand der Lieferung und sonstigen Leistung;
- Rechnungsdatum;
- Umsatzsteuersatz;
- Nettoentgelt (ab Beträgen von 200 DM zwingend erforderlich);
- Umsatzsteuerbetrag (ab Beträgen von 200 DM zwingend erforderlich);
- Rechnungsbetrag.

Diese Vorgaben gelten natürlich genauso für die Rechnungen, die Sie ausstellen. Damit Sie bei Ihren Rechnungen den Überblick behalten, schlagen wir Ihnen vor, ein Numerierungssystem einzuhalten, bei dem die ersten Zahlen den jeweiligen Rechnungsmonat und die nachfolgenden Zahlen die chronologisch vergebene Rechnungsnummer wiedergeben; also zum Beispiel die Rechnungsnummer 01/22 für die 22. Rechnung im Monat Januar.

Alle Belege und Unterlagen, die zum Geschäftsablauf, zur Buchhaltung und zur Beweisführung des Ablaufs des Betriebes gehören, müssen für einen festgelegten Zeitraum aufbewahrt werden:

- Die grundlegenden Geschäftsunterlagen müssen Sie zehn Jahre aufbewahren. Zu diesen wichtigen Unterlagen gehören Ihre Geschäftsbücher, Inventarverzeichnisse, Bilanzen und sämtliche Arbeits- und Organisationsunterlagen, die man zum Verständnis Ihrer Geschäftsbücher oder Bilanzen benötigt (beispielsweise die Kontoblätter, Einnahmen-Überschußrechnungen oder grundlegende Verträge).
- Für weniger wichtige Unterlagen gilt eine verkürzte Aufbewah-

rungsfrist von sechs Jahren. Dies betrifft vor allem Ihre Geschäftsbriefe und Buchungsbelege.

Die Aufbewahrungsfrist beginnt mit dem Jahr, das auf das betreffende Geschäftsjahr folgt, letzteres zählt also nicht mit.

Erst wenn diese Aufbewahrungsfristen abgelaufen sind, können Sie die Unterlagen zum Beispiel in einem Reißwolf vernichten. Diese Regelung gilt nicht, wenn bei Ihnen eine steuerliche Betriebsprüfung läuft, wenn Sie gegen einen Steuerbescheid Einspruch oder Klage eingereicht haben, wenn das Finanzamt Ihre Steuer nur vorläufig festgesetzt hat oder wenn gegen Sie wegen einer Steuerstraftat ermittelt wird. In diesen Fällen müssen Sie die Unterlagen des betreffenden Jahrs selbst dann noch aufbewahren, wenn die oben genannten Fristen bereits abgelaufen sind.

Werden diese Unterlagen bei einer Betriebsprüfung nicht vorgelegt, dann kann das Finanzamt das Ergebnis ihrer Buchhaltung zur Schätzung heranziehen. Sie sollten Ihre Buchhaltung aber nicht nur fürs Finanzamt anfertigen. Nutzen Sie das von Ihnen zusammengestellte Datenmaterial, um die Wirtschaftlichkeit Ihres Unternehmens immer wieder zu prüfen. Auf diese Weise können Sie Schwachpunkte oder Möglichkeiten der Kosteneinsparung entdecken.

Der notwendige Versicherungsschutz

Versicherungen sind ein lukratives Geschäft. Aus den ursprünglichen Versicherungsvereinen, die das Risiko einzelner auf eine Gemeinschaft vieler verteilten, sind heutzutage mächtige Wirtschaftsunternehmen geworden, deren vordringliche Ziele Umsatzsteigerung und Gewinnmaximierung geworden sind. Das Geschäft mit dem Risiko blüht heutzutage, und Sie können sich und Ihren Besitz gegen fast alle Wechselfälle des Lebens versichern.

Dabei sind manche Versicherungen unverzichtbar, manche überflüssig. Oft reicht der bereits bestehende Versicherungsschutz nicht aus, oft sind die abgeschlossenen Verträge zu teuer. Wir können in diesem Band nicht auf alle Fragen eingehen, die sich zum Themenkreis «Versicherungen» ergeben können. Statt dessen wollen wir an dieser Stelle in aller gebotenen Kürze auf einige Versicherungen hinweisen, die wir für unverzichtbar halten, und andere nennen, mit denen Sie sich wahrscheinlich auseinandersetzen werden. Schon jetzt möchten wir darauf hinweisen, daß Sie sich zusätzlich professionell und vor allem unabhängig beraten lassen sollten. Wir können an dieser Stelle nur die Grundlagen Ihrer Entscheidung vorbereiten. Für eine nähere Auseinandersetzung mit Ihren privaten Versicherungen möchten wir Ihnen auch den Band Rüdiger Falken, Jan Evers: «Versicherungen» (rororo-Sachbuch 60458) empfehlen, der in dieser Serie von Ratgebern erschienen ist.

Unser Hauptaugenmerk haben wir an dieser Stelle vor allem auf Ihren persönlichen Sicherheitsbedarf gerichtet. Welcher Versicherungsschutz für Ihr Unternehmen notwendig ist, hängt von der Art Ihrer Tätigkeit ab. Für einige Berufsgruppen sind bestimmte Versicherungen vorgeschrieben; zum Beispiel die besondere Haftpflichtversicherung für Ärzte und Pflegeberufe, durch welche die Schadensersatzansprüche von Patienten reguliert werden, oder Insassenhaftpflichtversicherung für Dienstleister aus dem personenbefördernden Gewerbe. Auch diesen Bogen komplett zu spannen würde den Rahmen des vorliegenden Ratgebers sprengen. Zudem können wir davon ausgehen, daß Sie sich mit dieser Seite Ihres Berufs bereits vertraut gemacht haben. Deshalb wollen wir uns hier lieber auf die Fragen konzentrieren, die im Zuge einer Unternehmensplanung oft viel zu kurz kommen und trotzdem nicht weniger schwerwiegende Konsequenzen für Sie haben können: die Fragen Ihrer persönlichen Sicherheit.

1. Haushalts-Check

Vor jeder finanziellen Planung steht zunächst die Bestandsaufnahme. Dabei sollten Sie den Ist-Zustand nicht nur für Ihr Unternehmen bilanzieren, sondern genauso auch Ihre privaten Ausgaben einbeziehen.

Dazu gehören neben Miete, Strom, Telefon, Rundfunkgebühren, Kreditraten und Versicherungen auch die Ausgaben für Ihre Mobilität (Auto, Fahrkarten), Lebensmittel und Freizeit. Auch wenn Ihnen der letzte Aspekt auf den ersten Blick weniger wichtig erscheint, sollten Sie ihn zunächst in Ihrer Betrachtung berücksichtigen. Denn erstens lebt der Mensch nicht vom Brot allein, und zweitens werden Sie gerade dann, wenn Ihre Auftragslage einmal mau aussehen sollte, endlich neben der Arbeit auch Zeit dafür finden, Ihren Interessen nachzugehen. Und wenn Sie ausgerechnet dann knapp kalkulieren müssen, werden Sie recht bald von Ihrer freiberuflichen Tätigkeit die Nase voll haben.

Die regelmäßigen Festausgaben lassen sich noch ziemlich leicht ermitteln. In der Regel reicht es dafür aus, die Kontoauszüge von zwei oder drei Monaten durchzugehen. Schwieriger wird es, die variablen Kosten einzuschätzen. Für viele, wobei sich die Autoren nicht ausschließen wollen, war es ein erhellendes Erlebnis, über ein Vierteljahr ein Haushaltsbuch zu führen, in dem akribisch alle Ausgaben notiert werden. Auf diesem Weg erhalten Sie den sichersten Überblick über die Entwicklung Ihrer variablen Lebenshaltungskosten. Wenn Ihnen dieser Weg zu mühselig erscheint und Sie Ihre variablen Kosten lieber überschlägig ermitteln wollen, sollten Sie sich dazu zumindest in Ruhe mit den anderen Familienmitgliedern zusammensetzen. Denn erfahrungsgemäß gehen die Einschätzungen darüber, was tatsächlich für den Lebensunterhalt aufgewendet werden muß, oft weit auseinander. Und den besten Überblick hat die Person, die zum Beispiel regelmäßig die Einkäufe erledigt.

Um Ihre Kalkulation abzurunden, sollten Sie neben den monatlichen Ausgaben auch die Kosten berücksichtigen, die in größeren Abständen anfallen. Dazu gehören zum Beispiel Versicherungsbeiträge, die halbjährlich oder jährlich zu bezahlen sind. Rechnen Sie diese Kosten in Ihrer Kalkulation auf den Monat um, indem Sie zum Beispiel Jahresbeiträge durch zwölf teilen.

Checkliste 1: *Monatliche Ausgaben für den Lebensunterhalt*

	DM	
	monatl.	**jährlich**
Fixkosten		
• Miete/Zinsbelastung Wohneigentum		
• Tilgung und Zinsen für Kredite		
• Unterhaltszahlungen		
• Beiträge für Vereine, Verbände, Mitgliedschaften		
• private Haftpflichtversicherung		
• Hausratversicherung		
• Feuerversicherung (bei Eigenheim)		
• Unfall-/Berufsunfähigkeitsversicherung		
• Rechtsschutzversicherung		
• sonstige Versicherungsbeiträge		
•		
Fixkosten insgesamt monatlich		

	DM	
	monatl.	jährlich
Variable laufende Kosten • Stromkosten • Heizungskosten • Warm- und Kaltwasser/Abwassergebühren • Telefonkosten • Kosten des laufenden Lebensunterhalts (Essen,Trinken, Putzmittel etc.) • Kleidung • Fahrzeugkosten (Benzin, Reparatur, TÜV, Steuer) • Öffentliche Verkehrsmittel •		
Variable laufende Kosten insgesamt		
Summe aus Fixkosten und variablen Kosten im Monat		

Diese Haushaltsplanung liefert Ihnen nicht nur die Rechnungsbasis dafür, wieviel Geld Sie in Ihren Versicherungsschutz investieren können. Wir werden auch an späterer Stelle im Kapitel «Strategien zur Altersvorsorge» auf die hier ermittelten Werte zurückgreifen.

Ihre Ausgaben und Einnahmen sind ständigen Schwankungen unterworfen. Vielleicht regt Sie dieser Ratgeber zum Beispiel dazu an, Ihren Versicherungsschutz auszubauen oder abzuspecken. Deshalb ist es notwendig, diesen Haushalts-Check in regelmäßigen Abständen zu wiederholen. Wenn Sie hierbei Routine entwickeln, schlagen Sie gleich zwei Fliegen mit einer Klappe: Die Auseinandersetzung mit Ihren regelmäßigen Kosten führt automatisch auch zu einer kritischen Prüfung Ihrer Versicherungssituation. Sie werden in den folgenden Kapiteln feststellen, daß einige Versicherungen in verschiedenen Lebensphasen auch unterschiedlich wichtig sind und eine Veränderung der Versicherungssituation nach sich zieht. Durch eine regelmäßige Überprüfung Ihrer Versicherungsverträge schützen Sie sich selbst davor, Geld in unnötige Vorsorge zu investieren.

2. Die private Haftpflichtversicherung

Für jeden, der seinen Lebensunterhalt aus eigenen Mitteln bestreitet, ist eine private Haftpflichtversicherung unverzichtbar. Sie tritt für alle Schadensersatzansprüche ein, die Dritte gegenüber der versicherten Person oder einem mitversicherten Familienangehörigen geltend machen. Dabei kann es sich um einen Sachschaden, wie zum Beispiel eine zerbrochene Fensterscheibe, oder um Personenschaden handeln. Damit deckt die Haftpflichtversicherung das Risiko Ihrer persönlichen Schadensersatzpflicht, die im Bürgerlichen Gesetzbuch (BGB) geregelt ist. Das BGB sieht kein Limit für diese Schadensersatzansprüche vor: Sie haften mit Ihrem Privatvermögen in unbegrenzter Höhe. Das kann bedeuten, daß auch Ihr zukünftiges Einkommen von Schadensersatzansprüchen betroffen wird. Sollte durch Ihr Verschulden zum Beispiel ein mehrgeschossiges Bürogebäude einstürzen, müßten Sie persönlich für die dabei entstandenen Sach- und Personenschäden aufkommen – gewiß in einem solchen Fall eine mehrstellige Millionensumme. Dieser Fall ist zwar sehr unwahrscheinlich, aber deshalb nicht unmöglich.

Daß Ihr persönliches Haftungsrisiko im BGB nicht eingeschränkt wird, bedeutet nicht, daß Sie von einer privaten Haftpflichtversicherung auch unbegrenzten Schutz erwarten dürfen. Der Leistungsumfang einer Haftpflichtversicherung wird durch die mit dem Vertrag vereinbarten Versicherungsbedingungen geregelt. Deshalb sollten Sie wissen, was sich hinter den Begriffen verbirgt, mit denen Sie in den Bedingungen konfrontiert werden:

Eine Privathaftpflichtversicherung versichert im «Rahmen der Bedingungen» die finanziellen Folgen, die den «versicherten Personen» durch Schadensersatzansprüche «geschädigter Dritter» aufgrund «gesetzlicher Haftpflichtbestimmungen» «privatrechtlichen Inhalts» entstehen.

Zu den **versicherten Personen** gehört neben dem Versicherungsnehmer selbst vornehmlich dessen Ehegatte. Auch Ihre Kinder gehören zu den versicherten Personen, sofern diese noch unverheiratet und minderjährig sind. Sie können den Versicherungsschutz auch ohne Trauschein auf Ihren Lebenspartner ausdehnen, wenn Sie mit ihm in einem gemeinsamen Haushalt leben. Dies setzt voraus, daß Sie Ihren Lebenspartner namentlich der Versicherungsgesellschaft benennen, denn er muß in diesem Fall gesondert im Versicherungsschein aufgeführt werden.

Geschädigte Dritte können alle sein, die nicht zu den versicherten Personen gehören und nicht in häuslicher Gemeinschaft mit ihnen leben. Sollten diese Personen einen Schadensersatzanspruch geltend machen, können Sie den an Ihre Haftpflichtversicherung weiterleiten.

Haftpflichtansprüche, die Ihnen gegenüber geltend gemacht werden, bedürfen stets einer gesetzlichen Grundlage nach den **gesetzlichen Haftpflichtbestimmungen.** Jeder Schadensfall, den Sie an Ihre Haftpflichtversicherung melden, wird von der Versicherung daraufhin überprüft, ob nach den Haftpflichtbestimmungen überhaupt ein Schadensersatzanspruch besteht. Von daher wirkt eine solche Versicherung immer auch wie eine Rechtsschutzversicherung für Schadensfälle: Unberechtigte Ansprüche werden nicht beglichen. Und deshalb lohnt es sich oft auch bei kleinen Summen, die Versicherung in Anspruch zu nehmen, statt einen Schaden selbst zu begleichen: Damit ist automatisch immer eine Prüfung verbunden, ob der Schaden überhaupt reguliert werden muß.

Die Versicherungsbedingungen regeln den Umfang des Versicherungsschutzes; er besteht also **im Rahmen der Bedingungen.** Es gibt Schadensfälle, die nicht versichert sind. So sind beispielsweise Schäden an geliehenen oder gemieteten Sachen, vorsätzlich herbeigeführte Schäden sowie Schäden, die durch den Gebrauch von Kraft-, Luft- oder Wasserfahrzeugen entstehen, vom Versicherungsschutz ausgeschlossen. Genauso sind von der privaten Haftpflichtversicherung Schäden ausgeschlossen, die durch Ihre selbständige Tätigkeit verursacht werden. Um diesen Schäden vorzubeugen, benötigen Sie eine Betriebs- oder Berufshaftpflichtversicherung.

Eine Privathaftpflichtversicherung ist für jede Person neben der Krankenversicherung die wichtigste Versicherung. Bereits eine Unachtsamkeit kann Ihr Leben und das eines anderen Menschen ruinieren, wenn Sie nicht versichert sind. Eine private Haftpflichtversicherung mit einer Deckungssumme von 2 Millionen DM ist schon für unter 100 DM im Jahr zu haben. Prüfen Sie also, ob für Sie bereits Versicherungsschutz besteht, etwa über die Haftpflichtversicherung Ihres Ehepartners, oder schließen Sie baldmöglichst eine private Haftpflichtversicherung ab.

Wegen der hohen Schadensersatzforderungen, die heutzutage möglich sind, sollte die Deckungssumme Ihrer Versicherung mindestens pauschal 2 Millionen DM für Personen- und Sachschäden betragen. Da gerade in letzter Zeit Personenschäden eine immer wichtigere Rolle spielen und hier die von den Gerichten festgelegten Ansprüche immer höher werden, sollten Sie auch Angebote für Versicherungen mit einer Deckungssumme von pauschal 5 Millionen DM einholen.

Achtung: Einige Versicherungsunternehmen bieten nur eine Deckungssumme von 2 000 000 DM für Personenschäden und 500 000 DM für Sachschäden an. Diese Deckungssummen reichen nicht aus, weil zum Beispiel durch Feuer sehr hohe Sachschäden entstehen können. Vereinbaren Sie besser eine pauschale Deckung für Personen- und Sachschäden.

Über eine private Haftpflichtversicherung werden auch Vermögensschäden mit abgedeckt; diese spielen aber in diesem Zusammenhang keine wesentliche Rolle. Hier sollte es ausreichen, wenn Sie eine Deckungssumme von 50 000 DM oder 100 000 DM vereinbaren.

In allen neuen Verträgen sind über eine Klausel für Mietschäden auch Schäden an gemieteten Räumen versichert. Die Deckungssumme sollte hier mindestens 200 000 DM betragen. Wenn Sie eine teurere Immobilie bewohnen, müssen Sie die Deckungssumme entsprechend anpassen.

Eine gute Privathaftpflichtversicherung zeichnet sich durch folgende Deckungssummen aus:

- 5 000 000 DM pauschal für Personen- und Sachschäden,
- 100 000 DM für Vermögensschäden und
- 200 000 DM für Mietsachschäden.

Sie sollte nicht mehr als 120 DM im Jahr kosten (Stand Mitte 1998).

Wenn Sie Angebote verschiedener Versicherer einholen, können Sie die Deckungssummen für Vermögensschäden und Mietsachschäden nicht vorgeben. Diese sind in den Tarifen, also den Vertragsangeboten der Versicherungsgesellschaften, fest vorgegeben. Eine Angebotsanfrage sollte deshalb wie folgt aussehen:

«Bitte teilen sie mir den Jahresbeitrag inklusive Versicherungssteuer für eine Privathaftpflichtversicherung bei einer Versicherungssumme von 5 000 000 DM pauschal für Personen- und Sachschäden mit. Geben Sie bitte auch die Versicherungssumme für Mietsachschäden und Vermögensschäden an.»

Diese Anfrage sollten Sie an mindestens fünf verschiedene Versicherungsunternehmen richten. In Zeitschriften wie «Capital», «Finanztest», «Plus» oder «DM» werden immer wieder Preis- und Leistungsvergleiche verschiedener Versicherungsunternehmen veröffentlicht. Diese Zeitschriften können Sie zum Beispiel bei Ihrer örtlichen Verbraucherzentrale einsehen, um sich einen ersten Angebotsüberblick zu verschaffen. Dort hält man auch weitere Informationen zum Thema Versicherungen für Sie bereit.

Da der Umfang der Versicherungsleistungen verbindlich durch die gesetzlichen Haftpflichtbestimmungen geregelt wird und damit für alle Versicherungsgesellschaften gleichermaßen gilt, brauchen Sie nur darauf zu achten, daß alle von Ihnen geforderten Deckungssummen gewährleistet werden. Ist dies bei mehreren Anbietern der Fall, entscheidet allein der Preis, also der jährliche Versicherungsbeitrag.

Fazit: Eine private Haftpflichtversicherung ist für Sie unbedingt notwendig. Jeder, der ein eigenes Einkommen erzielt, muß sich um seinen Versicherungsschutz selbst kümmern. Ausnahmen gelten hier nur für Ehepartner oder Lebenspartner, die im gleichen Haushalt leben. Diese müssen gegenüber der Versicherungsgesellschaft benannt werden. Prüfen Sie, ob Sie auf diese Weise bereits über eine andere Person versichert sind oder ob Sie eine andere Person über Ihre Haftpflichtversicherung kostenlos mitversichern können. Wenn für Sie kein Versicherungsschutz besteht, müssen Sie unbedingt eine private Haftpflichtversicherung abschließen.

3. Betriebs- und Berufshaftpflichtversicherung

Die Betriebshaftpflichtversicherung tritt für Schadensersatzansprüche bei Personen- und Sachschäden ein, für die Sie aufgrund gesetzlicher Haftpflichtbestimmungen als Unternehmer/in in Anspruch genommen werden. Auf besonderen Antrag können hier zusätzlich auch Vermögensschäden mitversichert werden.

Wie bei der privaten Haftpflichtversicherung gilt der Versicherungsschutz «im Rahmen der Bedingungen». Es werden also nicht alle Schäden ersetzt, die durch Ihr Unternehmen verursacht werden können. Vom Versicherungsschutz ausgenommen sind zum Beispiel sogenannte Erfüllungsschäden. In diesen Fällen ist Ihrem Kunden ein Schaden entstanden, weil Sie schlechte Arbeit geleistet haben. Wenn Sie also zum Beispiel als freiberuflicher EDV-Berater eine Datensicherungsroutine einrichten, die nicht funktioniert, weil Sie Ihr Handwerk nicht beherrschen, kommt die Versicherung nicht für Schäden auf, die Ihrem Kunden aufgrund von Datenverlusten durch die fehlerhafte Routine entstanden sind.

Allerdings haftet die Versicherung für Folgeschäden, die aufgrund Ihrer schlechten Arbeit auftreten können. Haben Sie zum Beispiel mit Ihrer fehlerhaften Sicherungsroutine den gesamten Bürobetrieb für mehrere Tage lahmgelegt, weil Sie mit Ihrer Einrichtung das gesamte Computernetzwerk außer Gefecht gesetzt haben, ist der dadurch entstehende Schaden in der Regel über Ihre Betriebshaftpflichtversicherung abgedeckt.

Wie die private Haftpflichtversicherung hilft Ihnen auch die Betriebshaftpflicht nicht nur bei der Regulierung von Schäden, sondern auch bei der Prüfung von Schadensersatzansprüchen. Das Versicherungsunternehmen prüft bei einem Schaden immer erst, ob die Schadensersatzansprüche, die an Sie gerichtet werden, vom Grund und der Höhe her berechtigt sind. Sind die Ansprüche unberechtigt oder zu hoch, werden sie von der Versicherungsgesellschaft zurückgewiesen. Dies geschieht dann in Ihrem Namen und auf Kosten der Versicherung. Eine solche Leistungsverweigerung wird von einer Versicherungsgesellschaft notfalls sogar gerichtlich für Sie durchgesetzt. Gelingt also zum Beispiel der Nachweis, daß der Schaden durch Ihre Datensicherungsroutine auf einen Bedienungsfehler Ihres Kunden zurückgeht, oder besteht der Verdacht, daß sich Ihr Kunde durch diesen Schadenfall sanieren möchte, übernimmt die Versicherungsgesellschaft an Ihrer Stelle die Federführung in der Auseinandersetzung. Damit kommen Sie quasi indirekt in den Genuß einer zusätzlichen Rechtsschutzversicherung.

Tätigkeitsschäden, also Schäden, die direkt an der von Ihnen bearbeiteten Sache auftreten, sind nicht automatisch durch die Betriebshaftpflichtversicherung abgedeckt. Meist werden solche Schäden durch die Versicherungsbedingungen sogar ausdrücklich ausgeschlossen. Wenn Sie also während Ihrer Tätigkeit als EDV-Berater beim Einbau einer neuen Komponente in einen Computer mit dem Schraubenzieher abrutschen und damit einen Schaden am Computer anrichten, ist dieser Schaden durch den normalen Versicherungsschutz zunächst nicht abgedeckt. Wenn es durch Ihre Tätigkeit in Betracht kommt, daß solcherlei Schäden entstehen, sollten Sie zusätzlich in der Betriebshaftpflicht eine Übernahme von Schadensersatzansprüchen aus Tätigkeitsschäden vereinbaren.

Grundlage einer Betriebshaftpflichtversicherung sind die Allgemeinen Bedingungen für die Haftpflichtversicherung (AHB). Weil diese sehr allgemein gefaßt sind, gibt es viele besondere Vereinbarungen und Bestimmungen für Betriebe, durch welche die allgemeinen Bedingungen erweitert und ergänzt werden können. Deshalb gleicht in der Praxis meist kein Versicherungsvertrag dem anderen. Fast mit jedem Abschluß werden viele individuelle Klauseln und Bestimmungen vereinbart, die auf den Charakter der jeweiligen Tätigkeit zugeschnitten sind.

Diese zusätzlichen Vereinbarungen müssen Sie vor Abschluß des Vertrags ausdrücklich vom Versicherungsunternehmen verlangen. Meist werden besondere Zusatzbestimmungen nicht vom Unternehmen selbst angeboten. Daß diese Möglichkeiten bestehen, erfahren Sie erst durch gezielte Nachfrage. Wer sich hier nicht vorher über die speziellen Versicherungsmöglichkeiten für seine Tätigkeit informiert, wird oft mit Standardverträgen abgespeist. Dabei sind mit zusätzlichen Vereinbarungen nicht immer auch zusätzliche Kosten verbunden. Holen Sie dazu Angebote von verschiedenen Versicherungsunternehmen ein, und fordern Sie diese dazu auf, Sie auf spezielle Angebote für Ihr Tätigkeitsfeld hinzuweisen. Und wenn Sie mit einem Angebot im großen und ganzen zufrieden sind, Ihnen aber eine spezielle Zusatzklausel fehlt, drängen Sie darauf, daß diese Vereinbarung in das Angebot der Versicherung aufgenommen wird.

Einige wichtige Zusatzklauseln sind zum Beispiel die Absicherung von Vermögensschäden (zum Beispiel bis 50 000 DM), von Vermögensschäden, die auf einen Verstoß gegen das Bundesdatenschutzgesetz zurückgehen, von Schäden, die durch von Ihnen beauftragte Subunternehmer verursacht werden, von Mietsachschäden bei gemieteten Büroräumen oder auch von Haftpflichtansprüchen mitversicherter Personen untereinander. Da die Auswahl der verschiedenen sinnvollen Zusatzvereinbarungen ganz von der Tätigkeit abhängt, die Sie ausüben, und von den Schäden, die dadurch möglicherweise gegenüber Dritten entstehen, können wir hier keine allgemeinen Empfehlungen geben. Zudem gehen die Versicherungsunternehmen mit diesen zusätzlichen Schutzvereinbarungen unterschiedlich um: Während für manchen Zusatzschutz allein ausreicht, daß dieser im Versicherungsvertrag festgehalten wird, ist für anderen Zusatzschutz ein Aufpreis fällig. Ob und wie hoch dieser ausfällt, hängt vom jeweiligen Versicherungsunternehmen ab.

Um einen Pfad in diesem Dickicht zu finden, sollten Sie im ersten Schritt genau überlegen, wem durch Ihre Tätigkeit welche Schäden entstehen können und in welchen Punkten diese Schäden ein Maß überschreiten, das Sie durch einen Griff in Ihre Portokasse ausgleichen könnten. Für geringfügige Risiken brauchen Sie keine teure Versicherung. Hier fahren Sie günstiger, wenn Sie für das Schadensrisiko einen Teil Ihrer Rücklagen vorsehen, als wenn Sie dafür regelmäßige Versicherungsbeiträge aufwenden. Besteht aber die Gefahr größerer Sach-, Personen- oder Vermögensschäden, etwa durch die Folgen einer fehlerhaft ausgeführten Arbeit, sollten Sie unbedingt Vorsorge durch den entsprechenden Versicherungsschutz treffen. Wenn Ihnen zum Beispiel ein Fehler bei der Übersetzung einer Gebrauchsanweisung unterläuft und dadurch in Tausenden von Haushalten Küchenmaschinen explodieren, haben die daraus folgenden Sach- und Personenschäden schnell ein unüberschätzbares Maß erreicht.

Wenn Sie sich einen Überblick über die Haftungsrisiken Ihrer Tätigkeit verschafft haben, können Sie Ihre Sonderwünsche schon angeben, wenn Sie von verschiedenen Versicherungsgesellschaften Angebote einholen. Sollten Sie unsicher sein, ob Sie mit einem angebotenen Vertrag tatsächlich alle bestehenden Risiken ausreichend abgedeckt haben, sollten Sie zu Ihrer Sicherheit lieber das Geld für eine Beratung bei einem gerichtlich zugelassenen Versicherungsberater investieren. Dieser berät Sie ohne eigenes Provisionsinteresse zu Ihren Gunsten und kann Ihnen aus seiner Erfahrung heraus gute Tips für den Umgang mit Versicherungen geben.

Für manche Freiberufler hat der Gesetzgeber eine spezielle Haftpflichtversicherung vorgeschrieben: die Berufs- oder Vermögensschaden-Haftpflichtversicherung. So müssen zum Beispiel Ärzte eine besondere Arzt-Haftpflichtversicherung und selbständige Ingenieure eine besondere Ingenieur-Haftpflichtversicherung abschließen. Diese Versicherungen decken die branchenspezifischen Risiken für Personen- und Sachschäden sowie zusätzliche Vermögensschäden ab. Andere freie Berufsgruppen wie Rechtsanwälte und Steuerberater sind gesetzlich verpflichtet, eine separate Vermögensschaden-Haftpflichtversicherung abzuschließen, welche die besonderen Risiken von Vermögensschäden durch Falschberatung oder Fristversäumnis abdeckt. Zum Abschluß einer solchen Vermögensschaden-Haftpflichtversicherung sind auch Makler und Versicherungsvermittler verpflichtet.

Fazit: Bevor Sie also Ihre freiberufliche Tätigkeit aufnehmen, müssen Sie sich zunächst darüber informieren, ob für Ihre Tätigkeit der Abschluß einer speziellen Betriebs-, Berufs- oder Vermögensschaden-Haftpflichtversicherung gesetzlich vorgeschrieben ist. Diese Information erhalten Sie beim für Sie zuständigen Gewerbeamt oder den entsprechenden Berufsverbänden. Auch wenn eine solche Versicherungspflicht nicht besteht, sollten Sie die Risiken, die mit Ihrer Tätigkeit für Dritte verbunden sind, und die Kosten eines entsprechenden Versicherungsschutzes prüfen. Wenn Sie unsicher sind, ob Sie Ihre Situation und Ihren Versicherungsbedarf richtig einschätzen, sollten Sie auf neutrale Beratung, zum Beispiel durch einen gerichtlich zugelassenen Versicherungsberater, zurückgreifen.

4. Die Berufsunfähigkeitsversicherung

Bei Angestellten ist der Fall der Berufsunfähigkeit in der Regel automatisch durch die gesetzliche Rentenversicherung versichert. Allerdings sind die Rentenansprüche hier gerade in den ersten Berufsjahren so niedrig, daß oft der Abschluß einer zusätzlichen privaten Berufsunfähigkeitsversicherung sinnvoll ist. Selbständige sollten dem Fall einer Berufsunfähigkeit durch eine private Versicherung vorbeugen.

Von der Berufsunfähigkeitsversicherung erhalten Sie eine Rente, wenn Sie aufgrund einer Gesundheitsschädigung vorübergehend oder dauernd außerstande sind, Ihrer Berufstätigkeit nachzugehen. Dabei ist es unerheblich, ob die Gesundheitsschädigung durch eine Krankheit oder einen Unfall eingetreten ist. Die Rente wird entsprechend dem Grad Ihrer Berufsunfähigkeit gezahlt. Bei den privaten Anbietern sind dabei Pauschalregelungen von Staffelregelungen zu unterscheiden:

Bei **Pauschalregelungen** wird die Berufsunfähigkeitsrente ab einem Berufsunfähigkeitsgrad von 50 Prozent gezahlt. Wer zu 50 Prozent berufsunfähig ist, bekommt die vereinbarte Rente in voller Höhe ausgezahlt. Wer nur zu 49,99 Prozent berufsunfähig ist, erhält nichts.

Bei **Staffelregelungen** haben sich vor allem zwei Modelle durchgesetzt. In einem Modell wird die Rente in der Spanne von $33^{1}/_3$ bis $66^{2}/_3$ Prozent entsprechend dem Grad der Berufsunfähigkeit bezahlt. Ab $66^{2}/_3$ Prozent erfolgt die Auszahlung der vollen Rente. Im anderen Modell liegt die Spanne, in der die Rente anteilig entsprechend dem Grad der Berufsunfähigkeit gezahlt wird, zwischen 25 und 75 Prozent; die volle Rente wird hier erst ab 75 Prozent Berufsunfähigkeit fällig. Welches der Modelle grundsätzlich günstiger ist, läßt sich nicht sagen. Die Entscheidung für ein Modell hängt von Ihren persönlichen Bedürfnissen und vor allem vom Risiko einer Berufsunfähigkeit bei Ihnen ab.

Als Angestellter ist es sicher schwierig, seinen Arbeitsplatz bei fünfzigprozentiger Berufsunfähigkeit zu halten. Für ihn wird also die Pauschalregelung eher sinnvoll sein als für einen Selbständigen, der seiner freiberuflichen Tätigkeit auch bei Einschränkungen seiner Berufsfähigkeit noch nachgehen kann und wird. Wenn Sie zum Beispiel noch in der Lage sind, Aufgaben von Ihrem Schreibtisch aus zu delegieren, oder in Ihrem Betrieb eine leitende Stellung einnehmen, wird es auch gegenüber der Versicherung schwierig sein, einen hohen Grad der Berufsunfähigkeit zu begründen. Hier ist es wohl eher sinnvoll, eine Staffelregelung zu vereinbaren, welche die Einkommenseinbußen ausgleicht, die durch die teilweise Berufsunfähigkeit entstehen.

Tip: Wenn Sie selbständig sind, sollten Sie eher eine Staffelregelung mit niedriger Staffelung wählen. Dann erhalten Sie schon einen Teil der Berufsunfähigkeitsrente, wenn Sie zu mehr als 25 Prozent berufsunfähig sind und eine Hilfskraft einstellen müssen, die den Verlust Ihrer uneingeschränkten Berufsfähigkeit ausgleicht.

Berufsunfähigkeitsversicherungen werden als eigenständige Versicherungen oder als Berufsunfähigkeitszusatzversicherung zu einer Risiko- und Kapitallebensversicherung angeboten. Die Koppelung der Berufsunfähigkeitszusatzversicherung mit einer Lebensversicherung hat grundsätzlich den Nachteil, daß die Lebensversicherung für die gleiche Laufzeit abgeschlossen werden muß wie die Berufsunfähigkeitszusatzversicherung. Damit werden die Kosten insbesondere bei der Kapitallebensversicherung unnötig in die Höhe getrieben. Es kann vorkommen, daß eine teure Kapitallebensversicherung aus finanziellen Gründen gekündigt oder beitragsfrei gestellt werden muß. In diesem Fall entfällt aber auch der Schutz aus der Berufsunfähigkeitsversicherung, denn diese ist ein Teil der Hauptversicherung. Deshalb ist die Kombination von Berufsunfähigkeitsversicherung und Kapitallebensversicherung in aller Regel nicht zu empfehlen.

Anders verhält es sich bei der Koppelung an eine Risikolebensversicherung. Auch hier besteht der Nachteil, daß die Risikolebensversicherung mindestens so lange laufen muß wie die Berufsunfähigkeitsversicherung. Wenn Sie Angebote zu einer eigenständigen Berufsunfähigkeitsversicherung und im Vergleich einer Risikolebensversicherung mit Berufsunfähigkeitszusatzversicherung einholen, werden Sie aber feststellen, daß die Beiträge der günstigen Anbieter von Risikolebensversicherungen mit Berufsunfähigkeitszusatzversicherung niedriger sind als viele Angebote für eigenständige Berufsunfähigkeitsversicherungen. In diesem Fall reduziert sich die enthaltene Risikolebensversicherung natürlich auf einen angenehmen Nebeneffekt. Letztlich sollten Sie aber einen Beitragsvergleich anstellen und sowohl Angebote für eine eigen-

ständige Berufsunfähigkeitsversicherung wie auch für Risikolebensversicherungen mit Berufsunfähigkeitszusatzversicherung
einholen.

Achtung: In einer eigenen Berufsunfähigkeitsversicherung ist
oft eine Beitragsanpassungsklausel enthalten. Diese erlaubt es dem
Versicherungsunternehmer, die Beiträge zu erhöhen, wenn sich
herausstellt, daß Sie anfangs zu niedrig kalkuliert wurden. Bei
Berufsunfähigkeitszusatzversicherungen kommt eine solche Klausel nur selten vor. Erkundigen Sie sich auf jeden Fall, ob der Ihnen
angebotene Vertrag eine Beitragsanpassungsklausel enthält. Von
solchen Verträgen sollten Sie lieber Abstand nehmen, da Ihre Beitragszahlungen damit langfristig nicht sicher kalkuliert werden
können.

Tip: Wenn Sie die Berufsunfähigkeitsversicherung rein aus Kostengründen mit einer Risikolebensversicherung koppeln, sollten
sie immer die niedrigste Versicherungssumme für die Risikolebensversicherung wählen. Dabei sollten Sie aber darauf achten, daß Sie
die Versicherungssumme nicht so niedrig vereinbaren, daß eine
«bedingte Beitragsanpassungsklausel» zum Tragen kommt: Bei
einigen Versicherungsunternehmen kann die Versicherungssumme
der Risikolebensversicherung in der gleichen Höhe vereinbart werden wie die Jahresrente bei Berufsunfähigkeit. Ist die Versicherungssumme jedoch nur geringfügig niedriger als die Jahresrente,
gilt automatisch die Beitragsanpassungsklausel wie bei einer eigenständigen Berufsunfähigkeitsversicherung.

Wenn Sie eine Berufsunfähigkeitsversicherung besitzen oder abschließen wollen, stoßen Sie auf zwei wichtige Begriffe: «Versicherungsschutzdauer» und «Leistungsdauer».

Die **Versicherungsschutzdauer** bezeichnet den Zeitraum, in dem
Sie gegen Berufsunfähigkeit versichert sind. Tritt innerhalb dieser

Versicherungsschutzdauer eine Erkrankung oder ein Unfall ein, der zur Berufsunfähigkeit führt, wird die vereinbarte Rente bis zum Ablauf der **Leistungsdauer** bezahlt. Ist bis zum Ablauf der Versicherungsschutzdauer keine Berufsunfähigkeit eingetreten, läuft die Versicherung automatisch aus. Die Versicherungsschutzdauer sollten Sie so lange wählen, wie Sie Ihren Lebensunterhalt aus Ihrer freiberuflichen Tätigkeit bestreiten wollen, meist also mindestens bis zum 60., besser noch bis zum 65. Lebensjahr.

Wenn Sie Ihren Bedarf vor dem Abschluß einer Versicherung ermittelt haben, sollten Sie ihn regelmäßig alle paar Jahre überprüfen. Manchmal haben sich die Umstände in der Weise geändert, daß Sie notfalls auch mit einer niedrigeren Rente auskommen würden, zum Beispiel weil Ihr Ehepartner im Bedarfsfall einer beruflichen Tätigkeit nachgehen kann. Dann können Sie über die Vereinbarung einer niedrigeren Rente auch niedrigere Beiträge für die Berufsunfähigkeitsversicherung vereinbaren.

Wenn Sie während Ihrer Zeit als Angestellter Pflichtbeiträge oder als Selbständiger freiwillige Beiträge in die gesetzliche Rentenversicherung eingezahlt haben, können Sie mit einem Antrag auf Kontenklärung herausfinden, welche Ansprüche Sie gegenüber der gesetzlichen Rentenversicherung im Fall einer Berufsunfähigkeit haben. Wie Sie einen solchen Antrag stellen, erfahren Sie im nächsten Abschnitt zum Thema «Altersvorsorge».

Prüfen Sie danach auch, ob aus anderen Einnahmequellen genügend finanzielle Mittel zur Verfügung stehen, um im Fall einer Berufsunfähigkeit einen ausreichenden Lebensstandard zu halten. Diese anderen Einnahmen können zum Beispiel aus einer beruflichen Tätigkeit des Ehepartners kommen. Oder aber aus anderen Vermögenswerten wie zum Beispiel einem vermieteten Haus. Stehen keine weiteren oder nur geringe Einnahmen zur Verfügung, sollten Sie auf jeden Fall eine zusätzliche Absicherung über eine private Berufsunfähigkeitsversicherung vereinbaren.

Die Berechnung des persönlichen Bedarfs wird wie folgt vorgenommen:

Checkliste 2: Berechnung der persönlichen Versorgungslücke bei Berufsunfähigkeit

benötigtes Haushaltseinkommen		DM
bereits bestehende monatliche Rentenansprüche bei Berufsunfähigkeit	–	DM
mögliches Einkommen des Ehegatten	–	DM
Einkünfte aus Kapitalvermögen	–	DM
Einnahmen aus Vermietung/Verpachtung	–	DM
= monatliche Versorgungslücke	=	DM

Weil eine private Berufsunfähigkeitsversicherung recht teuer ist, sollten Sie bei der Ermittlung Ihrer Versorgungslücke nicht nur von Ihrem Nettoeinkommen, sondern vielmehr von dem Geld ausgehen, das Sie tatsächlich monatlich benötigten. Wenn Ihr derzeitiges Einkommen insgesamt recht hoch ist, kann trotzdem das benötigte Haushaltseinkommen niedriger sein. Wenn Sie von diesem niedrigeren Betrag ausgehen, können Sie eine teure Überversorgung vermeiden. Sie sollten Ihr Haushaltseinkommen sorgfältig planen und auch schon künftige Ausgaben einbeziehen. Wenn beispielsweise schon jetzt feststeht, daß Sie in wenigen Jahren eine eigene Immobilie finanzieren wollen, müssen Sie den Betrag entsprechend höher ansetzen. Das Haushaltseinkommen, das Sie gegenüber der Versicherung angeben, darf aber nicht über Ihrem derzeitigen Nettoeinkommen liegen. Denn die Berufsunfähigkeitsversicherung darf nicht dazu führen, daß Sie aus einer Berufsunfähigkeit finanzielle Gewinne erzielen.

Die Versicherungsunternehmen bieten verschiedene Modelle einer dynamischen Anpassung Ihrer versicherten Rente an. Damit soll der schleichende Geldverlust (Inflation) ausgeglichen werden, der während der langen Versicherungszeiten wahrscheinlich zum Tragen kommt. Entweder wird ein fester Satz zwischen fünf und zehn Prozent vereinbart, um den Versicherungssumme und Beitrag in regelmäßigen Abständen angehoben werden. Oder aber die Erhöhung erfolgt im gleichen Rahmen, in dem die Höchstbeiträge zur gesetzlichen Rentenversicherung steigen. Die zweite Variante ist insofern günstiger, als dem realen Geldverlust mit der Anbindung an die Rentenversicherung noch am ehesten Rechnung getragen wird.

Tip: Eine «jährliche Summenanpassung», die Sie in Ihrem Vertrag vereinbart haben, müssen Sie nicht wirklich jedes Jahr vornehmen. Sie erhalten in einem solchen Fall jedes Jahr einen Bescheid von Ihrer Versicherung, daß Summe und Beitrag erhöht werden sollen. Diesem Bescheid können Sie widersprechen und verlangen, daß Beitrag und Versicherungssumme beim alten bleiben. Je nach Vertrag können Sie so eine Erhöhung bis zu zweimal ablehnen. Erst wenn Sie der Erhöhung dreimal hintereinander widersprochen haben, haben Sie Ihr Recht auf weitere Erhöhungen in der Zukunft verwirkt. Wenn Sie in einem Jahr eine Anpassung vorgenommen haben, können Sie in den zwei folgenden Jahren wiederum eine weitere Erhöhung ablehnen. Mit diesem «Stop-and-go-Verfahren» können Sie die Anpassung Ihrer Versicherung weitestgehend selbst steuern. Wenn Sie meinen, nun ausreichend versichert zu sein, brauchen Sie nur dreimal hintereinander eine Anpassung abzulehnen und haben die Dynamik damit «ausgeschaltet».

Bei Berufsunfähigkeitsversicherungen sind die Beitragsunterschiede sehr groß. Darüber hinaus gibt es große Unterschiede bei den Voraussetzungen für die Versicherungsleistungen sowie bei der Verwendung der «Risikoüberschüsse». Die Beiträge sind von den Versicherungsunternehmen sehr vorsichtig kalkuliert, so daß sie meist höher sind, als es für das zu tragende Risiko nötig wäre. Dies ist notwendig, damit die Versicherungsunternehmen die Rentenleistungen auch dann noch erbringen können, wenn der Schadensaufwand für Berufsunfähigkeitsfälle höher ansteigt, als heute abzusehen ist. Die dadurch anfallenden «Risikoüberschüsse» gehen den Versicherten allerdings nicht verloren, sondern werden entweder dem Beitragskonto gutgeschrieben oder auch erstattet.

Je nach Unternehmen und Tarif werden vor allem drei Verrechnungsmethoden für die Überschüsse angewandt. Bei der **Beitragsverrechnung** werden die jährlichen Überschüsse sofort mit den Beiträgen verrechnet. In diesem Modell gibt es also einen «Bruttobeitrag», der nach dem Tarif des Versicherungsunternehmens für die Versicherung erhoben wird. Tatsächlich muß aber nur ein «Nettobeitrag» gezahlt werden. Dieser errechnet sich aus dem Bruttobeitrag abzüglich der im betreffenden Jahr erreichten Risikoüberschüsse. Die Risikoüberschüsse können von Jahr zu Jahr unterschiedlich hoch ausfallen, weil sie immer nach den tatsächlichen Schadensaufwendungen ermittelt werden. Bei der **Überschußansammlung** werden die Risikoüberschüsse nicht sofort wieder an den Versicherten zurückgeleitet, sondern bis zum Ablauf der Versicherung verzinslich angesammelt. Am Ende der Vertragslaufzeit wird also ein Kapitalbetrag ausgezahlt, wenn auch in der Regel nur ein geringer. Anstatt die Risikoüberschüsse an den Kunden anzuzahlen, wird Ihnen beim **Bonussystem** ein höherer Versicherungsschutz zur Verfügung gestellt. So kann die vereinbarte Rente zum Beispiel zusätzlich um 25 Prozent erhöht werden.

Tip: Für Sie als Versicherungsnehmer ist die Sofortverrechnung der Überschüsse, also das Modell «Beitragsverrechnung», am günstigsten. Sie können für sich festlegen, welche Berufsunfähigkeitsrente Sie benötigen und versichern wollen, und müssen nicht mit Schwankungen Ihrer Versicherungsleistung rechnen, wenn zum Beispiel vermehrte Fälle von Berufsunfähigkeit bei anderen Versicherten die Bonussumme vermindern. Außerdem ist der zu zahlende Versicherungsbeitrag bei der Beitragsverrechnung am niedrigsten.

Das für Sie günstigste Versicherungsunternehmen können Sie heute nicht mehr nur anhand der Beitragshöhe auswählen. Seitdem die

Versicherungsunternehmen in der Gestaltung ihrer Bedingungen frei sind, müssen Sie bei der Auswahl der Versicherungsunternehmen auf die unterschiedlichen Leistungsbedingungen beachten. Damit haben Sie sich zwischen günstigen Versicherungsunternehmen mit schlechten Versicherungsbedingungen und Unternehmen mit guten Bedingungen, aber höherem Beitrag zu entscheiden. Bei nahezu einhundert Anbietern mit jeweils fast einhundert unterschiedlichen Angeboten haben Sie kaum mehr die Möglichkeit, sich schlicht und einfach für das «beste» Versicherungsunternehmen zu entscheiden.

Bevor Sie einem Vertragsabschluß näher treten, sollten Sie zuerst überlegen, ob Sie vom Grundsatz her eine Versicherung mit sehr niedrigem Beitrag oder eine mit besseren Bedingungen abschließen wollen. Zwei wesentliche Entscheidungskriterien sind Ihnen bereits bekannt: die Auswahl zwischen einer Pauschal- oder einer Staffelregelung sowie eventuell eingebaute Klauseln zur Beitragsanpassung. Weiter sollten Sie noch auf folgende Punkte achten:

Die meisten Versicherungsunternehmen verlangen in ihren Bedingungen, daß die Meldung der Berufsunfähigkeit innerhalb von drei Monaten nach Eintritt der Berufsunfähigkeit erfolgt. Nur in diesem Fall wird die Rente rückwirkend ab Eintritt der Berufsunfähigkeit gezahlt. Bei einigen Versicherungsunternehmen wird auch dann rückwirkend ab Beginn der Berufsunfähigkeit geleistet, wenn die Meldung an das Versicherungsunternehmen später als drei Monate nach ihrem Eintritt erfolgt. Bei vielen Krankheiten stellt sich erst nach sechs oder neun Monaten heraus, daß sie zur Berufsunfähigkeit führen. Daher ist es günstiger, Versicherungsunternehmen zu wählen, die auch nach der Frist von drei Monaten rückwirkend zahlen.

In den Bedingungen vieler Versicherungsunternehmen liegt eine Berufsunfähigkeit zudem erst dann vor, wenn der Versicherte «voraussichtlich dauernd» außerstande ist, seine Berufstätigkeit auszuüben. Wann eine Berufsunfähigkeit «voraussichtlich dauernd» festgestellt werden muß, ist immer wieder zum Streitpunkt zwischen Versicherungsunternehmen, Ärzten und Versicherten geworden. Einige Versicherungsunternehmen kommen Ihren Kunden jedoch entgegen, für diese liegt eine Berufsunfähigkeit bereits dann vor, wenn der Versicherte voraussichtlich für mehr als sechs Monate berufsunfähig ist.

Tip: Diese Option ist eine sehr einfache Lösung zur Feststellung der Berufsunfähigkeit, weshalb Sie eine solche Regel bevorzugen sollten. Wenn Sie zum Beispiel länger als sechs Monate krank geschrieben werden, ist die Versicherung zur Zahlung der Berufsunfähigkeitsrente verpflichtet. Das Versicherungsunternehmen kann sich hier nicht zum Beispiel dahinter verstecken, daß zunächst noch ärztliche Gutachten ausgewertet werden müssen, was die Auszahlung der Rente in der Praxis um viele Monate verzögern kann.

In den meisten Bedingungen wird vereinbart, daß der Versicherte den Anordnungen der behandelnden oder auch begutachtenden Ärzte folge leisten muß. Zum Beispiel kann ein Gutachter des Versicherungsunternehmens eine Operation empfehlen, die wahrscheinlich den Grad der Berufsunfähigkeit mindern würde. Lehnen Sie die Operation ab, kann das Versicherungsunternehmen seinerseits die Rentenzahlung ablehnen. Es gilt zwar der Grundsatz, daß die Anordnung zumutbar sein muß. Was aber unter «Zumutbarkeit» zu verstehen ist, kann einen langwierigen Streit nach sich ziehen. Es gibt zwischenzeitlich viele Versicherungsunternehmen, die in ihren Bedingungen auf die sogenannte Arztanordnungsklausel verzichten.

Im Versicherungsantrag sind vom Versicherten umfangreiche Fragen zu beantworten, nach denen das Versicherungsunternehmen beurteilt, ob es den Versicherungsschutz zur Verfügung stellt. Alle Fragen sind vollständig und wahrheitsgemäß zu beantworten. Man spricht hier von einer **Anzeigepflicht** des Versicherten. Wenn Sie – wissentlich oder unwissentlich – falsche Angaben machen, kann das Versicherungsunternehmen vom Versicherungsvertrag zurücktreten. Für Sie kann das zur Folge haben, daß Sie über lange Zeit Beiträge eingezahlt haben und nun trotzdem ohne Versicherungsschutz dastehen. Die Anzeigepflicht ist insbesondere bei Gesundheitsfragen von Bedeutung. Wenn Sie eine Vorerkrankung auch nur versehentlich nicht angeben, wird das Versicherungsunternehmen vom Vertrag zurücktreten. Dies ist jedoch nur innerhalb der ersten zehn Jahre nach Vertragsbeginn möglich, es sei denn, der Versicherte hat mit falschen Antworten vorsätzlich versucht, auf die Entscheidung des Versicherungsunternehmens Einfluß zu nehmen. Einige Versicherungsunternehmen haben die Frist für den Rücktritt bei falschen Antragsfragen auf drei oder fünf Jahre verkürzt. Weil manchmal schon eine Nachlässigkeit bei den Antworten zum Verlust des Versicherungsschutzes führen kann, ist die Verkürzung der Rücktrittsfrist ein Stück mehr Sicherheit, im Bedarfsfall trotzdem die Versicherungsleistung zu erhalten.

Bei vielen Versicherungsunternehmen gilt der Versicherungsschutz nur, solange sich der Wohnsitz der versicherten Person in Deutschland befindet. Wenn Sie nicht ausschließen können, daß Sie sich beruflich für längere Zeit im Ausland aufhalten werden, sollten Sie nur solche Versicherungsunternehmen auswählen, die uneingeschränkt weltweiten Versicherungsschutz bieten.

Es gibt noch eine ganze Reihe weiterer Bedingungsunterschiede, die aber sind zumeist weniger wichtig und deren detaillierte Besprechung würde den Rahmen dieses Ratgebers sprengen. Sie sollten grundsätzlich entscheiden, ob Sie mehr Wert auf bessere Bedingungen oder einen günstigen Beitrag legen, und auf der Grundlage Ihrer Entscheidung verschiedene Angebote einholen. Folgende Angaben werden vom Versicherungsunternehmen benötigt, um für Sie ein aussagekräftiges Angebot zu erstellen:

Tabelle 1: Vorgaben für den Angebotsvergleich

Geschlecht	
Geburtsdatum	
Beruf	
Beginn	
Laufzeit (z. B. bis zum 65. Lebensjahr) für die Versicherungsschutzdauer für die Leistungsdauer	
gewünschte monatliche Rente	
eventuell Versicherungssumme für die Risikolebensversicherung (siehe auch nächstes Kapitel)	

Wenn Sie sowieso eine Risikolebensversicherung benötigen und anhand unserer Ausführungen im nachfolgenden Kapitel ermittelt haben, über welche Summe diese abgeschlossen werden soll, dann geben Sie diesen Wert an. Wenn Sie keine Risikolebensversicherung benötigen und prüfen wollen, ob eine Berufsunfähigkeitsversicherung mit einer Risikolebensversicherung für Sie günstiger ist, tragen Sie ein, daß das Unternehmen die Mindestsumme einsetzen soll.

Fazit: Solange Sie für Ihren Lebensunterhalt auf eigenes Einkommen angewiesen sind, sollten Sie eine Berufsunfähigkeitsversicherung abschließen. Der Versicherungsschutz sollte dabei so lange bestehen, wie Sie für Ihren Lebensunterhalt arbeiten müssen. Im Fall einer Berufsunfähigkeit muß die Leistung einer Rente bis zu dem Zeitraum vereinbart werden, ab dem Sie von Ihren Rücklagen für die Altersvorsorge leben können. Prüfen Sie regelmäßig, ob der Versicherungsschutz in der vereinbarten Höhe bestehen muß oder ob Sie mittlerweile mit einer geringeren Rente auskommen und damit Beitragskosten sparen können. Beachten Sie beim Angebotsvergleich, daß Kombinationsverträge mit einer Risikolebensversicherung günstiger sein können als eine eigenständige Berufsunfähigkeitsversicherung.

5. Die Risikolebensversicherung

Die Versicherungswirtschaft unterscheidet zwei Formen von Lebensversicherungen: zum einen die Kapitallebensversicherung und zum anderen die Risikolebensversicherung. Bei der Kapitallebensversicherung werden 80 bis 90 Prozent des Beitrags für eine kapitalbildende Geldanlage verwendet. Deshalb hat eine Kapitallebensversicherung eigentlich nichts mit Versicherungen zu tun, sondern ist eher als Form der Geldanlage anzusehen. Nähere Ausführungen zur Kapitallebensversicherung finden Sie daher im Abschnitt zum Thema «Altersvorsorge». Grundsätzlich sei aber schon an dieser Stelle darauf hingewiesen, daß wir grundsätzlich die Auffassung vertreten, Geldanlage und Risikoabsicherung getrennt voneinander zu betrachten und anzugehen.

Mit einer Risikolebensversicherung sollen die finanziellen Konsequenzen des Todes der versicherten Person ausgeglichen werden. Sobald die versicherte Person verstirbt, erhalten die «bezugsberechtigten Personen» die versicherte Todesfallsumme ausgezahlt. Wer «bezugsberechtigte Person» sein soll, bestimmt der Versicherungsnehmer; dies kann er auch während der Laufzeit der Versicherung beliebig oft ändern. Nur wenn ein «unwiderrufliches Bezugsrecht» vereinbart wird, muß der Bezugsberechtigte einer Änderung zustimmen.

Versichert ist das reine Todesfallrisiko. Am Ende der Vertragslaufzeit endet der Vertrag, ohne daß eine Leistung vom Versicherungsunternehmen zu erbringen ist, wenn die versicherte Person zu diesem Zeitpunkt noch lebt. Weil die Versicherungswirtschaft viel stärker für die Kapital- als für die Risikolebensversicherung wirbt, meinen viele, die Kapitallebensversicherung müsse besser sein als die Risikolebensversicherung. Schließlich würden bei der Kapitallebensversicherung am Ende «die Beiträge zurückerstattet». In jeder Kapitallebensversicherung ist jedoch eine eigene Risikolebensversicherung enthalten. Deren Beitragsanteile bleiben ebenso beim Versicherungsunternehmen wie bei einer eigenständigen Risikolebensversicherung, Autoversicherung oder Privathaftpflichtversicherung. Bei der Kapitallebensversicherung wird nur ein hoher zusätzlicher Sparbeitrag erhoben. Der wird verzinst und um Beteiligungen am Unternehmensgewinn erhöht. Nur durch diese Erträge sieht es so aus, als würden Sie am Ende alle eingezahlten Beiträge zurückerhalten. Wenn Sie Risikovorsorge und Geldanlage trennen, können Sie unter dem Strich meist bessere Gewinne erzielen.

Neben der klassischen Risikolebensversicherung, bei der die Versicherungssumme beim Tod der versicherten Person ausgezahlt wird, gibt es noch **Restschuldversicherungen** und **verbundene Lebensversicherungen** für zwei Personen.

Eine Restschuldversicherung eignet sich besonders für die Absicherung eines Kredits, bei dem eine laufende Tilgung (Rückzahlung) vereinbart ist. Bei der klassischen Risikolebensversicherung bleibt die Versicherungssumme über die gesamte Laufzeit unverändert. Mit jeder Tilgungsrate vermindert sich das Risiko für die Hinterbliebenen, beim Tod des Schuldners auf dem Rest des Kredits sitzenzubleiben. Weil die Restschuld bei fortschreitender Tilgung immer geringer wird, entsteht bei der klassischen Risikolebensversicherung eine Überversorgung. Die Überversorgung wird bei einer Restschuldversicherung vermieden, weil sich Versicherungssumme und Beiträge laufend mit Abnahme der Restschuld vermindern.

Auch in Sachen Kredit haben die Versicherungsgesellschaften viel Energie darauf verwendet, um Ihre Kapitallebensversicherungen an den Mann zu bringen. Hier gibt es jedoch selten wirklich günstige Lösungen.

Beispiel: Herr Schwarz benötigt für eine betriebliche Investition einen Kredit über 50 000 DM. Die Sparkasse verlangt als zusätzliche Sicherheit den Abschluß einer Lebensversicherung. Weil die Sparkasse auch Lebensversicherungen vertreibt, verkauft der fleißige Berater Herrn Schwarz gleich eine Kapitallebensversicherung über eine Versicherungssumme von 50 000 DM, die nach fünf Jahren ausbezahlt werden soll. Der Monatsbeitrag dafür beträgt 313 DM. Daneben muß Herr Conrad noch 1050 DM monatlich für den Kredit aufwenden. Er zahlt also 60 Monate lang insgesamt 1363 DM. Hätte er mit der Sparkasse gleich eine monatliche Rate von 1354,30 DM vereinbart und dort eine günstigere Risikolebensversicherung mit einer Versicherungssumme von 50 000 DM über vier Jahre abgeschlossen, wäre der Kredit bereits nach 44 Monaten anstatt nach 60 Monaten abgezahlt. Er hat also für 16 Monate unnötigerweise hohe Zinsen bezahlt.

Obwohl es die Banken und Sparkassen eigentlich besser wissen müßten, werden immer wieder Kreditverträge mit Kapitallebensversicherungen kombiniert. Wenn Sie für einen Kredit 9,5 Prozent Zinsen zahlen müssen und von der Lebensversicherung maximal 6,5 Prozent Rendite zu erwarten haben, verlieren Sie bei jeder Mark, die in die Lebensversicherung eingezahlt wurde, 3 Prozent. Hier betreiben die Banken und Sparkassen also auf Ihre Kosten Vermögensvernichtung zum eigenen Vorteil.

Bei einer **verbundenen Lebensversicherung** für zwei Personen können sich Partner gegenseitig über einen Vertrag versichern. Sie bietet sich deshalb besonders für die Familienversorgung, aber auch für Geschäftspartner an. Hier werden beide Personen über nur einen Vertrag versichert. Die Versicherungssumme kommt zur Auszahlung, wenn einer der Partner verstirbt. Sterben beide Partner, zum Beispiel durch einen Autounfall, kommt die Versicherungssumme allerdings auch nur einmal zur Auszahlung. Weil die Versicherung bei zwei versicherten Personen nur maximal einmal zur Auszahlung kommt, ist diese Vertragsform von den Beiträgen her günstiger als zwei einzelne Verträge.

Bei Risikolebensversicherungen können zwei Formen von Zusatzversicherungen eingeschlossen werden. Zum einen eine Berufsunfähigkeitszusatzversicherung, die im vorangegangenen Kapitel ausführlich beschrieben wurde.

Tip: In den meisten Fällen wird es für Sie günstiger sein, die Berufsunfähigkeitsversicherung nur mit einer «kleinen» Risikolebensversicherung zu koppeln und dafür ein leistungsfähiges Versicherungsunternehmen auszuwählen. Die zusätzlich benötigte Todesfallabsicherung kann dann mit einer anderen Laufzeit bei einem günstigen Versicherungsunternehmen abgeschlossen werden.

Die zweite, oft angebotene Zusatzversicherung zur Risikolebensversicherung ist eine Unfall-Zusatzversicherung. Diese wird von der Versicherungswirtschaft und deren Vertretern besonders gern verkauft, weil sie für Sie überflüssig ist, aber für den Vermittler und die Versicherungsunternehmen Gewinne verspricht. Bei einer Unfall-Zusatzversicherung wird eine höhere Versicherungsleistung für den Fall vereinbart, daß die versicherte Person durch einen Unfall verstirbt. Zumeist bieten die Versicherungsunternehmen im Rahmen einer Unfall-Zusatzversicherung eine Verdoppelung der Versicherungssumme an. Warum sollte aber eine zusätzliche Versicherungssumme fällig werden, nur weil Sie zufällig durch einen Unfall sterben? Das Risiko, durch einen Unfall zu sterben, ist zudem sehr gering. Die Unfall-Zusatzversicherung ist bei einer bedarfsgerechten Risikolebensversicherung unnötig.

Mit einer Risikolebensversicherung wird immer das finanzielle Risiko eines Dritten abgesichert. Dies kann die Familie sein, eine Bank, aber auch ein Geschäftspartner. Immer dann, wenn Dritte ein finanzielles Risiko nach dem Tod einer Person erleiden, ist es ratsam, für diese Person eine Risikolebensversicherung abzuschließen. Eine Risikolebensversicherung ist grundsätzlich allen Familien zu empfehlen, die auf das Einkommen eines oder zweier Versorger angewiesen sind.

Neben der Familienversorgung dient die Risikolebensversicherung der Kreditabsicherung. Hier verlangen häufig die Banken schon eine ausreichende Besicherung. Dies ist jedoch bei Hypothekendarlehen nicht der Fall.

Tip: Obwohl von den Banken und Sparkassen für Hypotheken keine Risikolebensversicherung verlangt wird, weil die Immobilie als Sicherheit dient, ist Ihnen als Absicherung der Hausfinanzierung der Abschluß einer Risikolebensversicherung zu empfehlen. Denn wenn Sie sterben und die Familie die Kredite nicht mehr bedienen kann, erhält die Bank das Haus zur Verwertung. Mit einer Risikolebensversicherung haben Ihre Hinterbliebenen entweder die Möglichkeit, das Darlehen vollständig zurückzuzahlen oder aus der Versicherungsumme zumindest einige Zeit die Raten weiter zu bezahlen.

Bei einer Risikolebensversicherung wird zwischen **Versicherungsnehmer** und **versicherter Person unterschieden.** Versicherungsnehmer ist derjenige, der den Vertrag mit dem Versicherungsunternehmen abschließt. Die versicherte Person ist jene Person, auf deren Leben der Vertrag abgeschlossen wird. Versicherungsnehmer und versicherte Person können unterschiedliche Personen sein. In vielen Fällen bietet es sich an, daß derjenige als Versicherungsnehmer auftritt, der versorgt werden muß, wenn eine andere Person stirbt.

Beispiel: Herr Grau und Frau Grün sind nicht verheiratet, haben aber zwei gemeinsame Kinder. Weil Herr Grau Hauptversorger der Familie ist, benötigt Frau Grün eine zusätzliche Absicherung. Anspruch auf eine Witwenrente aus der gesetzlichen Rentenversicherung kann Frau Grün nicht geltend machen, da sie nicht mit Herrn Grau verheiratet ist. Die Kinder immerhin erhalten eine Waisenrente, wenn ihr leiblicher Vater verstirbt. Weil Frau Grün sich und ihre Kinder versorgen muß, schließt sie eine Risikolebensversicherung auf das Leben ihres Partners über eine Summe von 200000 DM ab. Dabei vermerkt sie im Antrag sich selbst als Versicherungsnehmerin und ihren Partner als versicherte Person. Wenn Herr Grau stirbt, erhält sie die volle Summe vom Versicherungsunternehmen ausgezahlt. Hätte dagegen Herr Grau selbst die Versicherung auf sein Leben abgeschlossen, würde Frau Grün als Bezugsberechtigte nur einen Teil der Versicherungssumme ausgezahlt bekommen. In diesem Fall unterliegt die Leistung aus der Lebensversicherung der Erbschaftssteuer.

Von einer Risikolebensversicherung wird der vereinbarte Betrag im Todesfall des Versicherten in einer Summe ausgezahlt. Was bedeutet nun aber eine Versicherungssumme von zum Beispiel 200 000 DM für den monatlichen Lebensunterhalt?

Beispiel: Wenn Sie 200 000 DM zu einem jährlichen Zinssatz von 6 Prozent anlegen, erwirtschaften Sie im Jahr 12 000 DM Zinsen. Ohne das Kapital selbst anzurühren, könnten also monatlich 1000 DM zur Verfügung stehen.

Wenn Sie nur den Zeitraum abzusichern haben, in dem zum Beispiel Ihre Kinder noch klein sind, können Sie die 200 000 DM zu 6 Prozent anlegen und sich monatlich zum Beispiel 2200 DM, also 1000 DM Zinsen und 1200 DM vom Kapital auszahlen lassen. In diesem Fall wäre das Kapital nach zehn Jahren vollständig aufgezehrt.

Checkliste 3: Berechnung der persönlichen Versorgungslücke bei Tod des Hauptverdieners

benötigtes Haushaltseinkommen		DM
Witwen-/Witwerrente	–	DM
Waisenrenten	–	DM
Einkommen des überlebenden Partners	–	DM
monatliche Versorgungslücke	=	DM

Die Höhe der notwendigen Versicherungssumme ermitteln Sie wie folgt:

1. Wenn das Geld ohne Kapitalverzehr angelegt werden soll:
   Versorgungslücke ÷ 500 = Summenfaktor fünf Jahre
   Summenfaktor × 100 000 = Versicherungssumme

Beispiel: Die monatliche Versorgungslücke beträgt 1600 DM.
   1600 ÷ 500 = 3,2 (Summenfaktor fünf Jahre)
   3,2 × 100 000 = 320 000 DM Versicherungssumme.

2. Wenn das Geld mit Kapitalverzehr nach zehn Jahren angelegt werden soll:
   Versorgungslücke ÷ 1100 = Summenfaktor zehn Jahre
   Summenfaktor × 100 000 = Versicherungssumme

Beispiel: Der monatliche Versorgungsbedarf beträgt 1600 DM.
   1600 ÷ 1100 = 1, 46 (Summenfaktor zehn Jahre)
   1,46 × 100 000 = 146 000 DM Versicherungsumme.

Bei Risikolebensversicherungen bestehen sehr große Beitragsunterschiede. Wenn Sie Ihre Risikolebensversicherung nicht mit einer Berufsunfähigkeitsversicherung koppeln, können Sie unbesorgt das billigste Versicherungsunternehmen auswählen. Wenn Sie eine kombinierte Versicherung abschließen wollen, sind für Sie die Kriterien bei der Auswahl der Berufsunfähigkeitsversicherung entscheidend.

Folgende Angaben werden vom Versicherungsunternehmen benötigt, um für Sie ein aussagekräftiges Angebot zu erstellen:

Tabelle 2: Vorgaben für den Angebotsvergleich

Geschlecht	
Geburtsdatum	
Beruf	
Raucher/Nichtraucher (bei den meisten Versicherungsgesellschaften)	
Beginn	
Versicherungssumme	
Laufzeit	

Die Laufzeit Ihrer Versicherung sollten Sie möglichst genau auf Ihre Lebensplanung abstimmen. Sobald Ihre Kinder das Haus verlassen haben und zum Beispiel Ihre Immobilie vollständig abbezahlt sein wird, sinkt der Versorgungsbedarf Ihrer Hinterbliebenen. Eine zusätzliche Risikolebensversicherung ist dann oft überflüssig und kostet unnötig Geld.

Fazit: Eine Risikolebensversicherung ist immer dann notwendig, wenn Dritte durch Ihren Tod erhebliche finanzielle Einbußen hinnehmen müssen. Als Versorger einer Familie kommen Sie um den Abschluß einer Risikolebensversicherung nicht herum. Dabei sollte der Versicherungsnehmer immer die begünstigte Person und nicht der Versicherte selbst sein, um Erbschaftssteuern zu sparen. Wenn Sie sich für eine Risikolebensversicherung ohne zusätzliche Berufsunfähigkeitsversicherung entschließen, können Sie Ihre Versicherung nach den günstigsten Beiträgen auswählen.

6. Rechtsschutzversicherungen

Mit einer Rechtsschutzversicherung werden die Kosten außergerichtlicher und gerichtlicher Auseinandersetzung für bestimmte Rechtsgebiete versichert. Zu den versicherten Kosten zählen dabei vor allem die Rechtsanwalts- und Gerichtskosten, für die Sie aufkommen müssen, wenn Sie einen Rechtsstreit verloren haben. Für einige Bereiche sind außerdem Sachverständigen- und Gutachterkosten versichert.

Eine Rechtsschutzversicherung übernimmt die anfallenden Kosten und befreit Sie damit vom Kostenrisiko, das mit einem Rechtsstreit verbunden ist. Bevor das Versicherungsunternehmen eine Zusage für die Kostenübernahme erteilt, will es allerdings zuvor über die Sachlage informiert werden. Es prüft, ob eine rechtliche Auseinandersetzung überhaupt Aussicht auf Erfolg hat. Denn für unnötige Streitfälle gewährt das Versicherungsunternehmen keinen Versicherungsschutz. Durch die vielen Rechtschutzversicherungen für verschiedene Problemfelder scheint der mögliche Versicherungsschutz sehr umfangreich. Ein Blick in die Vertragsbedingungen zeigt jedoch, daß die Versicherungsunternehmen Rechtsschutz überwiegend für Bereiche anbieten, die in der Praxis seltener vorkommen, und dabei häufige und teure Streitigkeiten gänzlich ausschließen.

Es würde den Rahmen dieses Ratgebers sprengen, wenn hier alle Ausschlüsse und Besonderheiten der Rechtsschutzversicherungen aufgezählt werden sollten. Einige wichtige Beschränkungen sollen jedoch erwähnt sein: Bei Scheidungs- und Erbangelegenheiten wird nur die Beratung durch einen Rechtsanwalt bezahlt. In Steuer- und Sozialversicherungssachen wird nur bei einer gerichtlichen Auseinandersetzung gezahlt, die rechtliche Beratung beim Rechtsanwalt jedoch nicht. Im Strafrechtsschutz sind nur versehentlich begangene Straftaten versichert, aber nicht solche, die auch vorsätzlich begangen werden können.

Für Selbständige und Freiberufler gibt es nur eine besondere Familien-Rechtsschutzversicherung, die teurer ist, aber keine zusätzlichen Leistungen bietet. Dies mag möglicherweise mit der höheren Wahrscheinlichkeit verbunden sein, daß Selbständige häufiger in private Finanzgerichtsprozesse verwickelt sein können. Der Nachteil für Sie ist zudem, daß Sie keine Familien- und Verkehrsrechtsschutz-Versicherung kombinieren können. Beide Versicherungspakete müssen gesondert abgeschlossen werden.

Streitigkeiten, die sich aufgrund Ihrer freiberuflichen Tätigkeit ergeben, sind grundsätzlich von einer Familienrechtsschutzversicherung ausgeschlossen. Aber auch eine betriebliche Rechtsschutzversicherung ist für die meisten Freiberufler nicht sinnvoll, denn Rechtsstreitigkeiten sind nur im Fall von Ordnungswidrigkeiten sowie von arbeits- oder sozialrechtlichen Streitigkeiten versichert. Sofern Sie also nicht die Geschicke einer Schar streitlustiger Angestellter lenken, brauchen Sie meist auch keine betriebliche Rechtsschutzversicherung. Die meisten Streitfälle im Rahmen Ihrer Tätigkeit ergeben sich aufgrund des Vertragsrechts. Dieses Rechtsgebiet kann aber über eine Rechtsschutzversicherung nicht abgesichert werden.

Fazit: Eine private Rechtsschutzversicherung ist für Selbständige und Freiberufler besonders teuer. Da der Versicherungsschutz einer betrieblichen Rechtsschutzversicherung auf Arbeits- und Sozialrecht sowie Ordnungswidrigkeiten begrenzt bleibt, ist er nur für wenige Freiberufler sinnvoll. Bevor Sie eine Rechtsschutzversicherung abschließen, sollten Sie genau prüfen, welche Kosten damit für Sie verbunden sind und welches Kostenrisiko damit abgedeckt wird. In der Regel wird es sinnvoller sein, eine kleine «Streitkasse» anzulegen, aus der Sie zur Not eine Erstberatung mit Ihrem Rechtsanwalt bezahlen können.

Checkliste 4: Welchen Versicherungsschutz brauche ich?

	besteht bereits	muß abgeschlossen werden	ist nicht notwendig
Private Haftpflichtversicherung			
Betriebshaftpflichtversicherung			
Berufshaftpflichtversicherung			
Vermögensschaden-Haftpflichtversicherung			
Berufsunfähigkeitsversicherung			
Risikolebensversicherung			
Private Rechtsschutzversicherung			
Betriebliche Rechtsschutzversicherung			

Das Thema
Krankenversicherung

Wenn Sie als Angestellter arbeiten und Ihr Bruttoverdienst weniger als 6300 DM beträgt, unterliegen Sie der gesetzlichen Krankenversicherungspflicht und werden durch Ihren Arbeitgeber automatisch als Mitglied einer gesetzlichen Krankenkasse angemeldet. Damit genießen Sie den gesetzlichen Krankenversicherungsschutz: Die Kosten für Heilbehandlungen, vom Arzt verschriebene Medikamente und medizinisch notwendige Hilfsmittel, Rehabilitationsmaßnahmen sowie Krankentagegeld, das sechs Wochen nach Eintritt der Arbeitsunfähigkeit in Höhe eines bestimmten Anteils Ihres Nettogehalts direkt von der Krankenkasse gezahlt wird, übernimmt die gesetzliche Krankenversicherung. Hinzu kommt noch die Anmeldung für die gesetzlich vorgeschriebene Pflegeversicherung, welche die Mehrkosten einer später vielleicht notwendigen Pflegebetreuung abdecken soll. Auf den Leistungsumfang der gesetzlichen Krankenkassen kommen wir an späterer Stelle noch einmal zurück.

Wenn Sie selbständig sind oder Ihr Angestelltengehalt inklusive feststehender Sonderbezüge wie Weihnachts- oder Urlaubsgeld auf den Monat umgerechnet mehr als 6300 DM brutto beträgt, besteht für Sie keine Versicherungspflicht in der gesetzlichen Krankenversicherung. Auch dann, wenn Sie sowohl angestellt wie auch freiberuflich arbeiten und Ihre freiberufliche Tätigkeit gegenüber der angestellten Tätigkeit überwiegt, können Sie sich bei entsprechendem Nachweis gegenüber dem Arbeitgeber von der Versicherungspflicht befreien lassen. In diesem Fall müssen Sie sich selbst um Ihre Krankenversicherung bemühen. Dazu können Sie freiwillig Mitglied einer der gesetzlichen Krankenkassen werden oder sich bei einem privaten Versicherungsunternehmen versichern.

Man sollte es kaum für möglich halten, doch es gibt noch immer Menschen, die auf eine Krankenversicherung verzichten. Dies ist, angesichts der heutigen Behandlungskosten, mit Verlaub gesagt sträflicher Leichtsinn. Auch wenn Sie bisher immer kerngesund gewesen sind und gar nicht die Absicht hegen, einmal krank zu werden, brauchen Sie nur morgen über einen offenen Schnürsenkel zu stolpern. Ein einfacher Arztbesuch mit einigen Routineuntersuchungen kann leicht mit mehreren hundert Mark zu Buche schlagen. Ein Tag im Krankenhaus ist meist teurer als eine Übernachtung im Luxushotel, und für den Preis einer Operation könnten Sie oft auch einen neuen Mittelklassewagen kaufen.

Nicht ohne Grund schreibt der Gesetzgeber für Angestellte die Versicherungspflicht in einer gesetzlichen Krankenkasse vor. Ein Leben ohne Krankenversicherung ist ein Tanz auf dem Drahtseil ohne Netz und Sicherungsleine. Ob Sie von einer schweren Krankheit oder einem Unfall mit hohen medizinischen Folgekosten betroffen werden, läßt sich nicht vorhersagen. Aber die Wahrscheinlichkeit, daß Sie in einem solchen Fall ohne Krankenversicherung vor dem finanziellen Ruin stehen, ist zu hoch, um ein Risiko einzugehen. Auch wenn die Kosten für eine Krankenversicherung beachtlich sind, führt in unserer Gesellschaft kein Weg an ihr vorbei.

Die gesetzliche Krankenversicherung erfüllt als Teil der Sozialversicherung dabei auch eine sozialpolitische Aufgabe: Die Krankenkosten werden von den weniger Leistungsfähigen zu den Leistungsstarken umgeschichtet. Das kann nur funktionieren, wenn nicht nur viele, sondern möglichst alle Bundesbürger der Sozialversicherung angehören. Der Gesetzgeber hat nur einem bestimmten Personenkreis gestattet, sich der Solidarität der Krankenversicherung zu entziehen. So sind alle Beamten, Selbständigen und gut verdienenden Arbeiter und Angestellten nicht versicherungspflichtig. Entweder werden sie erst gar nicht Mitglied der gesetzlichen Krankenversicherung oder können später austreten, wenn sie in die Selbständigkeit wechseln oder die entsprechenden Einkommensgrenzen überschritten haben. Sie können aber auch freiwilliges Mitglied der gesetzlichen Krankenversicherung bleiben. Es besteht also eine Wahlfreiheit, für welches der beiden Systeme man sich entscheidet.

Ende der achtziger Jahre wurde diese Wahlfreiheit durch den Gesetzgeber zumindest in eine Richtung fast vollständig abgebaut: Dem, der sich einmal für das private Versicherungssystem entschieden hat, wurde der Rückweg oder spätere Einstieg in das gesetzliche Krankenversicherungssystem zunehmend schwergemacht. Vorher konnte der Wechsel in beide Richtungen relativ problemlos erfolgen. So sind in der Vergangenheit viele gut Verdienende in die gesetzliche Krankenversicherung zurückgekehrt, wenn sich dieses System durch veränderte Lebensumstände, wie zum Beispiel Heirat oder Familienzuwachs, als günstiger erwies. Ebenso sind viele privatversicherte Rentner in die gesetzliche Krankenkasse zurückgekehrt, weil die Beitragsbelastung in der gesetzlichen Krankenversicherung im Alter viel niedriger war als bei den privaten Krankenversicherungsgesellschaften.

In jungen Jahren, wenn nur geringe Krankheitskosten anfallen, sind die Beiträge einer privaten Krankenversicherung oft wesentlich günstiger als die einer gesetzlichen Krankenkasse. Gerade Existenzgründer, die in der Anfangsphase Ihrer Tätigkeit jeden Pfennig zweimal umdrehen müssen, sind daher eine leichte Beute für Versicherungsvertreter, die Ihnen zum Abschluß einer privaten Krankenversicherung raten. Dieser Abschluß ist für einen Versicherungsvertreter eins der besten Geschäfte, die er machen kann: Für kaum eine andere Versicherung erhält er eine dermaßen hohe Provision. Entsprechend aggressiv werden diese Versicherungen von den provisionsabhängigen Vermittlern vertrieben.

Achtung: Vertriebsorganisationen holen sich die Informationen darüber, wer sich gerade selbständig gemacht hat, oft direkt von den Handels- und Handwerkskammern. Mit dem Hinweis, von diesen Institutionen informiert worden zu sein, stehen dann oft bereits wenige Tage nach der Anmeldung der Tätigkeit Versicherungsvertreter vor Ihrer Haus- oder Bürotür. Fallen Sie nicht auf diesen Verkaufstrick herein, und seien Sie generell bei Versicherungsvertretern skeptisch, die Sie nicht selbst zu einem Besuch aufgefordert haben. Schließen Sie auf keinen Fall voreilig eine Versicherung ab, bevor Sie auch andere Angebote von der Konkurrenz eingeholt haben. Holen Sie diese Vergleichsangebote selbst ein: Die Übersichten oder Vergleichstabellen, die manche Versicherungsverkäufer einsetzen, geben oft nur einen Teil der Wahrheit wieder!

Das private und das gesetzliche Krankenversicherungssystem sind grundsätzlich unterschiedlich aufgebaut. Beide Systeme haben ihre Vor- und Nachteile. Damit Sie die richtige Entscheidung treffen, ist es notwendig, daß Sie beide Systeme kennenlernen und dann aus Ihrer Situation heraus beurteilen können, welches der beiden Systeme am besten zu Ihren Bedürfnissen paßt. Erst wenn diese Grundsatzentscheidung gefallen ist, sollten Sie sich auf die Suche nach einer geeigneten Krankenversicherung machen.

1. Die gesetzliche Krankenversicherung

Das Vertragsverhältnis zwischen einer gesetzlichen Krankenkasse und einem Versicherten wird durch den Gesetzgeber begründet und geregelt. In § 5 Sozialgesetzbuch V (SGB V) ist festgelegt, welche Personen der «Versicherungspflicht» unterliegen, also «versicherungspflichtig» sind. Grundsätzlich können Sie davon ausgehen, daß alle abhängig Beschäftigten sowie einige im Gesetz aufgeführte Selbständige zu den versicherungspflichtigen Personen gehören. In den §§ 6 und 7 SGB V wird der Personenkreis der Versicherungspflichtigen weiter eingeengt. So unterliegen zum Beispiel geringfügig Beschäftigte nicht der Versicherungspflicht, sofern es sich bei ihnen nicht um Auszubildende oder Personen handelt, die ein freiwilliges soziales oder ökologisches Jahr ableisten. Außerdem sind die Personen von der Pflichtmitgliedschaft befreit, deren regelmäßiges Jahresarbeitsentgelt über der Beitragsbemessungsgrenze liegt; diese liegt 1998 bei 75 600 DM.

Die Pflichtmitgliedschaft endet, sobald diese Voraussetzungen entfallen. Dies kann beispielsweise durch die Beendigung einer Arbeitnehmertätigkeit und Aufnahme einer selbständigen Tätigkeit geschehen. Gleiches gilt, wenn Ihre Einkünfte die Beitragsbemessungsgrenze überschreiten.

Achtung: Endet die Versicherungspflicht, dann endet grundsätzlich und automatisch auch Ihr Vertragsverhältnis zur Krankenkasse! Die Anmeldung zu einer freiwilligen Versicherung muß innerhalb einer Frist von drei Monaten erfolgen, nachdem die Pflichtversicherungsgründe entfallen. Es handelt sich hierbei um eine «Ausschlußfrist», ein Fristversäumnis kann nicht nachgeholt werden. Die Anmeldung hat immer schriftlich durch den Versicherten zu erfolgen.

Für alle freiwillig versicherten Mitglieder einer gesetzlichen Krankenkasse kommt das Vertragsverhältnis zwar aufgrund der Anmeldung, also der einseitigen Willenserklärung des Versicherten, zustande, ist aber trotzdem eine Versicherung kraft Gesetzes. Weil es für Leistungen und Leistungsanspruch zwischen freiwillig versicherten und pflichtversicherten Mitgliedern keine Unterschiede gibt, ändert sich nichts an den rechtlichen Grundlage, auf denen das Vertragsverhältnis beruht. Wenn Sie sich innerhalb der Frist von drei Monaten freiwillig bei einer gesetzlichen Krankenkasse anmelden, hat die Krankenkasse keine Möglichkeit, die Aufnahme des Vertragsverhältnisses zu verweigern. Dies gilt jedoch nur für diejenigen, die zu den versicherungsberechtigten Personen gehören. Dazu müssen Sie in den letzten fünf Jahren vor dem Ausscheiden mindestens vierundzwanzig Monate oder unmittelbar vor dem Ausscheiden ununterbrochen mindestens zwölf Monate bei einer gesetzlichen Krankenkasse versichert gewesen sein.

Achtung: Für manche Berufsgruppen besteht auch bei Ausüben einer freiberuflichen Tätigkeit Versicherungspflicht! Dies betrifft vor allem Künstler und andere kreative Berufe. Lesen Sie dazu unser Sonderkapitel «Die Künstlersozialkasse: Wenn Fisch auch Fleisch sein kann».

Den Status dieser Versicherungsberechtigung kurzfristig und vorübergehend wiederherzustellen, um so wieder in die gesetzliche Krankenversicherung zurückzukehren, ist nicht mehr möglich. Auch der «Geheimtip», daß Selbständige sich gegenseitig kurzfristig als Arbeitnehmer anmelden, greift nicht mehr. Wer hauptberuflich selbständig ist, kann nicht versicherungspflichtig werden.

Die Beitragsberechnung der gesetzlichen Krankenkassen erfolgt nach dem Grundprinzip einer Solidargemeinschaft. Für versicherungspflichtige Mitglieder wird der Teil des Gesamteinkommens als «beitragspflichtige Einnahme» zur Berechnung des Versicherungsbeitrages herangezogen, durch den die Versicherungspflicht begründet wird: also zum Beispiel Arbeitsverdienste, Renten der gesetzlichen Rentenversicherung, Versorgungsbezüge, Übergangsgeld für berufsfördernde Maßnahmen und Vergleichbares. Bei freiwilligen Mitgliedern werden zur Berechnung der Beiträge alle Einnahmen herangezogen, die dem Lebensunterhalt dienen. Hierzu gehören, im Gegensatz zu den Pflichtversicherten, auch Einkommen aus Zinsen, Vermietung und Verpachtung, privaten Rentenversicherungen etc.

Die beitragspflichtigen Einnahmen sind die Bemessungsgrundlage für die Beitragshöhe. Wie hohe Beiträge ein Versicherter bezahlen muß, wird anhand eines Beitragssatzes ermittelt. Wie vom Gesetzgeber vorgeschrieben, stellt jede einzelne Krankenkasse anhand der Daten ihrer Mitglieder und den ihr von Gesetz und Satzung auferlegten Aufgaben jährlich fest, welche Ausgaben voraussichtlich auf sie zukommen. Entsprechend diesen Vorgaben wird der erforderliche Beitragssatz in Prozent der beitragspflichtigen Einnahmen der Versicherten festgelegt.

Im Rahmen der Familienversicherung sind alle Familienangehörigen des versicherten Mitglieds im Rahmen seines Beitrags ohne gesonderte Beitragsberechnung versichert. Ehegatten sind beitragsfrei mitversichert, solange sie – mit Ausnahme geringfügiger Beschäftigung – keine eigenen Einnahmen erzielen. Kinder sind bis zum 18. Lebensjahr und ohne eigene Erwerbstätigkeit bis zum 23. Lebensjahr beitragsfrei mitversichert. Für Kinder, die sich noch in der Schul- oder Berufsausbildung befinden, gilt die beitragsfreie Mitversicherung bis zur Vollendung des 25. Lebensjahres.

Alle Mitglieder in der gesetzlichen Krankenversicherung haben denselben Anspruch auf die zur Verfügung gestellten Leistungen; unabhängig von der persönlichen (finanziellen) Leistungskraft des einzelnen Mitglieds. Einzige Ausnahme ist das Krankengeld, das nach dem Einkommen bemessen wird. Die Mitglieder haben keinen Anspruch auf bessere oder umfangreichere Behandlung, weil sie einen höheren Beitrag zahlen. Die Leistungen der Krankenkasse sind durch Gesetz und Satzung vorgegeben.

Die gesetzliche Krankenversicherung kennt vom Grundsatz her nur das Sachleistungsprinzip, wonach Sie im Krankheitsfall Anspruch auf ärztliche Leistungen, Medikamente oder Unterbringung im Krankenhaus haben. Die dafür entstehenden Kosten werden von der Krankenkasse direkt an den erstattet, der die Leistungen erbracht hat. Damit Sie die Leistungen in Anspruch nehmen können, erhalten Sie von der Krankenkasse eine Versichertenkarte, die Sie beim Arzt oder im Krankenhaus vorlegen müssen. Daraufhin steht Ihnen die notwendige medizinische Leistung zu, und der Leistungserbringer rechnet – über die kassenärztliche Vereinigung – mit der Krankenkasse ab. Aus diesem Grund kann es Ihnen als Mitglied einer gesetzlichen Krankenkasse egal sein, wie teuer die Behandlung oder ein verschriebenes Medikament ist. Jede Krankenbehandlung muß dabei dem Grundsatz gehorchen, angemessen, zweckmäßig und wirtschaftlich zu sein. Es trifft Sie aber in der gesetzlichen Krankenversicherung kein

Risiko, falls der Arzt ein zu teures Medikament verschreibt oder die eingesetzte medizinische Technik nicht dem Gebot der Zweckmäßigkeit oder Wirtschaftlichkeit entspricht. Wird gegen diese Gebot verstoßen, wird die Verantwortung dafür dem Leistungserbringer, also zum Beispiel dem Arzt, zugeschrieben; dieser hat im die Zweifel auch die finanziellen Folgen dafür zu tragen.

Ausnahmen vom Sachleistungsprinzip gelten bisher nur für freiwillig Versicherte. Als freiwilliges Mitglied einer gesetzlichen Krankenkasse müssen Sie die Kostenerstattung für umfangreiche Behandlungen vorher mit Ihrer Krankenkasse abstimmen. Das kann im Einzelfall bedeuten, daß Sie die Krankenkasse auffordert, die Notwendigkeit einer Behandlung von einem Vertrauensarzt bestätigen zu lassen. Daß Ihnen eine medizinisch notwendige Behandlung verweigert wird, brauchen Sie aber in keinem Fall zu befürchten. Für Pflichtversicherte gilt diese Regelung bisher nur für die Kostenübernahme bei Zahnersatz.

Beispiel: Ein Versicherter muß mit dem Zahnarzt eine Kostenvereinbarung über den Umfang des Zahnersatzes treffen und erhält nach Vorlage der Zahnarztrechnung für die erbrachte Leistung einen Festbetrag von der Krankenkasse. Dabei trägt er ein Kostenrisiko, wenn er sich nicht vor Beginn der Behandlung einen Heil- und Kostenplan erstellen läßt und diesen seiner Krankenklasse vorlegt. Die wird ihm dann verbindlich mitteilen, mit welchem Betrag sie sich am Zahnersatz beteiligt.

In der gesetzlichen Krankenversicherung sind Vorsorgekuren für Mütter, Müttergenesungskuren, medizinische Rehabilitationsmaßnahmen und ergänzende Leistungen zur Rehabilitation Bestandteil des Leistungsanspruchs, sofern hierfür medizinische Notwendigkeit besteht. Diese Kuren können auch in Anspruch genommen werden, wenn noch keine konkrete Erkrankung vorliegt, welche ohne die Kur aber mit hoher Wahrscheinlichkeit in absehbarer Zeit eintreten würde. Ebenso werden die Kosten für stationäre Rehabilitationsmaßnahmen getragen, wenn sie medizinisch notwendig sind und sie von keinem anderen Sozialleistungsträger, zum Beispiel der Rentenversicherung, übernommen werden.

In einer gesetzlichen Krankenkasse umfaßt die Krankenhausbehandlung alle Leistungen, die je nach Erkrankung für medizinische Versorgung notwendig sind, insbesondere ärztliche Behandlung, Krankenpflege, Versorgung mit Arznei-, Heil- und Hilfsmitteln, Unterkunft und Verpflegung. Volljährige Versicherte werden für die stationäre Behandlung zu einem Eigengeldanteil von 17 DM pro Kalendertag herangezogen. Dieser Eigengeldanteil muß allerdings innerhalb eines Kalenderjahrs für höchstens 14 Tage bezahlt werden.

Einen nicht zu unterschätzenden Vorteil für Familien mit Kindern unter zwölf Jahren oder einem behinderten Kind bietet die gesetzliche Krankenkasse dadurch, daß sie eine Haushaltshilfe gewährt. Dieser Anspruch besteht aber nur, soweit eine andere im Haushalt lebende Person den Haushalt allein nicht weiterführen kann. Wahlweise kann Ihnen die Krankenkasse eine Haushaltshilfe stellen oder die Auswahl Ihnen selbst überlassen. Wenn Sie sich selbst um eine Haushaltshilfe kümmern, werden Kosten bis zu 3240 DM monatlich übernommen.

Krankengeld wird für die Dauer von insgesamt achtundsiebzig Wochen gezahlt, gerechnet vom ersten Tag der Arbeitsunfähigkeit – also für eineinhalb Jahre. Wenn Sie in der Zwischenzeit wieder arbeitsfähig waren und innerhalb von drei Jahren aufgrund derselben Erkrankung wieder ausfallen, wird nahtlos an Ihren letzten Krankengeldbezug angeschlossen. Das Krankengeld erhöht sich während der Bezugszeit nach Ablauf eines Jahres um den gleichen Prozentsatz, um den die Renten der gesetzlichen Rentenversicherung angepaßt worden sind. Sobald eine Rente wegen Erwerbsunfähigkeit oder eine volle Altersrente aus der gesetzlichen Rentenversicherung gezahlt wird, entfällt das Krankengeld.

Eine besondere Art des Krankengeldanspruchs ist bei der gesetzlichen Krankenversicherung das Krankengeld bei Erkrankung eines Kinds. Voraussetzung hierfür ist, daß Ihr Kind das zwölfte

Lebensjahr noch nicht vollendet hat und Sie zur Beaufsichtigung, Betreuung oder Pflege des erkrankten Kindes der Arbeit fernbleiben müssen. Für jedes Kind besteht dieser Anspruch für höchstens zehn Arbeitstage innerhalb eines Kalenderjahrs. Alleinerziehende Versicherte haben diesen Anspruch für längstens zwanzig Tage pro Kind.

Wenn Sie teils angestellt und teils freiberuflich arbeiten, kann es sein, daß Sie von Ihrem Arbeitgeber automatisch bei einer gesetzlichen Krankenkasse angemeldet werden, weil Sie durch Ihr Einkommen aus der angestellten Tätigkeit der Versicherungspflicht unterliegen. Sofern Sie sich bereits privat krankenversichert haben, können Sie sich auf Antrag von dieser Versicherungspflicht befreien lassen. Andernfalls sollten Sie mit Ihrer Krankenkasse Ihren Versicherungsstatus klären. Entscheidend für die Frage, ob Sie der Versicherungspflicht unterliegen, ist die Frage, welcher Ihrer Tätigkeiten das Hauptgewicht zukommt – also ob Sie Ihren Lebensunterhalt überwiegend aus angestellter oder aus freiberuflicher Tätigkeit bestreiten. Hierbei spielt weniger das jeweilige Einkommen als der Zeitaufwand eine Rolle, den Sie in Ihre jeweilige Tätigkeit investieren. Die Krankenkasse wird von Ihnen eine genaue Aufklärung über diese Umstände Ihrer Erwerbstätigkeit verlangen, in der Sie auch Ihre Einkünfte aus selbständiger Tätigkeit angeben, damit Ihre Beiträge zur gesetzlichen Krankenversicherung auf der Basis Ihrer Gesamteinkünfte berechnet werden können. Dies hat Einfluß auf die Berechnung des Krankentagegelds im Krankheitsfall.

Wer sich als Selbständiger freiwillig in einer gesetzlichen Krankenkasse versichern will, muß seine Einkommenssituation gegenüber der Krankenkasse dokumentieren, zum Beispiel durch die letzte Einkommensteuererklärung. Ansonsten muß er den gesetzlichen Mindestbeitrag bezahlen. Sie können dabei gegen Nachweis Ihres Einkommens bei sinkenden Einnahmen auch die Senkung Ihrer Beiträge beantragen. Wenn Ihre Beiträge unter dem gesetzlichen Mindestbeitrag liegen, wird die Krankenkasse von sich aus regelmäßig eine Prüfung Ihrer Einnahmen verlangen.

Obwohl sich die gesetzlichen Krankenkassen ursprünglich so organisiert hatten, daß jeweils eine Kasse für eine bestimmte

Berufsgruppe zuständig war, können Sie nach den letzten gesetzlichen Änderungen frei auswählen, bei welcher Krankenkasse Sie Mitglied werden möchten. Auch wenn Sie bereits Mitglied einer gesetzlichen Krankenkasse sind, steht es Ihnen zum Beispiel bei einem Wechsel des Arbeitgebers frei, einer anderen gesetzlichen Krankenkasse beizutreten.

Da die Leistungen der gesetzlichen Krankenversicherung im wesentlichen per Gesetz vorgeschrieben sind, ist die Beitragshöhe das ausschlaggebende Argument für die Auswahl der Krankenkasse. Weil die Beiträge einkommensabhängig ermittelt werden, können Sie keine Prämien vergleichen, sondern müssen sich an den Prozentanteilen für die Beitragsberechnung orientieren. Hier sind die Unterschiede zwischen den einzelnen Krankenkassen zum Teil recht erheblich: Bei Redaktionsschluß dieses Buches (Mitte 1998) umfaßte die Angebotsspanne Beitragssätze zwischen 11,2 und 13,8 Prozent. Bei einem Einkommen von 5000 DM bedeutet dies einen Beitragsunterschied von immerhin 130 DM im Monat, also 1560 DM im Jahr. Genaues Hinschauen lohnt also.

Auch wenn die Leistungen per Gesetz vorgeschrieben sind, kann es durch die Satzungen der einzelnen Krankenkassen zu Abweichungen kommen. Dies betrifft Mehrleistungen, die in besonderen Situationen zum Tragen kommen, zum Beispiel die Kostenübernahme einer Haushaltshilfe nach einer Geburt. Dabei ist es keineswegs so, daß die teuerste Krankenkasse auch mit den umfangreichsten Sonderleistungen aufwarten würde. Eine detaillierte Aufstellung der Leistungen, in denen sich die einzelnen Krankenkassen unterscheiden, würde an dieser Stelle zu weit führen. In letzter Zeit gab es hierzu aber immer wieder Untersuchungen, die in Fachzeitschriften wie «Capital», «DM» oder «Finanztest» veröffentlicht wurden. Diese Zeitschriften können Sie zum Beispiel bei Ihrer örtlichen Verbraucherzentrale einsehen, die Ihnen auch weiteres Material zum Thema gesetzliche und private Krankenversicherung anbieten kann. Genauere Informationen vermittelt Ihnen auch der Ratgeber von Rüdiger Falken und Peter Sammer: «Krankenversicherung – gesetzlich oder privat?» (rororo Sachbuch 60569).

Fazit: Gesetzliche Krankenkassen bieten einen soliden Rundumschutz für den Krankheitsfall. Ihre Leistungen sind gesetzlich geregelt und gelten gleichermaßen für alle Mitglieder. Familienmitglieder ohne eigenes Einkommen können ohne Mehrkosten auf Antrag in vollem Umfang in der gesetzlichen Krankenversicherung mitversichert werden. Die Beiträge werden nach der Höhe Ihres Einkommens berechnet. Dadurch kann es nicht geschehen, daß Sie bei sinkendem Einkommen Ihren Versicherungsschutz verlieren, weil Sie die Beiträge nicht mehr aufbringen können. Dieser Vorteil wirkt sich besonders im Alter aus. Wenn Sie sich jedoch aus Kostengründen für eine private Krankenversicherung entschieden haben, ist Ihnen der Rückweg in das gesetzliche Krankenversicherungssystem fast vollständig verbaut, es sei denn, Sie unterliegen wieder der Versicherungspflicht.

2. Die private Krankenversicherung

Wenn Sie sich für eine private Krankenversicherung entscheiden, schließen Sie einen privatrechtlichen Vertrag mit einem Versicherungsunternehmen ab. Die Rechtsgrundlage für Privatverträge ist das Bürgerliche Gesetzbuch (BGB). Danach kommt ein Vertrag zustande, wenn mindestens zwei Parteien oder Personen eine Willenserklärung über die «Herbeiführung eines bestimmten rechtlichen Erfolges», also zum Beispiel die Wirksamkeit eines Vertrages, abgeben.

Der Vertrag mit einem privaten Krankenversicherungsunternehmen kommt immer erst nach vorherigem Antrag zustande. Obwohl Form und Umfang des Antrags vom Versicherungsunternehmen vorgegeben wird, treten Sie im rechtlichen Sinn als Antragsteller auf. Das Versicherungsunternehmen prüft den Antrag und entscheidet über dessen Annahme oder Ablehnung. Anders als bei der Anmeldung zur freiwilligen Mitgliedschaft in der gesetzlichen Krankenversicherung hat also jedes private Versicherungsunternehmen die Möglichkeit, Ihren Antrag abzulehnen. Basis des Versicherungsvertrags sind das Versicherungsvertragsgesetz (VVG), die Allgemeinen Versicherungsbedingungen (AVB), die Tarifbestimmungen und der Geschäftsplan des Versicherungsunternehmens. Sowohl die Voraussetzungen dafür, daß ein Vertrag nach rechtlichen Grundsätzen zustande kommt, wie auch die vertraglichen Grundlagen unterscheiden sich also bei gesetzlichen und privaten Krankenversicherungen.

Bei einer privaten Krankenversicherung wird die Beitragsberechnung nach Risikogesichtspunkten für jede versicherte Person individuell vorgenommen. Der Beitrag der privaten Krankenversicherung richtet sich nach dem Eintrittsalter der versicherten Person, ihrem Geschlecht, dem Umfang der versicherten Leistungen sowie der gewählten Selbstbeteiligung an den Krankheitskosten. Zum Teil wird darüber hinaus auch noch nach dem ausgeübten Beruf unterschieden. Auf der Basis der Risikofaktoren werden Tarife kalkuliert, welche die Grundlage für die Berechnung Ihrer Beiträge sind. Zusätzlich können dann noch Risikozuschläge zur Erhöhung des Tarifbeitrags führen, zum Beispiel wenn Sie vor Vertragsbeginn bestimmte Vorerkrankungen hatten. Während der Vertragslaufzeit kann das Versicherungsunternehmen jedoch keine zusätzlichen Beitragszuschläge wegen hinzukommender Erkrankungen erheben, wenn der Versicherungsschutz nicht durch einen neuen Vertrag verändert wird.

Aus verschiedenen Risikofaktoren werden «Risikogruppen» gebildet, für die unterschiedliche Tarife der Versicherung kalkuliert werden. Nach diesen Tarifgruppen richtet sich Ihre Beitragseinstufung und richten sich auch die Beitragserhöhungen, die während der Versicherungslaufzeit eintreten. Dabei versucht die Versicherungswirtschaft, aus Erfahrungswerten der Vergangenheit Prognosen über zukünftig notwendige Aufwendungen für verschiedene Risikogruppen zu treffen. Für jedes Eintrittsalter wird ein Beitrag ermittelt, der bis zum Tod der versicherten Person ausreichen soll, um alle Versicherungsleistungen bezahlen zu können. Da mit steigendem Alter auch vermehrt Krankheiten auftreten, müßte der Beitrag in jungen Jahren um ein Vielfaches niedriger sein als im Alter. Weil ein Versicherter im Alter aber keine astronomisch hohen Beiträge bezahlen kann, wird der prognostizierte Bedarf im Alter auf die Gesamtlaufzeit der Versicherung umgelegt. So wird in jungen Jahren ein höherer Beitrag gezalt, als für die Deckung der benötigten Leistungsausgaben erforderlich wäre. Die zuviel gezahlten Beiträge werden dann in «Alterungsrückstellungen» umgewandelt. Diese dienen dazu, die Beitragszahlungen im Alter zu subventionieren, wenn die Einzahlungen nicht mehr ausreichen, um die entstehenden Kosten abzudecken. Private Krankenversicherungen kalkulieren also für die gesamte Lebensperiode jeder versicherten Person einen konstanten Beitrag. Die in jungen Jahren zuviel gezahlten Beiträge werden verzinst angespart, um die Beiträge im Alter zu entlasten. Hinzu kommt zur Kalkulation noch der «versicherungstechnische Ausgleich», nach dem berücksichtigt wird, daß einige Versicherte mehr und andere weniger Kosten verursachen, der eine also theoretisch zuviel und der andere zuwenig Beiträge bezahlt hat. Auch hier wird mit statistischen Erfahrungswerten gerechnet; dadurch werden Risiken und Chancen auf alle Versicherten einer Tarifgruppe umgerechnet.

Wenn ein Versicherungsunternehmen mehrere Tarife aufgelegt hat, wird die Beitragskalkulation für jeden einzelnen Tarif vorgenommen. Auch der versicherungstechnische Risikoausgleich erfolgt nur innerhalb des jeweiligen Tarifs. Deshalb ist es für Sie besser, nach einem Tarif versichert zu sein, in dem sehr viele und möglichst noch junge Personen zusammengefaßt sind. Nur in diesen Tarifen kann der Beitrag langfristig stabil gehalten werden.

Achtung: Sollten Sie sich für eine private Krankenversicherung entscheiden und Angebote von verschiedenen Versicherungsunternehmen einholen, müssen Sie sich eine tabellarische Auflistung der versicherten Personen jedes einzelnen Geburtenjahrgangs für die von Ihnen ausgewählten Tarife aushändigen lassen. Andernfalls können Sie nicht beurteilen, ob Ihnen ein guter Tarif angeboten wird, in dem nur viele meist jüngere Personen versichert sind, oder ob dieser Tarif bereits aufgrund der dort versicherten Personen «überaltert» ist.

Auf die kalkulierten Risikobeiträge werden von den Versicherungsunternehmen noch Verwaltungs-, Abschluß- und Werbungskosten aufgeschlagen. Außerdem wird noch ein Sicherheitszuschlag zum Ausgleich zufälliger Risikoschwankungen vorgenommen. Diese Faktoren ergaben in der Vergangenheit die vom Versicherten zu zahlende Bruttoprämie. Diese Bruttoprämie sollte dann erhöht werden, wenn die Kosten für Leistungsausgaben und Verwaltung steigen. Die konstante Risikoprämie sollte nach der Theorie der privaten Krankenversicherung also nur noch inflationsbedingt steigen, nicht aber wegen zu niedrig kalkulierter Beiträge.

Anfang der neunziger Jahre wurde festgestellt, daß die Beiträge zur privaten Krankenversicherung immer weiter anstiegen. Schließlich mußte der Gesetzgeber eingreifen und die Versicherungswirtschaft darauf verpflichten, die offensichtlich falsche Kalkulation der privaten Krankenversicherungen zu korrigieren. Seitdem muß zum Beispiel ein weiterer Sicherheitszuschlag für medizinisch-technische Fortschritte in die Kalkulation der Beiträge einbezogen werden. Außerdem mußte der Beitragsanteil für die Alterungsrückstellungen erhöht werden. Einige Fachleute bezweifeln, daß diese Maßnahmen ausreichen, um das Problem steigender Beiträge im Alter aus der Welt zu schaffen. Wann der Gesetzgeber die Unternehmen der privaten Krankenversicherung erneut auffordert, eine für die Versicherten langfristig verläßliche Beitragskalkulation vorzunehmen, ist zum derzeitigen Zeitpunkt nicht absehbar. Bleibt also zu hoffen, daß die Versicherungsunternehmen aus Eigeninteresse verläßlich kalkulieren und der einmal kalkulierte und vom Versicherten zu zahlende Beitrag tatsächlich nur noch inflationsbedingt steigt.

Im Gegensatz zur gesetzlichen Krankenkasse gibt es bei privaten Krankenversicherungen grundsätzlich nur das Kostenerstattungsprinzip. Nach einer Behandlung erhalten Sie als Versicherter eine Rechnung vom Leistungserbringer, also zum Beispiel vom Arzt, die Sie zunächst bezahlen und zur Erstattung an das Krankenversicherungsunternehmen weiterreichen. Dieser Weg der Vorauszahlung und anschließenden Kostenerstattung gilt für Leistungen wie Medikamente, Heil- und Hilfsmittel und vieles mehr. Lediglich bei stationärer Behandlung ist auch eine direkte Bezahlung durch die Krankenversicherung an das Krankenhaus und die dort behandelnden Ärzte vorgesehen.

Als Privatpatient schließen Sie also direkt mit dem Arzt einen Dienstleistungsvertrag ab. Deshalb erhalten auch Sie als Abnehmer der Dienstleistung die Rechnung des Arztes. Aufgrund Ihres Versicherungsvertrags können Sie die Rechnung an das Versicherungsunternehmen weiterreichen, damit dieses den Rechnungsbetrag erstattet. Sollte der Arzt eine Behandlung durchführen, die das private Krankenversicherungsunternehmen nicht als medizinisch notwendige Heilbehandlung ansieht, kann es die Kostenerstattung ablehnen. Im Gegensatz zur gesetzlichen Krankenversicherung, wo der Arzt das Risiko einer unnötigen oder unwirtschaftlichen Behandlung trägt, müssen bei dieser Konstellation Sie dafür geradestehen, daß die Rechnung auch bezahlt wird. Dem Arzt ist es letztlich egal, ob und in welchem Umfang Ihr Versicherungsschutz die Behandlung abdeckt. Wegen der vielen unterschiedlichen Tarife der Versicherungsgesellschaften kann der Arzt auch gar nicht wissen oder entscheiden, ob und in welchem Rahmen ein privates Versicherungsunternehmen die von ihm durchgeführte Behandlung bezahlt. Die Verantwortung liegt also bei Ihnen: Sie müssen sich bereits vor einer Behandlung erkundigen, für welche Methoden und Medikamente die Kosten von der Krankenversicherung übernommen werden und für welche nicht. Darauf müssen Sie Ihren Arzt hinweisen, wenn Sie unliebsame Überraschungen vermeiden wollen.

Besondere Vorsicht ist bei den Billigtarifen der Krankenversicherer geboten. Nur zu leicht können Sie von einem Arzt oder einem Heilpraktiker eine Leistung verlangen, von der Sie erst nachher feststellen, daß sie gar nicht oder nur zum Teil versichert ist. Als Privatversicherter sollten Sie deshalb vor einem Arztbesuch in ihrem Versicherungsvertrag nachlesen, welche Leistungen eingeschlossen sind.

Beispiel: Herr Schwarz machte sich bereits drei Jahre nach Abschluß seiner privaten Krankenversicherung keine Gedanken mehr über den Umfang seines Versicherungsschutzes. Als ein Krankenhausaufenthalt anstand, gab er wie üblich an, privatversichert zu sein. Er konnte sich zwar noch erinnern, daß er aus Kostengründen entschieden hatte, die Unterbringung im Einzelzimmer nicht mitzuversichern. Daß er aber für den Krankenhausaufenthalt nur die Betreuung durch den Belegarzt – und nicht die Chefarztbehandlung versichert hatte, war ihm nicht bewußt. Das böse Erwachen kam vier Wochen nach der Entlassung aus dem Krankenhaus, als ihm der Arzt eine Rechnung über 6500 DM für die Behandlung präsentierte und seine Krankenversicherung die Erstattung zu Recht ablehnte.

Wer seinen Versicherungsvertrag nicht genau liest, für den kann das Kostenerstattungsprinzip zum finanziellen Fiasko werden. Hinzu kommt noch der Punkt, daß Sie als direkter Vertragspartner des Arztes auch Auseinandersetzungen, zum Beispiel über die Kosten einer Behandlung, direkt mit dem Arzt führen müssen. Ihre private Krankenversicherung hat mit Ihrem Vertragsverhältnis zum Arzt nichts zu tun. Wenn Sie also der Meinung sind, es hätte in der Macht des Arztes gestanden, auch eine günstigere Behandlungsmethode anzuwenden, stehen Sie allein vor dieser Auseinandersetzung. Ihre Krankenversicherung wird Ihnen allenfalls mitteilen, daß sie die Mehrkosten nicht übernimmt. Ob Sie versuchen, Ihre Meinung gegenüber dem Arzt durchzusetzen, bleibt Ihnen und Ihrem Rechtsanwalt überlassen.

Wenn Sie sich dafür entschieden haben, eine private Krankenversicherung abzuschließen, stellen Sie dazu bei einem Versicherungsunternehmen Ihrer Wahl einen Versicherungsantrag. In diesem Antrag ist von Ihnen ein umfangreicher Fragenkatalog zu beantworten, nach denen der Versicherer beurteilt, ob er Ihnen den Versicherungsschutz überhaupt zur Verfügung stellen will. Alle Fragen sind vollständig und wahrheitsgemäß zu beantworten. Man spricht hier von der «Anzeigepflicht des Versicherten». Werden von Ihnen falsche oder unvollständige Angaben gemacht, ist dies eine «vorvertragliche Anzeigepflichtverletzung». Das Versicherungsunternehmen wird dann vom Versicherungsvertrag zurücktreten. Dieser Rücktritt bedeutet für Sie, daß Sie Ihre Beiträge umsonst gezahlt haben, denn Sie genießen dann keinen Versicherungsschutz.

Die vorvertragliche Anzeigepflichtverletzung ist besonders bei den Gesundheitsfragen von Bedeutung. Wenn Sie eine Vorerkrankung auch nur versehentlich nicht angeben, wird der Versicherer im Leistungsfall vom Vertrag zurücktreten, auch wenn die Leistungen für eine ganz andere Erkrankung erbracht werden sollen. So ein Rücktritt ist innerhalb der ersten zehn Jahre nach Vertragsbeginn möglich. Nach diesen zehn Jahren kann eine Versicherung nur noch dann vom Vertrag zurücktreten, wenn Sie nachweislich in betrügerischer Absicht gehandelt haben.

Tip: Einige Versicherer haben die Frist für den Rücktritt bei falschen Antragsfragen auf drei oder fünf Jahre verkürzt. Weil manchmal schon eine Nachlässigkeit bei den Antworten zum Verlust des Versicherungsschutzes führen kann, bedeutet die Verkürzung der Rücktrittsfrist ein Stück mehr Sicherheit, um im Bedarfsfall auch die Versicherungsleistung zu erhalten.

Wenn in Ihnen eine noch nicht offensichtlich gewordene Krankheit schlummert und erst nach Beginn des Versicherungsschutzes auftritt, trifft Sie nicht das Verschulden einer Anzeigepflichtverletzung. In diesem Fall kann das Versicherungsunternehmen nicht vom Antrag zurücktreten, wohl aber nachträglich einen höheren Versicherungsbeitrag verlangen. Einige Versicherungsunternehmen verzichten in Ihren Tarifbedingungen auf einen Beitragszuschlag, weil Sie in diesem Fall schließlich nichts dafür können, wenn Sie eine Frage nicht richtig beantwortet haben.

Achtung: Die Versicherungsunternehmen werden genau prüfen, ob Sie nicht doch schon wissen oder zumindest ahnen konnten, daß eine Erkrankung vorliegt. Immer wiederkehrende Schmerzen im Bauch, die Sie selbst mit Medikamenten bekämpfen, können schon ein Hinweis auf eine spätere Erkrankung sein. Sie müssen die Antragsfragen deshalb genau lesen. Wird dort zum Beispiel nach Krankheiten und Gebrechen gefragt, so sind damit nicht nur die von einem Heilbehandler behandelten Erkrankungen gemeint, sondern auch diejenigen, die Sie selbst behandelt haben.

Bei der Prüfung des Antrags fragt das Versicherungsunternehmen nicht noch ein zweites Mal nach, ob die Antragsfragen vollständig und wahrheitsgemäß beantwortet wurden. Selbst dann nicht, wenn Sie behaupten, noch nie in Ihrem Leben krank gewesen zu sein, was sich bei gezieltem Nachfragen erfahrungsgemäß als falsch herausstellt. Das Versicherungsunternehmen geht immer von einer vollständigen und wahrheitsgemäßen Beantwortung aller Fragen aus. Sollte sich dann doch einmal herausstellen, daß Sie eine Frage falsch beantwortet haben, kann das Versicherungsunternehmen prüfen, ob es von seinem Rücktrittsrecht Gebrauch macht. Dies wird es zumindest immer dann tun, wenn die verschwiegene oder eine andere inzwischen bekanntgewordene Erkrankung befürchten läßt, daß hohe Kosten verursacht werden. Nach dem Rücktritt behält das Versicherungsunternehmen die bisher eingezahlten Beiträge ein, auch wenn keine Versicherungsleistung erbracht wird oder wurde. Sie haben in diesem Fall auch kein Anrecht auf Erstattung der angesparten Alterungsrückstellungen.

Tip: Sollten Sie sich über Vorerkrankungen, nach denen gefragt wird, nicht mehr im klaren sein, verzichten Sie lieber auf eine private Krankenversicherung, als mit einem unwirksamen Krankenversicherungsvertrag zu leben.

Wenn Sie sich für eine private Krankenversicherung entschieden haben, müssen Sie das Krankenversicherungsunternehmen sehr sorgfältig auswählen. Einen Wechsel zu einem anderen Krankenversicherungsunternehmen wird es wahrscheinlich nicht mehr geben. Anders als bei der gesetzlichen Krankenversicherung, bei der Sie mittlerweile einmal im Jahr die Krankenkasse wechseln können, müssen Sie das Vertragsverhältnis mit dem einmal gewählten Unternehmen bis an Ihr Lebensende aufrechterhalten.

Oft stellen Sie erst nachher fest, daß es zu der von Ihnen abgeschlossenen Versicherung weitaus günstigere Alternativen gegeben hätte. Dazu tragen auch Versicherungsvermittler bei, die mit manipulierten «Computeranalysen» günstige Angebote unterschlagen oder teure Angebote falsch darstellen. Zudem kann niemand vorhersehen, welche Beitragssteigerungen Sie in Ihrer Krankenversicherung auch nur in den nächsten zwei Jahren erwarten. Einige Anbieter sind nur deshalb günstiger als andere, weil sie weniger Vorsorge für die steigenden Kosten der nächsten Jahre getroffen haben. In diesem Fall bleibt der Versicherung keine andere Wahl, als die Mehrkosten über Beitragserhöhungen auszugleichen.

Der Beitragsunterschied darf nie Argument dafür sein, ein privates Krankenversicherungsunternehmen zu wechseln. Denn dabei bleibt ein Faktor unberücksichtigt: Beim alten Versicherungsunternehmen haben Sie schon Alterungsrückstellungen aufgebaut, die ein nennenswertes – aber Ihnen unbekanntes – Kapital ausmachen können. Dieses bereits aufgebaute Kapital kann von einem anderen Unternehmen so gut wie nie wieder eingeholt werden, so daß sich der Wechsel vom einen zum anderen Krankenversicherungsunternehmen, wenn nicht bereits kurzfristig, dann doch langfristig durch höhere Beiträge rächen wird.

Fazit: Ein Wechsel innerhalb der privaten Krankenversicherungsunternehmen ist entweder gar nicht möglich oder mit hohen, auch indirekten Folgekosten und Risiken verbunden, so daß Sie Ihre Auswahl vor dem ersten Abschluß sehr sorgfältig treffen sollten. Wollen Sie sich bei Ihrer Krankenversicherung nicht einem einzigen Unternehmen ausgeliefert sehen, sollten Sie sich den Wechsel in die private Krankenversicherung gut überlegen. Die Versicherungsunternehmen kennen ihre Monopolstellung nach dem Vertragsabschluß und wissen diese nur zu gut einzusetzen.

Als Mehrleistung gegenüber der gesetzlichen bietet die private Krankenversicherung Übernahme der Kosten einer Behandlung durch Heilpraktiker. Hierfür werden von einer gesetzlichen Krankenkasse keine Kosten übernommen, da es sich bei Heilpraktikern in der Regel nicht um Ärzte mit Kassenzulassung handelt. Auch ein Rücktransport aus dem Ausland oder eine Überführung im Todesfall ist in der gesetzlichen Krankenversicherung nicht vorgesehen.

Im Gegensatz zur gesetzlichen Krankenversicherung führen die privaten Krankenversicherungsunternehmen in ihren Tarifbeschreibungen diejenigen Hilfsmittel auf, für die sie die Kosten übernehmen. Andere Versicherungsunternehmen geben statt dessen an, bis zu welchem Betrag hier die Kosten übernommen werden. Wenn die Hilfsmittel in einem Katalog einzeln aufgezählt werden, kann das für Sie einen Nachteil bedeuten, denn unter Umständen werden Ihnen von einem Arzt Hilfsmittel verordnet, die nicht ausdrücklich im Tarif genannt sind und für die deshalb auch keine Kosten übernommen werden.

Beispiel: Herr Grau muß infolge eines Unfalls nach einem Klinikaufenthalt zu Hause im Bett liegen. Damit er zwischen Liegen und Sitzen wechseln kann, benötigt er im Bett eine Hilfsvorrichtung, an der er sich hochziehen kann. Dieses Hilfsmittel ist im Tarif seiner privaten Krankenversicherung nicht erwähnt, so daß der Versicherte die Kosten hierfür selbst zahlen muß.

Vorteile hat die private Krankenversicherung andererseits in der Regel bei der Kostenübernahme für Brillengestelle und -gläser. Die gesetzlichen Krankenkassen zahlen einen kaum nennenswerten

Zuschuß zu Brillengestellen. Die privaten Krankenversicherungsunternehmen leisten dagegen überwiegend auch für Brillengestelle innerhalb von drei Jahren jeweils einen Zuschuß von bis zu 200 DM.

Einen weiteren Vorteil können Sie als Privatversicherter im Bereich des Zahnersatzes verbuchen. Die privaten Krankenversicherungsunternehmen gewähren ihren Versicherten je nach vereinbartem Tarif eine Kostenerstattung von bis zu 80 Prozent der Aufwendungen. Gerade beim Zahnersatz kann es dabei um erhebliche Beträge gehen.

Die Versicherten eines privaten Krankenversicherungsunternehmens erhalten je nach Tarif die allgemeinen Krankenhausleistungen, einen Unterkunftszuschlag für Ein- oder Zweibettzimmer, gesondert berechenbare Zuschläge für Verpflegung, Sanitärzelle, Telefonanschluß, Radio- und Fernsehgerät sowie die Behandlung durch den Chefarzt oder einen Belegarzt. Mit dem Disput über die Frage, ob die Behandlung durch den Chefarzt grundsätzlich Vorteile gegenüber der Behandlung durch einen Stationsarzt bringt, lassen sich mittlerweile Bände füllen. Während einige Patienten auf diese «bevorzugte Behandlung» schwören, gibt es umgekehrt privatversicherte Mediziner, die bewußt eine Chefarztbehandlung ausschließen, weil nach Ihren Erfahrungen die meist jüngeren Stationsärzte über einen aktuelleren medizinischen Wissenstand verfügen. Können Sie beurteilen, welche Behandlung für Sie mehr Vorteile bringt? Auf jeden Fall sind wir der Meinung, daß die Chefarztbehandlung nicht der ausschlaggebende Grund dafür sein sollte, von der gesetzlichen in eine private Krankenversicherung zu wechseln.

Grundsätzlich wird Krankentagegeld nach den Versicherungsbedingungen der privaten Krankenversicherung bei völliger Arbeitsunfähigkeit auf unbegrenzte Dauer gewährt. Wie immer steckt der Teufel jedoch auch hier im Detail. Die Formulierung «völlige» Arbeitsunfähigkeit bedeutet nämlich, daß Sie zu 100 Prozent arbeitsunfähig sein müssen. Dies kann zur Folge haben, daß Sie selbst bei neunzigprozentiger Arbeitsunfähigkeit keinen Anspruch auf Krankentagegeld haben, weil Sie noch bedingt arbeitsfähig sind, also zum Beispiel telefonieren können. Die Arbeitsunfähigkeit ist also immer in der Relation zwischen Erkrankung und der im Rahmen des einzelnen Berufes auszuübenden Tätigkeit anzusehen. Dabei ist es für die Krankenversicherungsunternehmen völlig unerheblich, ob Sie durch eine wesentlich eingeschränkte Tätigkeit auch nur wesentlich weniger Geld verdienen können, alle Belastungen des täglichen Lebens aber unverändert fortbestehen. Für Selbständige ist völlige Arbeitsunfähigkeit ein besonderes Problem. Wie bereits erwähnt, darf der Selbständige nicht in der Lage sein, überhaupt irgendeine und sei es auch nur geringfügige Tätigkeit auszuüben. Anderenfalls besteht kein Anspruch auf das Krankentagegeld.

Achtung: Die Regelung, nach der bei einer privaten Krankenversicherung ein Anspruch auf Krankentagegeld erst bei hundertprozentiger Arbeitsunfähigkeit besteht, ist für Sie besonders dann problematisch, wenn Sie Ihrer Tätigkeit im eigenen Wohn- und Geschäftshaus oder ganz in der Nähe nachgehen. Die Krankenversicherungsunternehmen prüfen mit Kontrollbesuchen und -anrufen, ob Sie auch tatsächlich keinerlei Tätigkeit nachgehen – auch keine leitende, bei der Sie zum Beispiel Ihren Angestellten und Aushilfskräften Weisungen erteilen! Ein Rechtsanwalt darf zum Beispiel nicht einmal die laufende Fristenkontrolle, zu der er beruflich verpflichtet ist, vornehmen, wenn er die Zahlung des Krankentagegeldes nicht gefährden will.

Eine Beitragsbefreiung während des Bezugs von Krankentagegeld wie in der gesetzlichen Krankenversicherung gibt es bei einer privaten Krankenversicherung nicht. Jeder, der eine Krankenvollversicherung mit einem Versicherungsunternehmen vereinbart, muß also vor Abschluß des Vertrags feststellen, in welcher Höhe er sein Krankentagegeld mitversichert hat. Ist das Krankentagegeld zu niedrig bemessen, laufen Sie Gefahr, angesichts Ihrer laufenden Kosten die Beiträge für die Krankenversicherung nicht mehr bezahlen zu können.

Der Anspruch auf Krankentagegeld unterliegt auf der anderen Seite dem sogenannten Bereicherungsverbot. Es darf also nicht mehr Krankentagegeld versichert werden, als bei Arbeitsunfähigkeit an Einnahmen entgeht.

Für Angestellte, die privat versichert sind, tritt oft noch eine weitere Kostenbelastung auf, die sich aus dem Recht der gesetzlichen Rentenversicherung ergibt. Bei freiwilligen Mitgliedern einer gesetzlichen Krankenkasse werden dem Krankengeld die Arbeitnehmeranteile zur gesetzlichen Rentenversicherung abgezogen. Die Krankenkasse zahlt dann den Gesamtbeitrag, bestehend aus Krankenkassenanteil, Arbeitgeberanteil und Arbeitnehmeranteil an den Rentenversicherungsträger. Die Versicherungszeit in der gesetzlichen Rentenversicherung wird also nahtlos fortgeführt. Bei Krankentagegeldzahlung durch ein privates Versicherungsunternehmen gibt es diese Regelung nicht. Wenn Sie nicht selbst aktiv werden, sobald Sie Krankengeld beziehen, entsteht eine Lücke im Rentenversicherungsverlauf. Diese Lücke können Sie nur schließen, wenn Sie einen Antrag auf Pflichtversicherung wegen Arbeitsunfähigkeit stellen und für die Dauer der über sechs Wochen hinausgehenden Arbeitsunfähigkeit die Beiträge zur Rentenversicherung selbst entrichten.

Tip: Dies kann für Sie besonders dann interessant sein, wenn Sie noch vor dem Schritt stehen, sich aus einem Angestelltenverhältnis heraus selbständig zu machen: Wenn Sie bis zum 31.12.1983 seit Beginn Ihrer Berufstätigkeit für mindestens 60 Monate Beiträge an die Rentenversicherung gezahlt haben und es besteht vom 1.1.1984 bis zu Beginn Ihrer Selbständigkeit keine Lücke im Versicherungsverlauf, können Sie Ihre Ansprüche auf Berufs- oder Erwerbsunfähigkeitsrente durch Zahlung von freiwilligen Mindestbeiträgen aufrechterhalten. Besteht aber eine Lücke, weil zum Beispiel für zwei Monate keine Beiträge an die Rentenversicherung gezahlt wurden, können Sie zum Schutz Ihrer Ansprüche auf Berufs- und Erwerbsunfähigkeit nur noch eine Pflichtbeitragszahlung leisten. Diese Pflichtbeiträge müssen Sie dann so lange zahlen, wie Sie Ihre selbständige Tätigkeit ausüben. Dann hätten Sie auch Ihre Wahlfreiheit hinsichtlich der Höhe Ihrer Rentenbeiträge verspielt: Grundsätzlich müssen Sie dann die sogenannten Regelbeiträge in Höhe von derzeit 911,40 DM im Monat einzahlen, um Ihre alten Ansprüche uneingeschränkt aufrechtzuerhalten. Der freiwillige Mindestbeitrag, der bei lückenlosem Rentenverlauf ebenfalls die bereits bestehenden Ansprüche sichert, beträgt dagegen derzeit nur 130,20 DM.

Auch für Selbständige wirken sich die Krankengeldzahlung durch die gesetzliche Krankenkasse und die Krankentagegeldzahlung durch ein privates Krankenversicherungsunternehmen unterschiedlich aus. Von einer gesetzlichen Krankenkasse erhält ein Selbständiger bei Arbeitsunfähigkeit sein Krankengeld nach Ablauf der vereinbarten Wartezeit. Die Höhe des Krankengeldes richtet sich nach der Beitragsklasse, in die er aufgrund seines Einkommens eingestuft ist.

Beispiel: Herr Grau hat nach seiner Einkommensteuererklärung ein durchschnittliches monatliches Einkommen von 3500 DM. Mit diesem Einkommen würde er bei einer gestzlichen Krankenkasse in die Beitragsklasse bis 3550 DM eingestuft. Diese Beitragsstufe ist damit auch die Grundlage für die Berechnung des Krankengelds. Ein Nettogehalt wie für Arbeitnehmer gibt es bei Selbständigen nicht. Ein Vergleich für die Berechnung des Krankengelds entfällt also. Das Krankengeld beträgt 70 Prozent aus 3550 DM, also 2485 DM monatlich. Aus diesem Betrag wird noch der Beitragsanteil von 0,85 Prozent für die Pflegeversicherung abgezogen (21,12 DM). Kein automatischer Abzug erfolgt für die Beiträge zur Renten- und Arbeitslosenversicherung, da für Selbständige keine Versicherungspflicht in der Renten- und Arbeitslosenversicherung besteht. Mit der Zahlung des Krankengelds entfällt gleichzeitig die Beitragszahlung für die freiwillige Versicherung in einer gesetzlichen Kasse, da hier bei Bezug von Krankengeld Beitragsfreiheit eintritt.

In der Krankentagegeldversicherung der privaten Krankenversicherung gilt, wie bereits erwähnt, ein Bereicherungsverbot. Bei Abschluß des Vertrags müssen Sie als Selbständiger angeben, in welcher Höhe Sie das Krankentagegeld versichern wollen. Tritt der Leistungsfall ein, ist das Versicherungsunternehmen berechtigt, eine Überprüfung der Krankentagegeldhöhe vorzunehmen. In aller Regel wird der Einkommensteuerbescheid oder eine Gewinn- und Verlustrechnung des Steuerberaters angefordert. Als Nettoeinkommen gilt der erzielte Gewinn. Ergibt sich daraus, daß das versicherte Krankentagegeld zu hoch ist, kann das Versicherungsunternehmen einen Monat nach Kenntnis der Überversicherung das versicherte Krankentagegeld absenken. Im übrigen sind Sie als Versicherungsnehmer verpflichtet, eine nicht nur vorübergehende Minderung des Nettoeinkommens immer und unverzüglich anzuzeigen. Diese Verpflichtung besteht auch dann, wenn die Arbeitsunfähigkeit noch nicht eingetreten ist. Für Selbständige ergibt sich daraus die Schwierigkeit, daß sie jährlich mit Erhalt der Gewinn- und Verlustrechnung Ihres Steuerberaters oder der Steuererklärung prüfen müssen, ob das versicherte Krankentagegeld nicht zu hoch oder zu niedrig angesetzt ist. Der Gewinn ergibt sich aus dem Umsatz abzüglich der Betriebsausgaben einschließlich aller Abschreibungen. Steuerlich gesehen kann ein Unternehmer mit Verlust arbeiten, obwohl er aus seinem Unternehmen Privatentnahmen zur Bestreitung seines Lebensunterhaltes vornimmt. Für die Krankentagegeldversicherung hätte dies aber zur Folge, daß er keinen Betrag versichern kann, weil er keinen Gewinn und damit keinen Einkommensverlust für den Fall der Arbeitsunfähigkeit nachweisen kann.

Beispiel: Herr Grau schafft eine neue Computeranlage und einige Büromöbel an und schreibt diese über den Zeitraum von vier Jahren steuerlich ab. Die Geschäfte laufen nicht so, wie er sich das vorstellte, und er kann steuerlich keinen Gewinn erzielen. Er besäße damit nach den Versicherungsbedingungen kein versicherbares Nettoeinkommen und grundsätzlich keinen nachweisbaren

Verdienstausfall im Krankheitsfall. Auch wenn er ursprünglich mit seiner privaten Krankenversicherung ein Krankentagegeld vereinbart hatte und dafür einen höheren Beitrag zur Krankenversicherung gezahlt hat, wird ihm die Versicherung nach Prüfung seiner Einkommenslage kein Krankentagegeld bewilligen.

Das größte Problem beim Abschluß einer privaten Krankenversicherung bleibt jedoch die Beitragsentwicklung, vor allem im Alter. Während die Beiträge der gesetzlichen Krankenkassen nach dem Einkommen bemessen werden, spielen Ihre Einkünfte gegenüber einem privaten Krankenversicherungsunternehmen – vom Krankentagegeld abgesehen – keine Rolle. Nicht nur theoretisch kann damit der Fall eintreten, daß Sie zum Beispiel bei einem monatlichen Einkommen von 4000 DM im Ruhestand 1500 DM für Ihre Krankenversicherung aufwenden müssen. In der Vergangenheit haben die von Ihren Beitragszahlungen gebildeten Altersrücklagen oft nicht ausgereicht, um die steigenden Krankenkosten auszugleichen. Die einzige Kompensationsmöglichkeit war eine regelmäßige Erhöhung der Beiträge.

So mußte zum Beispiel in einem realen Fall Frau H. 1995 mit 73 Jahren einen Krankenversicherungsbeitrag von 802,66 DM bezahlen, wobei zusätzlich noch eine Selbstbeteiligung von bis 2000 DM im Jahr vereinbart war. Die Kosten für die Krankenbehandlung betrugen im Monat also effektiv 969,33 DM. Ihr Ehemann war zu diesem Zeitpunkt 78 Jahre alt und hatte einen privaten Krankenversicherungsbeitrag von 722,57 DM zu zahlen, ebenfalls bei einer Selbstbeteiligung bis 2000 DM. Das Rentnerehepaar H. mußte somit zusammen Monat für Monat einen Krankenversicherungsbeitrag von 1 858,57 DM aufwenden.

Das Rentnerehepaar P. hatte 1995 monatlich 1509,90 DM an die private Krankenversicherung zu zahlen. Die vereinbarte Selbstbeteiligung von insgesamt 2400 DM im Jahr belastete zusätzlich das geringe Renteneinkommen. Zu den monatlichen Gesamtkosten von 1706,90 DM erhielt das Rentnerehepaar von der gesetzlichen Rentenversicherung einen Zuschuß von lediglich 260,54 DM.

Alle diese Beispiele zeigen, mit welchen Beiträgen privatversicherte Rentner heute konfrontiert werden. Viele haben dies nie für möglich gehalten und die eigentlich notwendige Vorsorge für die hohen Beiträge nicht betrieben. Einige der genannten Fälle sind zu Sozialfällen geworden, weil sie als Selbständige auch für das Rentenalter nicht ausreichend vorgesorgt haben oder wegen nur geringer Gewinne nicht vorsorgen konnten.

Die Praxis zeigt, daß privat Krankenversicherte im Alter alles daransetzen müssen, um Ihre Kosten für den Krankenversicherungschutz zu reduzieren. In der Regel werden dabei im ersten Schritt die versicherten Zusatzleistungen gekappt. Wenn Sie auf Besonderheiten wie Einzelzimmeranspruch im Krankenhaus oder Chefarztbehandlung verzichten, können Sie damit Ihre Beiträge senken. Natürlich ist es bitter, gerade dann besondere Annehmlichkeiten entbehren zu müssen, wenn die Wahrscheinlichkeit wächst, daß man sie in Anspruch nehmen wird. Eine andere Möglichkeit zur Beitragssenkung ist die Vereinbarung von jährlichen Selbstbeteiligungen. Wie zum Beispiel bei einer Kaskoversicherung für Ihr Auto tritt die Versicherung erst dann in Leistung, wenn Sie Ihren Eigenanteil an den Krankenkosten voll ausgeschöpft haben.

Für viele ist dieser Abbau von Leistungen im Alter notwendig geworden, um überhaupt noch einen Krankenversicherungsschutz aufrechterhalten zu können. Wenn die Beiträge nicht mehr bezahlt werden können, entfällt der Versicherungsschutz, und Sie müssen für Ihre Krankenkosten aus eigener Tasche aufkommen. Wenn Sie dann nicht über Mittel aus anderen Altersrücklagen verfügen, kann Ihre Situation dramatisch werden.

Deshalb ist es sinnvoll, sich als Privatversicherter schon frühzeitig um den Aufbau einer zusätzlichen Altersrücklage zum Ausgleich der steigenden Krankenversicherungsbeiträge zu kümmern.

Seit geraumer Zeit bieten die privaten Krankenversicherungsunternehmen Vorsorgetarife zur «Altersbeitragsentlastung» an, mit denen die Belastung im Rentenalter gesenkt werden kann. Damit wird von den privaten Krankenversicherungen nicht nur dokumentiert, daß die Alterungsrückstellungen zu niedrig kalkuliert sind, gleichzeitig geben sie mit diesem Angebot indirekt zu, daß ohne zusätzlichen Kapitalaufbau die Beiträge zur privaten Krankenversicherung im Rentenalter kaum bezahlbar sein werden.

Achtung: Wir haben bereits daraufhin gewiesen, daß bei einer Kündigung einer privaten Krankenversicherung die für das Alter angesammelten Alterungsrückstellungen beim Versicherungsunternehmen verbleiben. Dies gilt vom Grundsatz her auch für die Sparbeiträge, die Sie in Form von gesonderten Vorsorgetarifen zu Ihrer eigenen Beitragsentlastung für das Rentenalter einzahlen! Bei Kündigung behält das Versicherungsunternehmen das zur Beitragsentlastung im Alter angesparte Kapital ein, das damit der Versichertengemeinschaft des Versicherungsunternehmens insgesamt zugute kommt. Einige Versicherungsunternehmen sind zumindest so kulant und stellen nach der Kündigung der privaten Krankenversicherung für die angesammelten «Sparbeiträge» eine beitragsfreie Krankenhaustagegeldversicherung zur Verfügung. Diese wird zwar von kaum jemandem benötigt, könnte aber bei einem Krankenhausaufenthalt immerhin zu einer Leistung der Versicherung führen. Praktisch bedeutet diese scheinbar großzügige Geste, daß Sie von Ihren angesammelten Sparbeiträgen nach einer Vertragskündigung nur dann etwas haben, wenn Sie schwer genug erkrankt sind, um in einem Krankenhaus behandelt zu werden.

Einige Freiberufler und Selbständige kommen im Lauf ihres Berufslebens irgendwann einmal in die Verlegenheit, zum pflichtversicherten Personenkreis zu gehören. Wenn Sie dann die Gelegenheit nutzen, um wieder in eine gesetzliche Krankenkasse zurückzukehren, sind nicht nur die Alterungsrückstellungen, sondern auch die über den Vorsorgetarif zusätzlich angesammelten Sparbeiträge verloren.

Tip: Um sich wenigstens bei der zusätzlichen Altersabsicherung ein Stückchen Unabhängigkeit von Ihrem privaten Krankenversicherungsunternehmen zu bewahren, sollten Sie die Vorsorge für die späteren Beitragserhöhungen lieber selbst in die Hand nehmen. Hierzu gibt es verschiedene Anlage- und Sparmodelle, die wir Ihnen in den nachfolgenden Kapiteln zur Altersvorsorge noch genauer vorstellen werden. Mit einer eigenständigen Vorsorge halten Sie sich die Chance offen, wenn sich später doch noch einmal die Gelegenheit ergeben sollte, wieder in das gesetzliche Krankenversicherungssystem zurückzuwechseln, ohne dabei große finanzielle Verluste zu erleiden. Dies kann zum Beispiel ausnahmsweise in Form einer privaten Rentenversicherung geschehen. Grundsätzlich handelt es sich bei einer privaten Rentenversicherung zwar um kein geeignetes Instrument, um eine Altersversorgung aufzubauen. Dafür ist die Form von Sparverträgen zu unflexibel und nicht rentabel genug. Wir nennen sie an dieser Stelle und für diesen Fall dennoch als mögliche Alternative, da die im Rahmen einer privaten Rentenversicherung vereinbarte Rente bei einem entsprechenden Vertrag lebenslang gezahlt wird, also auch so lange, wie Ihre private Krankenversicherung besteht.

Beispiel: Herr Grau will prüfen, wie teuer bei seinem Krankenversicherungsunternehmen eine Beitragsentlastung ab dem 65. Lebensjahr in Höhe von 200 DM wäre und was im Vergleich eine private Rentenversicherung mit einer monatlich garantierten Rente von 200 DM kostet. Er ist zum Zeitpunkt seiner Berechnung 30 Jahre alt. Er fragt bei seiner Krankenversicherung und bei einer privaten Rentenversicherung nach.

Der Vorsorgetarif der Krankenversicherung kostet Herrn Grau 33,60 DM im Monat. Diesen Beitrag muß er so lange zahlen, wie der gesamte Krankenversicherungsvertrag läuft; also auch über das Lebensjahr hinaus, in dem die Beitragssenkung um 200 DM einsetzt.

Eine Rentenversicherung mit einer garantierten Monatsrente von 200 DM und einer Laufzeit bis zum 65. Lebensjahr kostet für Herrn Grau monatlich 48,40 DM. Ab dem 65. Lebensjahr sind für die Rentenversicherung allerdings keine Beiträge mehr aufzuwenden. Zusätzlich zur garantierten Rente von 200 DM erhält Herr Grau noch eine Überschußbeteiligung, die aus dem Gewinn berechnet wird, die seine Versicherungsgesellschaft bis zum Ende der Vertragslaufzeit erwirtschaften konnte. Herr Grau kann deshalb mit einer Rente inklusive der Überschußanteile von insgesamt ca. 600 DM rechnen.

Während also der monatliche Beitrag für eine private Rentenversicherung mit 48,40 DM fast 50 Prozent teurer ist als der Beitrag für den Vorsorgetarif, ist die Rentenleistung ab dem 65. Lebensjahr möglicherweise um 200 Prozent höher als die Beitragsentlastung des Vorsorgetarifs. Daß der Beitrag für den Vorsorgetarif im Gegensatz zur privaten Rentenversicherung auch über das 65. Lebensjahr hinaus weiterbezahlt werden muß, spricht als weiteres Argument für das Modell Rentenversicherung.

Die Vereinbarung eines Vorsorgetarifs ist grundsätzlich nur für Angestellte sinnvoll, die sicher sind, bis ans Ende ihrer Tage privat krankenversichert zu bleiben. Wenn kein Wechsel der Krankenversicherung erfolgt, bleiben die angesparten Beträge erhalten. Und bei Angestellten übernimmt der Arbeitgeber die Hälfte der Krankenversicherungskosten; er trägt also auch die Hälfte der Mehrkosten für den Vorsorgetarif. An den Beiträgen für eine andere Geldanlage, zum Beispiel eine private Rentenversicherung, beteiligt sich der Arbeitgeber jedoch nicht.

Während Ihr Kapital aus dem Vorsorgetarif bei Kündigung der Krankenversicherung verloren ist oder bestenfalls in eine eher überflüssige Krankenhaustagegeldversicherung umgewandelt wird, bleibt Ihnen das Kapital einer privaten Rentenversicherung erhalten. Sie können entscheiden, ob Sie Ihre Sparbeiträge weiter einzahlen, wodurch Sie eine zusätzliche Altersvorsorge aufbauen, oder ob Sie die Versicherung beitragsfrei stellen. Wenn Sie eine Versicherung beitragsfrei stellen, verbleiben zwar Ihre eingezahlten Beiträge bei der Versicherung, aber Sie müssen keine weiteren Beiträge einzahlen. Das bisher eingezahlte Kapital wird bis zum Laufzeitende der Versicherung weiter verzinst und Ihnen ab dem vereinbarten Auszahlungszeitpunkt zuzüglich der Gewinnanteile als Rente ausgezahlt. Diese Rente entspricht dann zwar nicht der ursprünglich vereinbarten Auszahlung, da Sie ja auch nicht alle vereinbarten Einzahlungen geleistet haben. Trotzdem ist Ihnen auf diesem Weg zumindest kein Kapital verlorengegangen. Zum Zeitpunkt der Kündigung der privaten Krankenversicherung kann ansonsten natürlich auch eine private Rentenversicherung gekündigt werden. In diesem Fall erhalten Sie den Rückkaufswert der Rentenversicherung ausgezahlt. Informieren Sie sich jedoch vor einer Kündigung über die Höhe des Rückkaufswerts! In den ersten Jahren der Versicherung liegt der Rückkaufswert oft noch unter dem Wert Ihrer gesamten Einzahlungen. Im Zweifel sollten Sie die Versicherung besser beitragsfrei stellen.

Fazit: Durch eine private Krankenversicherung läßt sich in jungen Jahren Geld sparen. Da es keine kostenlose Familienversicherung wie bei einer gesetzlichen Krankenkasse gibt, müssen allerdings für alle Familienmitglieder, auch wenn diese kein eigenes Einkommen haben, eigenständige Versicherungsverträge abgeschlossen werden. Als Privatpatient genießen Sie gegenüber Kassenpatienten einige Vorteile, wie zum Beispiel die Kostenübernahme bei Behandlungen durch Heilpraktiker. Für einige Leistungen, die in der gesetzlichen Krankenversicherung automatisch enthalten sind, wie zum Beispiel Kuren, müssen Sie bei einer privaten Krankenversicherung zusätzliche Vereinbarungen treffen. Welche Kosten von einer privaten Krankenversicherung übernommen werden, wird im Versicherungsvertrag festgelegt. Die Versicherung kann von daher die Erstattung nicht vereinbarter Leistungen ablehnen; das Kostenrisiko dafür tragen Sie selbst. In der Vergangenheit reichten die obligatorischen Altersrückstellungen nicht aus, um die höheren Krankheitskosten im Alter zu decken. Als Folge ist zu erwarten, daß die Beiträge für die Krankenversicherung bei zunehmendem Alter steigen. Da die Beiträge einkommensunabhängig berechnet werden, können im Alter durch steigende Beiträge bei sinkendem Einkommen finanzielle Probleme entstehen. Deshalb muß rechtzeitig zusätzliche Vorsorge getroffen werden, die am besten unabhängig von der Krankenversicherung organisiert werden sollte. Die Kosten für diese zusätzlich notwendige Absicherung müssen bei einem Vergleich mit den Beiträgen zur gesetzlichen Krankenversicherung berücksichtigt werden.

Sie sollten auf keinen Fall vorschnell die erstbeste Gelegenheit nutzen, um zu einer privaten Krankenversicherung überzuwechseln. Das gilt insbesondere auch für diejenigen, welche am Beginn einer selbständigen Tätigkeit stehen. Der Weg in die private Krankenversicherung ist zumeist sehr lange offen, der Rückweg aus der privaten in die gesetzliche Krankenversicherung jedoch für viele versperrt.

Exkurs: Berufsunfähigkeit

Bei der Entscheidung für eines der beiden Krankenversicherungssysteme müssen Sie auch den möglichen Fall einer Berufsunfähigkeit bedenken. Auch hier ergeben sich unterschiedliche Beitragsbelastungen in privater und gesetzlicher Krankenversicherung. Grundsätzlich handelt es sich um ähnliche Auswirkungen wie im Rentenalter. Denn in der gesetzlichen Krankenversicherung werden Ihre Beiträge nach Eintritt der Berufsunfähigkeit nach Höhe der Rentenbezüge und gegebenenfalls der sonstigen Einnahmen berechnet. Sind Sie jedoch in einer privaten Krankenversicherung versichert, bleibt der Beitrag, den Sie an die Krankenversicherung zu zahlen haben, mit Ausnahme des Krankentagegeldes unverändert. Ändern wird sich bei privat versicherten Angestellten der Beitrag, den sie für ihre Krankenversicherung bezahlen müssen, denn die fünfzigprozentige Kostenübernahme durch den Arbeitgeber entfällt, während der Beitrag gleichbleibt. Damit steigt die finanzielle Belastung zu einem Zeitpunkt, zu dem die Renteneinnahmen ohnehin recht niedrig sind.

Auch für den Fall der Berufsunfähigkeit beteiligt sich die gesetzliche Rentenversicherung an den Krankenkosten der privaten

Krankenversicherung. Weil die Berufsunfähigkeitsrente jedoch etwa ein Drittel niedriger ist als die Altersrente, ist auch der Beitragszuschuß niedriger. Damit liegt die Eigenbelastung zwangsläufig höher als im Rentenalter.

Bei der gesetzlichen Krankenversicherung bemißt sich die Beitragshöhe weiterhin nur nach den Einnahmen. Für Pflichtversicherte sind dies die Renten und rentenähnlichen Einnahmen; bei den freiwillig Versicherten werden zusätzlich alle sonstigen Einkünfte berücksichtigt

Beispiel: Herr Schwarz wird mit 40 Jahren berufsunfähig. Seine Berufsunfähigkeitsrente aus der gesetzlichen Rentenversicherung beträgt trotz seines hohen Durchschnittseinkommens monatlich nur 1900 DM. Eine private Berufsunfähigkeitsversicherung hatte Herr Schwarz nicht abgeschlossen, so daß er mit der Rente, die er aus der gesetzlichen Rentenversicherung bezieht, und dem Einkommen seiner Ehefrau auskommen muß. Die unterschiedliche Beitragsbelastung von gesetzlicher und privater Krankenversicherung stellt sich wie folgt dar:

Tabelle 3: Beitragsbeispiel für gesetzliche und private Krankenversicherung im Fall der Berufsunfähigkeit

Gesamteinkommen von Herrn Schwarz	1900,00 DM
Beitrag zur gesetzlichen Krankenversicherung 1900 × 12,6 Prozent	239,40 DM
./. 50 Prozent Zuschuß von der Rentenversicherung	–119,70 DM
Eigenanteil zur gesetzlichen Krankenversicherung	119,70 DM
Beitrag zur privaten Krankenversicherung	502,82 DM
./. 50 Prozent Zuschuß von der Rentenversicherung	–119,70 DM
Eigenanteil zur privaten Krankenversicherung	383,12 DM

Bei einer Monatsrente von nur 1900 DM macht es schon einen entscheidenden Unterschied, ob der Eigenanteil für die Krankenversicherung 119,70 DM oder 383,12 DM beträgt. Wenn Herr Schwarz noch Frau und Kinder hat, die keiner eigenen Beschäftigung nachgehen, könnte er sie im Rahmen der Familienversicherung in der gesetzlichen Krankenkasse trotz seiner geringen Beiträge kostenfrei mitversichern. Bei einer privaten Krankenversicherung wären für jede Person eigenständige Verträge zu vereinbaren und zu bezahlen.

Grundsätzlich muß eine nicht auszuschließende Berufsunfähigkeit kein Hindernis sein, sich für eine private Krankenversicherung zu entscheiden. Wichtig ist, daß die höhere finanzielle Belastung frühzeitig abgesichert wird. Wir haben bereits ausführlich erläutert, daß der Abschluß einer privaten Rentenversicherung das Problem der hohen finanziellen Belastung im Rentenalter, welche durch die steigenden Beiträge der privaten Krankenversicherung entsteht, mildern kann. Wenn nun in eine private Rentenversicherung noch eine Berufsunfähigkeitszusatzversicherung eingeschlossen wird, so ist auch das Problem der höheren Belastung bei Berufsunfähigkeit eingeschränkt. Mit Abschluß einer privaten Krankenversicherung könnte Herr Schwarz zum Beispiel eine private Rentenversicherung mit einer garantierten Monatsrente von 200 DM empfohlen werden, die eine Berufsunfähigkeitszusatzversicherung mit einer Monatsrente von 400 DM umfaßt. Sollte er dann berufsunfähig werden, wird die monatliche Berufsunfähigkeitsrente gezahlt, mit welcher der Beitrag zur privaten Krankenversicherung, die ja normalerweise bis zum Rentenalter hin noch erheblich ansteigt, bezahlt werden kann. Zugleich wird die private Rentenversicherung automatisch beitragsfrei gestellt, so daß die volle Leistung aus der Rentenversicherung zwar ab dem 65. Lebensjahr gewährt wird, bis dahin bei Fortdauer der Berufsunfähigkeit aber keine Beiträge mehr zu entrichten sind. Der Beitrag für eine derartige Rentenversicherung würde Herrn Schwarz im Monat 71,70 DM kosten.

Bei Eintritt einer Berufsunfähigkeit ist bei einer privaten Krankenversicherung zu beachten, daß der Vertrag für das Krankentagegeld mit Beginn der Berufsunfähigkeit automatisch endet! Tritt die Berufsunfähigkeit während einer laufenden Arbeitsunfähigkeit ein, endet der Anspruch auf Krankentagegeld spätestens drei Monate nach Beginn der Berufsunfähigkeit.

Beispiel: Herr Schwarz erleidet am 1.1.1998 einen Herzinfarkt. Nach dem von ihm abgeschlossenen Krankentagegeldtarif beginnt die Leistung nach Ablauf der dritten Woche – also dem 22. Tag der Arbeitsunfähigkeit. Mit Eintritt der Arbeitsunfähigkeit wird aber gleichzeitig eine Berufsunfähigkeit festgestellt. Herr Schwarz hat dann Anspruch ab dem 22.1.1998 bis zum 31.3.1998 (= Ablauf des dritten Monats nach Eintritt der Berufsunfähigkeit). Ab 1.4.1998 erhält Herr Schwarz kein Krankentagegeld mehr.

Nicht selten gilt eine Berufsunfähigkeit nach zwei oder drei Jahren als beendet, weil sich der Gesundheitszustand gebessert hat. Wenn dann die Berufstätigkeit wiederaufgenommen wird, werden Sie wegen Ihrer Krankenvorgeschichte kein neues Krankentagegeld zur Absicherung von Verdienstausfall vereinbaren können, denn private Krankenversicherungsunternehmen nehmen nur gesunde Personen auf.

Der Bundesgerichtshof hat die Versicherungswirtschaft in einem Urteil vom 22.1.1992 (IV ZR 59/91) dazu verpflichtet, ihren Versicherten mit Eintritt der Berufsunfähigkeit zumindest die Fortsetzung der Krankentagegeldversicherung über eine sogenannte Anwartschaftsversicherung anzubieten.

Achtung: Wenn Sie berufsunfähig werden, sollten Sie die Anwartschaftsversicherung unbedingt so lange aufrechterhalten, bis endgültig feststeht, daß Sie nie wieder einer Berufstätigkeit nachgehen können.

Checkliste 5: Private oder gesetzliche Krankenversicherung

	Ja	Nein
Unterliegen Sie der Versicherungspflicht zur Krankenversicherung?		
Können Sie ausschließen, jemals wieder versicherungspflichtig (angestellt) zu arbeiten?		
Gibt es in Ihrer Familie Mitglieder, die über kein eigenes Einkommen verfügen und bei keinem Mitglied der Familie kostenfrei mitversichert werden können?		
Legen Sie Wert auf die zusätzlichen Leistungen einer privaten Krankenversicherung?		
Wollen Sie im Rahmen einer privaten Krankenversicherung zusätzlich Leistungen versichern, die bei einer gesetzlichen Krankenversicherung obligatorisch sind (Kuraufenthalte, Vorbeugemaßnahmen)?		
Müssen Sie mit einem schwankenden Einkommen rechnen?		
Haben Sie ausreichend Vorsorge für Ihre finanzielle Unabhängigkeit im Alter getroffen?		
Bestehen schwerwiegende Vorerkrankungen oder aktuelle Gesundheitsprobleme?		
Ist Ihr Beruf mit besonderen gesundheitlichen Risiken verbunden?		
Welche Kosten kommen auf Sie zu:	für eine private Krankenversicherung	für eine gesetzliche Krankenversicherung
Anfangsbeitrag		
Beitrag für Familienangehörige ohne eigenes Einkommen		0 DM
zusätzliche Vorsorge für steigende Beiträge im Alter		0 DM

	Ja	Nein
zusätzliche Vorsorge für den Fall der Berufsunfähigkeit		0 DM
Summe		
Kostendifferenz		

3. Auswahl eines privaten Krankenversicherungsunternehmens

Wenn Sie sich für den Abschluß einer privaten Krankenversicherung entschieden haben, müssen Sie im nächsten Schritt eines von über fünfzig Unternehmen der privaten Krankenversicherung auswählen. Die Auswahl müssen Sie mit größter Sorgfalt vornehmen, denn der Partner, für den Sie sich entscheiden, begleitet Sie, wie dargestellt, Ihr ganzes Leben lang. Der Wechsel in ein anderes Krankenversicherungsunternehmen ist zwar prinzipiell möglich, aber praktisch so gut wie ausgeschlossen.

Die Auswahl des richtigen privaten Krankenversicherungsunternehmens ist leider immer noch mit Risiken verbunden, denn die Versicherungsunternehmen sind oft nicht bereit, alle für eine Entscheidung notwendigen Daten zu liefern. Bei Aktiengesellschaften mag dies noch verständlich sein, weil es sich hier um reine Wirtschaftsunternehmen handelt, deren Ertrag aus dem Verkauf und der Verwaltung möglichst vieler Versicherungen erzielt wird. Es ist aber doch befremdlich, wenn ein Versicherungsverein auf Gegenseitigkeit nicht dazu bereit ist, die für eine Entscheidung notwendigen Daten herauszugeben.

Die Versicherungsunternehmen unterscheiden sich im Leistungsumfang. Es gibt nicht ein einziges Krankenversicherungsunternehmen, das den gleichen Leistungsumfang anbietet wie ein anderes. Von den über fünfzig privaten Krankenversicherungsunternehmen werden also ebenso viele verschiedene Leistungspakete angeboten. Dazu kommen noch die unterschiedlichen Tarifkombinationen innerhalb eines Krankenversicherungsunternehmens. Ihnen stehen deshalb schätzungsweise über 200 Leistungsvarianten zur Auswahl, aus denen Sie die für Sie passende heraussuchen müssen.

In diesem Zusammenhang scheint das Werbeversprechen von Versicherungsmaklern und Softwarehäusern verlockend, auf Knopfdruck das richtige Krankenversicherungsunternehmen für Sie auswählen zu können. Doch Vorsicht: Im Markt bewegen sich viele Versicherungsvermittler, denen ihre Verdienstmöglichkeiten näher am Herzen liegen als Ihr Vorteil. Bei Provisionen, die teils mehr als eintausend Prozent des von Ihnen zu zahlenden Monatsbeitrags betragen, ist es dabei kaum verwunderlich, das eine vermeintliche «Beratung» meist gebührenfrei ist. Eine wirklich objektive Beratung können Sie von keinem Vermittler erwarten, der von Provisionszahlungen lebt.

Die Auswahl des richtigen Versicherungsunternehmens erfordert eine genaue Analyse des versicherten Leistungsumfangs und Ihrer persönlichen Bedürfnisse. Dazu zählt auch eine möglichst ausführliche Analyse der Unternehmensdaten, um beurteilen zu können, ob das Versicherungsunternehmen seinen Leistungsverpflichtungen auch noch in zehn, zwanzig und vierzig Jahren nachkommen kann oder ob Sie später mit nur wenig anderen Versicherten Ihre Krankenkosten fast selbst bezahlen müssen. Natürlich ist uns bewußt, daß die Auswahl eines Krankenversicherungsunternehmens nach dieser Vorgabe fast nicht mehr möglich sein wird. Sie sollten aber wissen, daß es nicht «die» eine richtige Lösung gibt, die Ihnen die Vermittler mit ihrem Angebot präsentieren wollen.

Bei der Beurteilung des Leistungsumfangs eines privaten Krankenversicherungsunternehmens ist es sehr wichtig, daß dieser möglichst alle Bereiche der Krankenversicherung abdeckt. An dieser Stelle ist es nicht möglich, alle erforderlichen Leistungen im einzelnen aufzuführen. Bei der Auswahl der Leistungen sollten Sie aber auf gar keinen Fall bestimmte Leistungen einfach übergehen, weil Sie heute vielleicht meinen, darauf verzichten zu können. Wenn ein Versicherungsunternehmen oder der von Ihnen ausgewählte Tarif eine Versicherungsleistung gar nicht anbietet, dann ist das Versicherungsunternehmen oder der Tarif für Sie und Ihre Familie ungeeignet, um die notwendige Krankenversorgung zu gewährleisten.

Es gibt Versicherungsunternehmen, die einen sehr umfassenden, dafür aber auch recht teuren Versicherungsschutz bieten, wie auch Billigunternehmen, die in der ambulanten Behandlung neben den ärztlichen Leistungen keine Hilfsmittel erstatten.

Wenn Sie sich nun nach der Entscheidung für das private Krankenversicherungssystem an die Auswahl des Krankenversicherungsunternehmens machen, können Sie sich eines Versicherungsberaters oder eines Versicherungsmaklers bedienen, der Ihnen bei derAuswahl behilflich ist. Auch qualifizierte Versicherungsberater und Versicherungsmakler nutzen ergänzend zur Beratung ein Computerprogramm, weil so ein direkter Leistungsvergleich möglich ist. So können Sie sich nicht nur die Angebote von den für Sie interessanten Versicherungsunternehmen, sondern gleich auch einen direkten Leistungsvergleich ausdrucken lassen.

In diesem Leistungsvergleich sind Aussagen für bis zu siebzig Leistungsbereiche der Unternehmen enthalten. Da steht zum Beispiel, in welchem Umfang das Versicherungsunternehmen Kosten für Brillengestelle und -gläser, Rollstühle, Zahnersatz usw. ersetzt. Den ausgedruckten Leistungsvergleich sollten Sie mit nach Hause nehmen, um dort die Versicherungsunternehmen ganz in Ruhe zu vergleichen. Eine sorgfältige Analyse ist für Ihre Entscheidung unbedingt erforderlich. Wenn Sie zum Beispiel feststellen, daß das eine Versicherungsunternehmen Arztrechnungen auch über die Gebührenordnung hinaus ersetzt, dafür aber bei den Krankentagegeldern keine automatische Anpassung an die Einkommensverhältnisse vorsieht, sollten Sie sich nicht für dieses Unternehmen entscheiden. Sie müssen versuchen, alle Leistungsbereiche zu hinterfragen und zu verstehen. Im Zweifel sollten Sie sich diese vom Makler oder vom Versicherungsberater erläutern lassen; dafür wird er bezahlt. «Dumme Fragen» gibt es in diesem Zusammenhang nicht. Gerade wenn Sie sich aus dem gesetzlichen Krankenversicherungssystem verabschieden wollen, fehlt der Schutz eines einheitlichen Leistungsumfangs, so daß Sie tatsächlich jeden einzelnen Leistungsbereich kennenlernen müssen, denn jeder Bereich kann einmal für Sie in Frage kommen. Und denken Sie bitte daran: Heute können Sie noch gar nicht wissen, welche Leistung Sie später einmal benötigen, so daß Sie sich eher für einen umfassenden Versicherungsschutz entscheiden sollten.

Achtung: Alle uns bekannten Computerprogramme können so manipuliert werden, daß ein Versicherungsmakler oder -vermittler im Programm und beim Ausdruck die Versicherungsunternehmen besser darstellen kann, die ihm eine höhere Provision zahlen. Lassen Sie sich deshalb schriftlich bestätigen, daß im Programm keine Daten von Versicherungsunternehmen unterdrückt wurden und daß der Makler oder Vermittler keine eigene Leistungsbewertung vorgegeben hat.

Eine Programmveränderung ist dem Anwender nicht nur durch das Unterdrücken von Versicherungsunternehmen möglich, sondern auch durch die Vorgabe einer eigenen Bewertung bestimmter Leistungen. Auch damit können bestimmte Versicherungsunternehmen in einem Vergleich besser abschneiden als andere. Es gibt aber auch Computerprogramme, in denen einige Versicherungsunternehmen gar nicht enthalten sind, weil diese nicht mit Versicherungsmaklern zusammenarbeiten. Die Programme wurden für Versicherungsmakler entwickelt, so daß die «maklerfreien» Versicherungsunternehmen den Makler bei einem Vergleich eher stören. So hilfreich der Vergleich des Leistungsumfangs für Sie auch ist: allein auf die Auswertung eines Computerprogramms dürfen Sie sich bei Ihrer Entscheidung nicht verlassen.

Ergänzend zu den Computerprogrammen sollten Sie auch die Auswertungen von Zeitschriften wie zum Beispiel «Capital»,

«Finanztest», «DM», «Plus» und «Wirtschaftswoche» heranziehen, die sich oft mit Leistungsvergleichen aus der Versicherungswirtschaft befassen. In diesen Zeitschriften, die zumeist auch bei den Verbraucherzentralen ausliegen, werden erste Analysen von Unternehmensdaten vorgenommen. Anhand dieser Daten wird versucht zu beurteilen, wie gut ein Unternehmen für das Alter seiner Versicherten vorsorgt. In die Zukunft kann natürlich niemand schauen, aber die ersten Ansätze zur Auswertung der Unternehmensdaten sind doch recht vielversprechend. Sie sollten diese aber nur als ein zusätzliches Entscheidungskriterium für die Auswahl des Krankenversicherungsunternehmens verwenden.

Neben dem Leistungsumfang und den veröffentlichten Unternehmensdaten ist für die Auswahl des Versicherungsunternehmens besonders die «Versichertenstruktur» ein wichtiges Kriterium. Sie müssen herausfinden, ob in dem von Ihnen ausgewählten Tarif sehr viele alte Menschen versichert sind oder eher viele junge. Sind dort sehr viele alte Personen versichert, tragen Sie mit Ihrem Beitrag immer zum versicherungstechnischen Risikoausgleich bei. Das bedeutet, daß von Ihrem Beitrag ein großer Anteil dafür verwendet wird, die anfallenden Krankenkosten eines Versicherungsjahrs innerhalb Ihres Tarifs zu begleichen. Innerhalb eines Tarifs gibt es immer Gesunde und Kranke. Zwischen diesen verwirklicht sich der eigentliche Versicherungsgedanke, daß nämlich die vielen Gesunden die Kosten der wenigen Kranken zu zahlen haben. Wenn in dem von Ihnen ausgewählten Tarif sehr viele alte Menschen und nur wenige junge versichert sind, muß der Beitragsanteil für den Risikoausgleich weitaus höher sein als bei einem Tarif mit vielen jungen, aber wenigen alten. Fragen Sie also, wenn Sie Angebote einholen, unbedingt nach der Versichertenstruktur der einzelnen Tarife eines Versicherungsunternehmens.

Neben der Versichertenstruktur müssen Sie bei den Versicherungsunternehmen auch noch danach fragen, wie viele Personen in dem Tarif versichert sind, der für Sie interessant ist. Eine Versicherung beruht auf dem Prinzip der großen Zahl. Je mehr Versicherte in einem Tarif versichert sind, um so mehr verteilt sich das individuelle Risiko auf viele. Wenn Sie einen Tarif mit nur wenigen Versicherten ausgewählt haben, wird sich eine schwere Krankheit bei ein oder zwei Mitgliedern weitaus schneller und stärker auf Ihren Beitrag auswirken, als wenn das durchschnittlich kalkulierte Krankheitsrisiko auf viele Versicherte verteilt ist.

Haben Sie sich anhand der Leistungsvergleiche und vielleicht noch der Unternehmensdaten für drei oder vier Versicherungsunternehmen oder Tarifvarianten entschieden, sollten Sie an die von Ihnen in Betracht gezogenen Unternehmen folgenden Text schreiben:

Betr.: Angebot für eine Kranken-Vollversicherung
Sehr geehrte Damen und Herren,
nachdem ich mich entschieden habe, eventuell bei Ihrem Unternehmen eine private Kranken-Vollversicherung abzuschließen, bitte ich noch um einige ergänzende Angaben zu den Tarifen:
1. *Wieviel versicherte Personen meines Geschlechts gab es zum 31.12. des vergangenen Jahres in den einzelnen Tarifen?*
2. *Geben Sie mir bitte die Anzahl der Versicherten zu den einzelnen Tarifen für jeden Geburtenjahrgang bekannt.*
3. *Teilen Sie mir bitte mit, zu welchen Zeitpunkten und mit welchem Prozentsatz Sie die Beiträge in den letzten zehn Jahren vor dem 31.12. des letzten Jahres für die o.a. Tarife angehoben haben*
Mit freundlichen Grüßen

In welchem Maß ein Krankenversicherungsunternehmen seine Beiträge in den letzten zehn Jahren angehoben hat, kann für Sie ein weiterer wichtiger Anhaltspunkt für die Auswahl sein. Sicher ist dieses Kriterium allerdings nicht, denn schließlich kann die Versicherungsgesellschaft bereits kürzlich eine notwendige Beitragsanhebung vollzogen haben, die für eine andere Gesellschaft noch aussteht.

Nachdem Sie die Antworten erhalten haben, sollten Sie sich, eventuell zusammen mit einem Versicherungsberater oder dem Versicherungsmakler, mit der abschließenden Auswahl befassen.

Achtung: Einige Versicherungsmakler und -vermittler geben nach der Auswertung mit dem Computerprogramm die Namen der verglichenen Versicherungsunternehmen nicht preis, weil sie befürchten, Sie könnten sich zum Vertragsabschluß direkt an die Gesellschaft wenden. Damit verliert der Vermittler trotz des Arbeitsaufwands seine Provision. Dieses Vorgehen sollten Sie nicht akzeptieren, weil Ihnen die Möglichkeit genommen wird, neben dem Leistungs- und Beitragsvergleich weitere Recherchen über Ihren künftigen Vertragspartner anzustellen. Ein seriöser und gut beratender Vermittler und Makler hat ein derartiges Vorgehen nicht nötig. Unseriöse Vermittler und Makler verlangen für die Beratung oder Computeranalyse ein Honorar. Das ist verboten, so daß Sie ein solches Vorgehen an das Bundesaufsichtsamt für das Versicherungswesen oder den Bundesverband der Versicherungsberater e. V. melden sollten. Die Anschriften finden Sie im Anhang am Ende dieses Ratgebers.

Das letzte Entscheidungskriterium für die Auswahl eines Versicherungsunternehmens sollte der Beitrag sein. Natürlich reizt es, mit möglichst niedrigen Beiträgen viel gegenüber der gesetzlichen Krankenversicherung einzusparen. Ist heute ein Versicherungsunternehmen fünfzig oder hundert Mark günstiger als ein anderes, kann sich aber dieser Beitragsunterschied in der sehr langen Laufzeit, für die ein Krankenversicherungsvertrag besteht, komplett umkehren. Die Beitragshöhe hat für den jetzigen Zeitpunkt überhaupt keine Aussagekraft, sondern lenkt eher von den oben angeführten und viel wichtigeren Entscheidungskriterien ab.

Checkliste 6: Auswahl der Versicherungsgesellschaft

Versicherungsunternehmen und Tarif			
Besteht für alle geforderten Leistungen Versicherungsschutz?			
Anzahl der im Tarif versicherten Personen			
Anteil der alten Versicherten (über 55) gegenüber den jungen (unter 30)			
Wie wird die wirtschaftliche Entwicklung des Unternehmens beurteilt? (Versichertenzahl, Höhe der Rücklagen)			
Welche zusätzlichen Sonderleistungen werden angeboten?			
Wie hoch würde der Anfangsbeitrag ausfallen?			

Fazit: Die Frage, für welches Versicherungsunternehmen Sie sich entscheiden, wird Ihr weiteres Leben maßgeblich beeinflussen. Die Auswahl des Unternehmens müssen Sie vor allem deshalb besonders sorgfältig vornehmen, weil ein späterer Wechsel kaum möglich und für Sie immer mit hohen finanziellen Einbußen verbunden ist. Gehen Sie kritisch mit den Empfehlungen von Vermittlern und Beratern um, die von Provisionen leben. Unabhängige Beratung, zum Beispiel bei einer Verbraucherzentrale oder einem gerichtlich zugelassenen Versicherungsberater, kostet anfänglich Geld, hilft Ihnen langfristig aber, Kosten zu sparen.

4. Worauf beim Abschluß einer Krankenversicherung zu achten ist

Die Aufnahme in die Krankenkasse erfolgt bei der gesetzlichen Krankenversicherung entweder über die Anmeldung vom Arbeitgeber oder durch Mitteilung gegenüber der jeweiligen Krankenkasse. Als Selbständiger brauchen Sie im Grunde nur auf eines zu achten, nämlich daß das Krankengeld mitversichert ist. Die Krankenkasse weist Sie außerdem noch darauf hin, wenn Ihr Einkommen unterhalb der Bemessungsgrenze liegt, damit nicht eine Beitragsberechnung aus der höchsten Beitragsklasse erfolgt. Andere Fehler können bei der Antragsaufnahme in der gesetzlichen Krankenversicherung nicht gemacht werden.

Bei einer privaten Krankenversicherung sieht das anders aus. Um den gewünschten Versicherungsschutz zu erhalten, müssen Sie einen Versicherungsantrag bei dem Versicherungsunternehmen stellen, das Sie ausgewählt haben. Der Antrag ist der Beginn für das spätere beiderseitige Vertragsverhältnis. Sobald Sie den Antrag unterschrieben und beim Unternehmen eingereicht haben, beginnt für Sie zunächst ein einseitiges Vertragsverhältnis. Sie sind sechs Wochen an den Antrag gebunden. Das Versicherungsunternehmen kann in diesen sechs Wochen prüfen, ob es Sie versichern will. Wird der Antrag innerhalb dieser sechs Wochen angenommen, ist der Vertrag für beide Vertragspartner zustande gekommen. Nur wenn der Antrag nicht innerhalb der sechs Wochen angenommen wird, können Sie vom Antrag zurücktreten.

Weil das Versicherungsunternehmen in der Regel um Sie wirbt, erhalten Sie das Antragsformular vom Versicherungsunternehmen. Diesem Antragsformular müssen die Versicherungsbedingungen und eine Verbraucherinformation zum angebotenen Versicherungsschutz beigefügt sein.

Achtung: Versäumt es das Versicherungsunternehmen oder der Vertreter, Ihnen diese Unterlagen mit dem Antrag auszuhändigen, können Sie innerhalb von 14 Tagen auch noch nach Übersendung des Versicherungsscheins vom Antrag zurücktreten. Wenn dem Versicherungsschein nicht die kompletten Versicherungsbedingungen und Verbraucherinformationen beigefügt waren, verlängert sich die Widerspruchsfrist bis auf ein Jahr nach der ersten Beitragszahlung.

Tip: Lassen Sie sich von niemandem drängen, einen Antrag sofort zu unterschreiben. Wer Sie in dieser Weise drängt, weiß schon von vornherein, daß er Ihnen ein ungünstiges Angebot unterbreitet hat. Ansonsten würde er Ihnen mehrere Tage Zeit geben, das Angebot zu prüfen und den Vertragsabschluß noch einmal zu überdenken.

Die Anträge enthalten viel Kleingedrucktes, das zum Teil durch gesetzliche Bestimmungen vorgegeben wird. Die Fragen im Antrag sind sehr umfangreich. Weil aber beide Vertragspartner klare Verhältnisse haben müssen, sind umfangreiche Fragen nicht zu vermeiden. Zu unterscheiden sind die sogenannten Wissensfragen, die dem Unternehmen sagen, mit wem sie es zu tun haben, und Fragen zum Versicherungsumfang. Die richtige und vollständige Beantwortung dieser Fragen gehört zu den sogenannten Obliegenheiten. Obliegenheiten sind Verhaltensweisen, die der Kunde immer einzuhalten und zu beachten hat. Eine dieser Obliegenheiten ist die richtige und wahrheitsgemäße Beantwortung der gestellten Fragen. Eine im Antrag falsch oder unvollständig beantwortete Frage führt zum Verlust des Versicherungsschutzes – auch dann, wenn der Vertrag schon einige Jahre gelaufen ist.

Achtung: Es kommt immer wieder vor, daß Vermittler den Antrag ausfüllen und wichtige Fragen nur bagatellisieren, ungenau oder bewußt falsch beantworten. Damit soll dem Versicherungsunternehmen ein offensichtlich schlechtes Risiko verschwiegen und untergeschoben oder die Bearbeitung beschleunigt werden, damit der Vermittler schneller seine Provision erhält. Die Folgen daraus haben allein Sie zu tragen, denn durch verschwiegene oder falsch angegebene Risiken entfällt der Versicherungsschutz. Das kann bedeuten, daß später die Versicherung zum Beispiel die Kosten einer bereits geleisteten Behandlung nicht übernimmt.

Tip: Die Gerichte haben vielfach entschieden, daß die Versicherungsagenten als Vertreter der Versicherungsunternehmen handeln, wenn sie den Antrag ausfüllen. Alle Angaben, die dem Agenten gegenüber gemacht wurden, werden so bewertet, als seien sie gegenüber dem Versicherungsunternehmen gemacht worden. Selbst wenn der Versicherungsagent, was leider häufig vorkommt, bewußt falsche Angaben in den Antrag einträgt, gelten die Angaben, die Sie dem Versicherungsagenten gegenüber gemacht haben. Den Beweis dafür müssen allerdings Sie erbringen, weshalb Sie immer darauf achten müssen, den Antrag nicht allein mit einem Versicherungsagenten oder -makler aufzunehmen. Ziehen Sie einen Bekannten oder Nachbarn hinzu, der später den Verlauf des Gesprächs notfalls bezeugen kann. Wenn der Versicherungsagent meint, eine Frage sei unwichtig, dann soll er Ihnen diese Aussage schriftlich bestätigen.

Wenn Sie Fragen im Antrag nicht verstehen oder diese unklar sind, sollten Sie sich Erläuterungen geben lassen.

Neben den Wissensfragen enthält der Antrag Fragen zum Versicherungsumfang und zur sonstigen Vertragsgestaltung. Nachdem der Antrag vollständig ausgefüllt ist, vergewissern Sie sich, daß tatsächlich auch alles enthalten ist, was Sie versichern wollten. Und achten Sie darauf, daß nicht etwas eingetragen ist, was Sie nicht gewünscht haben. Das beste ist, Sie behalten den Antrag noch ein oder zwei Tage zu Hause, um sich den Vertragsabschluß noch einmal zu überlegen und den Antragsinhalt in Ruhe genau zu prüfen. Im Antrag sind alle wichtigen Vertragsbestandteile enthalten, einschließlich des Hinweises, welche Bedingungen dem Vertrag zugrunde gelegt werden. Nachdem der Antrag unterschrieben ist, muß immer eine Kopie des Antrags in Ihren Händen verbleiben. Dann haben Sie die Möglichkeit zu prüfen, ob später der Versicherungsschein den von Ihnen gewünschten Vertragsinhalt aufweist.

Nachdem der Antrag beim Versicherungsunternehmen unterschrieben eingereicht wurde, wird nach einiger Zeit der Versicherungsschein zusammen mit der ersten Rechnung zugesandt. Beides ist dann noch einmal zu prüfen, damit es während der Vertragslaufzeit nicht zu Meinungsverschiedenheiten über den beantragten Versicherungsschutz und die Höhe der Beitragszahlung kommt.

Der Versicherungsschein, auch Police genannt, ist das Dokument für das beiderseitige Vertragsverhältnis. Mit der Zusendung des Versicherungsscheins ist das beiderseitige Vertragsverhältnis zustande gekommen, und beide Seiten haben die gegenseitig eingeräumten Rechte und Pflichten zu beachten. Den Versicherungsschein erhalten Sie einige Wochen nachdem der Antrag an das Versicherungsunternehmen abgesandt wurde. Selbstverständlich kann es vorkommen, daß der Versicherungsschein nicht den von Ihnen beantragten Versicherungsschutz enthält oder um Vertragsbestandteile, die nicht gewollt waren, erweitert wurde. Ebenso ist es möglich, daß der zu zahlende Beitrag höher ausfällt, als im Antrag angegeben war. Prüfen Sie den Versicherungsschein also genau, und vergleichen Sie ihn mit Ihrer Kopie des Antrags. Viele Versicherungsscheine sind selbst für den Fachmann unübersichtlich gestaltet. Scheuen Sie sich dann nicht, sich den Inhalt des Versicherungsscheins vom Versicherungsunternehmen erläutern zu lassen. Für die Unübersichtlichkeit der Police ist das Versicherungsunternehmen verantwortlich. Solange die Versicherungsunternehmen nicht bereit sind, ihre Versicherungsscheine klar und deutlich auszufertigen, haben sie sich auch mit den entsprechenden Rückfragen zu befassen.

Abweichungen vom Antrag muß das Versicherungsunternehmen deutlich kennzeichnen; zumeist geschieht dies in Rot. Sie müssen dieser Abweichung innerhalb einer im Antrag angegebenen Frist widersprechen, sonst gilt diese Änderung als von Ihnen anerkannt. Suchen Sie also auf dem Versicherungsschein – Vorder- oder Rückseite – nach dem Hinweis für eine abweichende Dokumentierung; dort steht auch, wie diese gekennzeichnet ist. Prüfen Sie, ob Sie mit der Abweichung einverstanden sein können. Ist dies nicht der Fall, widersprechen Sie dieser Abweichung und verhandeln mit dem Unternehmen neu über den von Ihnen gewünschten Vertragsinhalt. Kommt es zu keiner Einigung, ist der gesamte Vertrag nicht zustande gekommen, und Sie müssen sich ein anderes Versicherungsunternehmen suchen, das Ihnen den gewünschten Versicherungsschutz bietet.

Nicht immer sind alle Abweichungen vom Antrag im Versicherungsschein gekennzeichnet. Schließlich kann es auch vorkommen, daß dem Sachbearbeiter bei der Dokumentierung ein Fehler unterlaufen ist. Deshalb sollten Sie nicht nur nach einer Kennzeichnung suchen, sondern den gesamten Versicherungsschein noch einmal sorgfältig durchlesen. Spätere Reklamationen sind immer mit langwierigen Auseinandersetzungen verbunden, die Sie vermeiden können, wenn Sie innerhalb der Ihnen zugestandenen Widerspruchsfrist reagieren.

Ist mit dem Versicherungsschein alles in Ordnung, muß unverzüglich der Versicherungsbeitrag bezahlt werden. Die Rechnung für die Versicherung ist entweder direkt im Versicherungsschein enthalten oder liegt dem Versicherungsschein als separate Rechnung bei. Diese Rechnung muß umgehend bezahlt werden; die Frist beträgt in der Regel maximal 14 Tage und beginnt mit Posteingang des Versicherungsscheins. Wird der Versicherungsbeitrag nicht innerhalb dieser Frist bezahlt, erlischt rückwirkend der Versicherungsschutz. Dies geschieht auch dann, wenn schon ein Schaden eingetreten ist und das Versicherungsunternehmen die Schadenbearbeitung eingeleitet hat. Eine Verrechnung des Versicherungsbeitrages mit der Schadenzahlung gibt es nicht. Das Versicherungsunternehmen wird auf die rechtzeitige Zahlung warten und die Schadenzahlung ablehnen, wenn die Beitragszahlung zu spät eingeht.

Fazit: Wenn Sie Fragen im Versicherungsantrag falsch beantworten, kann das zum Verlust des Versicherungsschutzes führen. Gehen Sie deshalb besonders sorgfältig vor, und lassen Sie sich von niemandem unter Druck setzen. Lesen Sie auch die Versicherungsbedingungen und den Versicherungsschein aufmerksam durch. Fragen Sie lieber zweimal nach, wenn Sie in einem Punkt unsicher sind oder etwas nicht verstehen. Wenn es um Gesundheitsfragen geht, können Sie auch Ihren Arzt zu Rate ziehen. Sie können Versicherungsverträge gegen Gebühr auch bei Ihrer Verbraucherzentrale oder zum Beispiel einem gerichtlich zugelassenen Versicherungsberater prüfen lassen.

Die Künstler-
sozialkasse:
Wenn Fisch auch
Fleisch sein kann

Grundsätzlich unterliegen Sie als Selbständiger weder der Versicherungspflicht in der gesetzlichen Krankenversicherung noch in der gesetzlichen Rentenversicherung. Wie Sie im letzten Kapitel erfahren haben, können Sie sich auch als Freiberufler freiwillig in einer gesetzlichen Krankenkasse versichern; im folgenden Abschnitt werden Sie lesen, daß dies auch mit Einschränkungen für die gesetzliche Rentenversicherung möglich ist. Soweit die Regel. Daneben hat der Gesetzgeber aber eine große Ausnahme geschaffen: die Künstlersozialkasse (KSK).

Freischaffende Künstler, Autoren und Publizisten sind grundsätzlich Selbständige, soweit Sie ihrer künstlerischen Tätigkeit nicht im Rahmen eines Angestelltenverhältnisses nachgehen. Allerdings zählen Künstler zu den Selbständigen, die in der Regel eher knapp bei Kasse sind. Sie leiden besonders unter wirtschaftlichen wie persönlichen Krisen. Ihre Honorare und Gagen sind meist sehr knapp bemessen, oft nicht nur in der Anfangsphase ihrer Tätigkeit. Ob ihre Tätigkeit von wirtschaftlichem Erfolg gekrönt wird, haben Künstler viel weniger selbst in der Hand als andere Selbständige; Kritiker und Agenten haben hier ein deutliches Wort mitzureden. Und besonders dann, wenn sie ihrem Beruf nicht ohne entsprechendes Umfeld nachgehen können, zum Beispiel als Schauspieler, Musiker, Sänger oder Tänzer, bringt ihre freiberufliche Tätigkeit große soziale Risiken mit sich. Viele freischaffende Künstler leben daher über lange Phasen ihrer Tätigkeit am Rand des Existenzminimums. Entsprechend düster sieht daher meist auch ihre Altersvorsorge aus.

In der Vergangenheit gab es verschiedene Initiativen einiger Verbände, aus eigener Kraft Abhilfe zu schaffen. So wurde zum Beispiel für Orchestermusiker und Schauspieler, die vor der Wahl standen, sich entweder noch im hohen Alter um immer neue Engagements zu bemühen oder statt dessen den Lebensunterhalt vom Sozialamt zu beziehen, eine Beihilfe geschaffen durch eigens für sie gegründete Vereinigungen. Diese Vereinigungen verpflichteten ihre jungen Mitglieder, Beiträge in eine Alterskasse zu zahlen. Vielfach konnten auch Theater oder Konzerthäuser dazu bewegt werden, zusätzliche Beiträge zu bezahlen oder diese Kassen durch Benefizveranstaltungen zu unterstützen. Trotzdem lebten und leben immer noch viele Künstler auch im Alter am Rande des Existenzminimums.

Seit 1983 hat deshalb der Gesetzgeber mit der Künstlersozialkasse ein Instrument geschaffen, das die soziale Absicherung von Künstlern entscheidend verbessert hat. In dieser Künstlersozialkasse sind die meisten Künstler sowohl hinsichtlich der Kranken- wie der Rentenversicherung pflichtversichert. Damit werden sie, obwohl selbständig tätig, praktisch wie in einem Angestelltenverhältnis gestellt: Sie zahlen Pflichtbeiträge an die Krankenkasse und die Rentenversicherung, die sich nach dem Einkommen berechnen. Von diesen Pflichtbeiträgen müssen sie nur die Hälfte selbst begleichen; die andere Hälfte, sozusagen den «Arbeitgeberanteil», übernimmt die Künstlersozialkasse. Dazu holt sie sich Geld von all denen, die mit der künstlerischen Leistung der Mitglieder Geld verdienen, also zum Beispiel von Verlagen, Theater- und Opernhäusern, Rundfunk- und Fernsehanstalten oder Zeitungen. Darüber hinaus kommt der Bund für die Beiträge auf, die aus diesen Einnahmen der KSK nicht beglichen werden können.

Die Künstlersozialkasse ist dabei nicht nur eine Einrichtung für Bildhauer, Schauspieler, Schriftsteller und Maler. Der Kreis der pflichtversicherten Personen wurde seit Bestehen der KSK immer mehr erweitert. Dabei wurde durch den Gesetzgeber wohlweislich darauf verzichtet, einen verbindlichen Ausschlußkatalog zu formulieren, der festlegen würde, wer Künstler ist und wer nicht. Sie können auf jeden Fall Mitglied der KSK werden, wenn Sie Ihr Berufsbild in der nachfolgenden Tabelle 4 wiederfinden. Aber auch dann, wenn Sie keine genaue Entsprechung für Ihren Beruf feststellen, können Sie die Mitgliedschaft bei der KSK beantragen. Dort wird anhand Ihrer Nachweise geprüft, inwieweit Ihre Tätigkeit den Kriterien der KSK entspricht. Und so kann es sein, daß Ihrem Antrag stattgegeben wird, auch wenn Sie bisher vielleicht gar nicht wußten, daß Sie im Grunde Ihres Herzens ein Künstler sind.

Tabelle 4: Berufsgruppen, die sich in der KSK versichern können

Bereich Musik	Komponist
	Texter, Librettist
	Musikbearbeiter, Arrangeur
	Kapellmeister, Dirigent
	Chorleiter
	Instrumentalsolist in der «ernsten Musik»
	Orchestermusiker in der «ernsten Musik»
	Oper-, Operetten-, Musicalsänger
	Lied- und Oratoriensänger
	Chorsänger in der «ernsten Musik»
	Sänger in Unterhaltungsmusik, Show, Folklore
	Tanz- und Popmusiker
	Unterhaltungs- und Kurmusiker
	Jazz- und Rockmusiker
	Künstlerisch-technischer Mitarbeiter (genaue Beschreibung erforderlich)
	Pädagoge, Ausbilder im Bereich Musik
	Alleinunterhalter
	Ähnliche selbständige künstlerische Tätigkeit im Bereich Musik (genaue Beschreibung erforderlich)

Bereich bildende Kunst/Design	Bildhauer, Experimenteller Künstler
	Objektemacher
	Maler, Zeichner, künstlerischer Grafiker
	Porträt-, Genre-, Landschaftsmaler
	Performance-/Aktionskünstler
	Videokünstler
	Künstlerischer Fotograf, Lichtbildner, Fotodesigner
	Karikaturist, Trick- und Comiczeichner, Illustrator
	Grafik-, Mode-, Textil-, Industrie-Designer, Formgestalter, Layouter
	Werbefotograf
	Keramiker, Glasgestalter
	Gold- und Silberschmied, Emailleur
	Textil-, Holz-, Metallgestalter
	Graveur
	Pädagoge, Ausbilder im Bereich bildende Kunst/Design
	Ähnliche selbständige künstlerische Tätigkeit im Bereich bildende Kunst, z. B. Gemälderestaurator (genaue Beschreibung erforderlich)
Bereich darstellende Kunst	Ballett-Tänzer, Ballett-Meister
	Schauspieler, Sprecher, Kabarettist
	Moderator, Rezitator
	Puppen-, Marionetten-, Figurenspieler
	Conférencier, Entertainer, Quizmaster
	Unterhaltungskünstler/Artist
	Regisseur, Filmemacher, Choreograph
	Dramaturg
	Bühnen-, Film-, Kostüm-, Maskenbildner
	Regieassistent

	Künstlerisch-technischer Mitarbeiter im Bereich darstellende Kunst (genaue Beschreibung erforderlich)
	Pädagoge, Ausbilder im Bereich darstellende Kunst
	Theaterpädagoge
	Ähnliche selbständige künstlerische Tätigkeit im Bereich darstellende Kunst , z. B. Eurhythmist (genaue Beschreibung erforderlich)
Bereich Wort	Schriftsteller, Dichter
	Autor für Bühne, Film, Funk und Fernsehen
	Lektor
	Journalist, Redakteur
	Bildjournalist, Bildberichterstatter, Pressefotograf
	Kritiker
	Wissenschaftlicher Autor
	Fachmann /-frau für Öffentlichkeitsarbeit oder Werbung
	Übersetzer, Bearbeiter
	Ähnliche selbständige publizistische Tätigkeit im Bereich Wort (genaue Beschreibung erforderlich)

Entscheidender als die Frage, ob Sie Ihren Beruf in dieser Liste wiederfinden, ist, wie erwähnt, die Beurteilung der KSK, ob Sie zum Kreis der versicherungspflichtigen Personen gehören. Dazu müssen Sie «Künstler oder Publizist» und «selbständig erwerbstätig sein, und – nicht nur vorübergehend – im wesentlichen im Inland tätig sein». In den «Hinweisen zur Künstlersozialversicherung» heißt es weiter: «Künstler ist, wer Musik, darstellende oder bildende Kunst schafft, ausübt oder lehrt. Publizist ist, wer als Schriftsteller, Journalist oder in anderer Weise publizistisch tätig ist (§ 2 KSVG). Die KSK überprüft anhand eines Fragebogens und einzureichender Nachweise die Künstler- bzw. Publizisteneigenschaft.

Die künstlerische oder publizistische Tätigkeit muß selbständig und erwerbsmäßig ausgeübt werden. Erwerbstätigkeit ist jede nachhaltige, auf Dauer angelegte Tätigkeit zur Erzielung von Einnahmen. Selbständig ist die künstlerische Tätigkeit nur, wenn sie keine abhängige Beschäftigung im Rahmen eines Arbeitsverhältnisses darstellt.»

Grundlage ist also auf jeden Fall, daß Sie die künstlerische Tätigkeit selbständig ausüben und mit ihr eine «Gewinnerzielungsabsicht» verfolgen. Es muß also klar sein, daß Sie der Kunst nicht nur als Hobby frönen, sondern davon leben wollen. Nach den Regelungen der KSK setzt das voraus, daß Sie mit Ihrer künstlerischen Tätigkeit im Jahr mindestens 7560 DM (12×630 DM) verdienen und mit keiner anderen Tätigkeit höhere Einnahmen erzielen. Der künstlerische und publizistische Wert Ihrer Arbeit ist für die versicherungsrechtliche Bewertung unerheblich.

Für Berufsanfänger, die sich ihre wirtschaftliche Existenz erst noch erschließen müssen, hat der Gesetzgeber einen besonderen Schutz vorgesehen. Berufsanfänger werden auch dann nach dem Künstlersozialversicherungsgesetz in der gesetzlichen Renten-, Kranken- und Pflegeversicherung versichert, wenn sie in einem Jahr voraussichtlich nicht das erforderliche Mindestarbeitseinkommen erzielen werden. Die Beiträge für Berufsanfänger, die unterhalb der Mindestarbeitsverdienstgrenze liegen, werden nach jährlich angepaßten Mindestwerten berechnet. Als Berufsanfängerzeit gelten die ersten fünf Jahre, seitdem die selbständige künstlerische oder publizistische Tätigkeit zum erstenmal ausgeübt wurde. Diese fünf Jahre zählen von Beginn der Berufsanfängerzeit und werden auch nicht unterbrochen, wenn Sie in diesen fünf Jahren zeitweise zum Beispiel einer Angestelltentätigkeit oder einer anderen selbständigen Tätigkeit nachgehen.

Während der Mindestbeitragssatz der gesetzlichen Krankenversicherung derzeit von einem monatlichen Bruttoeinkommen von 3210 DM ausgeht, berechnet sich dabei der Mindestbeitragssatz der KSK nach einem monatlichen Einkommen von 630 DM brutto. Berufsanfänger können sich also bereits ab einem Betrag von monatlich etwa 50 DM in der KSK kranken- und rentenversichern. Trotz der geringen Beiträge bleibt Ihr Rentenverlauf in der gesetzlichen Rentenversicherung damit lückenlos (siehe nächstes Kapitel).

Und sie können in der KSK selbst bei «negativem Einkommen»,

also dem Fall, in dem im Jahresabschluß die Kosten die Einnahmen übersteigen, einen Anspruch auf Krankentagegeld versichern. Auch hier sind Künstler besser gestellt als andere Selbständige: Da eine Lohnfortzahlung für Selbständige naturgemäß entfällt, gibt es Krankengeld normalerweise erst ab Beginn der siebten Krankheitswoche. Wenn Sie Mitglied der KSK sind, können Sie Krankengeld gegenüber Ihrer Krankenversicherung jedoch bereits viel früher, nämlich spätestens nach 15 Tagen erhalten. Voraussetzung dafür ist allerdings, daß Sie sich durch einen etwas höheren Beitrag an die KSK Anspruch auf Krankentagegeld gesichert haben.

Gut verdienende Künstler und Publizisten müssen maximal um die 1300 DM monatlich als Beitrag zahlen, wovon, je nach Krankenkasse, rund 460 DM auf die Kranken- und Pflegeversicherung entfallen, der Rest wird an die Rentenkassen der Bundesversicherung für Angestellte (BfA) gezahlt. Da bei Selbständigen naturgemäß kein festes monatliches Einkommen zugrunde gelegt werden kann, richten sich die Beiträge nach Ihrer eigenen Einkommensschätzung. In der Regel werden Sie jeweils im November eines Jahres von der KSK aufgefordert, Ihre Schätzung für das nächste Jahr abzugeben. Einkommen heißt auch hier: Betriebseinnahmen abzüglich Betriebsausgaben. Sie können die Einschätzung innerhalb des Jahres jederzeit nach oben oder unten korrigieren, allerdings nicht rückwirkend. Gegenüber den Selbständigen, die freiwillig Mitglied einer gesetzlichen Krankenkasse sind, haben Sie damit als Mitglied der KSK den Vorteil, Ihren Beitrag von vornherein niedrig anzusetzen, statt ihn erst mit dem Nachweis niedrigerer Einnahmen senken zu können.

Achtung: Die Selbsteinschätzung des Einkommens mag Sie vielleicht dazu verführen, Ihr Einkommen möglichst niedrig anzusetzen, um Ihre Beiträge so niedrig wie möglich zu halten. Doch Ihre niedrigen Beiträge wirken sich nicht nur auf Ihren Krankengeldanspruch, sondern vor allem auf Ihre spätere Rente aus der gesetzlichen Rentenversicherung aus. Deshalb sollten Sie bei Ihrer Schätzung so realistisch wie möglich vorgehen.

Ihre Mitgliedschaft in der KSK bedeutet nicht, daß Sie Ihre bisherige Krankenkasse wechseln können. Auch wenn Sie Ihre Beiträge an die KSK zahlen, ist Ihre Krankenversicherung weiter für alles zuständig, was mit Versorgungsleistungen zu tun hat, also die üblichen Behandlungskosten und Ihr Krankentagegeld. Das gleiche gilt auch für Ihre Rentenansprüche gegenüber der BfA.

Wie ein ganz normaler Arbeitnehmer können Sie sich auch in der KSK von der Krankenversicherungspflicht befreien lassen: wenn Ihr Jahreseinkommen in den letzten drei Jahren über der Beitragsbemessungsgrenze zur Krankenversicherung (6300 DM monatlich, also 75 600 DM im Jahr) lag (Stand 1998). Die Befreiung muß beantragt werden und ist nicht wieder rückgängig zu machen! Auch Berufsanfänger haben ein Befreiungsrecht, können sich aber fünf Jahre nach Aufnahme der Tätigkeit für einen (Wieder-)Eintritt in die gesetzliche Krankenkasse entscheiden.

Tip: Wenn Sie privat krankenversichert sind, haben Sie bei Eintritt in die KSK ein außerordentliches Kündigungsrecht gegenüber Ihrer privaten Kasse und können damit wieder in die gesetzliche Krankenversicherung wechseln. Dies ist eines der letzten bestehenden Schlupflöcher, die einen Rückwechsel ermöglichen! Im Rahmen der gesetzlichen Krankenversicherung können Sie zum Beispiel Familienmitglieder ohne eigenes Einkommen kostenfrei mitversichern. Wenn sich also Ihre Familiensituation ändern sollte oder Sie kein Geld übrig haben, um eine zusätzliche Vorsorge für die im Alter steigenden Beiträge einer privaten Krankenversicherung zu bilden, sollten Sie nach Möglichkeit von diesem Schlupfloch Gebrauch machen.

Die KSK gewährt denjenigen, die von der Krankenversicherungspflicht befreit sind, auf Antrag einen Zuschuß zur privaten Kranken- und Pflegeversicherung. Die Höhe dieses Zuschusses entspricht dem Anteil, den die KSK bei einer entsprechenden Pflichtversicherung an die gesetzliche Krankenkasse zahlen müßte.

Manche Angaben, welche die KSK von Ihnen fordert, können nur schwer nachgeprüft werden. Das bedeutet aber nicht, daß die KSK grundsätzlich keine Prüfungen vornehmen würde! Wenn Sie Ihrer Meldepflicht nicht nachkommen und die verlangten Auskünfte vorsätzlich oder fahrlässig nicht richtig oder vollständig erteilen, begehen Sie damit eine Ordnungswidrigkeit, die mit einer Geldbuße von bis zu 5000 DM geahndet werden kann.

Tip: Die Mitgliedschaft in der KSK kann für Sie noch ganz andere Vorteile bringen: Wenn Sie sich zum Beispiel mit einem handwerklichen Beruf selbständig machen wollen, benötigen Sie dazu in der Regel eine Zulassung der jeweiligen Handwerkskammer. Dies setzt meist voraus, daß Sie die Meisterprüfung im jeweiligen Handwerk abgelegt haben. Ihre Mitgliedschaft in der KSK kann jedoch ein Indiz dafür sein, daß Sie Ihrer handwerklichen Tätigkeit aus vorwiegend künstlerischen Motiven nachgehen. So ist zum Beispiel eine Meisterprüfung erforderlich, wenn Sie sich mit einer Maßschneiderei niederlassen wollen. Wenn Sie hingegen Theaterkostüme anfertigen, benötigen Sie keinen Meisterbrief. Auch für Gewerbetreibende, die zwar wissenschaftlich arbeiten, denen aber der für die Niederlassung notwendige Nachweis einer akademischen Ausbildung fehlt und die deshalb nicht als Freiberufler anerkannt werden, kann die KSK-Mitgliedschaft wichtiges Kriterium sein, um die steuerlich günstige Anerkennung als Freiberufler zu erwirken. Bevor Sie sich also langwierig mit der Handwerkskammer oder dem Finanzamt auseinandersetzen, um Ihren gewerberechtlichen Status zu regeln, sollten Sie zunächst versuchen, ob Sie nicht von der KSK als Künstler anerkannt werden.

Um bei der KSK aufgenommen zu werden, müssen Sie zunächst einen Antrag auf Mitgliedschaft stellen. Diesen Antrag richten Sie an die Zentrale der Künstlersozialkasse in Oldenburg; das Aufnahmeformular, die Bedingungen sowie eine erfreulich ausführliche und verständliche Erläuterung zu beidem können Sie dort telefonisch anfordern. Adresse und Telefonnummer finden Sie im Anhang.

In Ihrem Antrag müssen Sie dokumentieren, daß Sie zum berechtigten Kreis der Pflichtversicherten gehören. Dazu finden Sie im Antragsformular viele Punkte, in denen Sie Ihre künstlerische Tätigkeit erläutern sollen. Darüber hinaus müssen Sie weitere Nachweise Ihrer künstlerischen Tätigkeit erbringen. Dies können zum Beispiel Unterlagen über Veröffentlichungen oder Ausstellungen sein, aber auch Bescheinigungen Ihrer Auftraggeber oder entsprechende Vertragskopien, Nachweise über eine (abgeschlossene) künstlerische oder publizistische Ausbildung, Bescheinigungen über die Mitgliedschaft in berufsständischen Interessen- oder Versorgungseinrichtungen, Wertungen von dritter Seite, wie zum Beispiel Kritiken, Preis-Urkunden oder Stipendien und schließlich die Anerkennung der Künstlereigenschaft durch das zuständige Finanzamt.

Selbständige Künstler und Publizisten, die selbst als Arbeitgeber fungieren, haben es hingegen schwerer: Sie gelten nicht im geforderten Maß als schutzbedürftig und unterliegen von daher nicht der Versicherungspflicht. Das gilt für alle Künstler und Publizisten, die mehr als eine Vollzeitarbeitskraft beschäftigen. Diese Vollzeitkraft kann zum Beispiel eine Sekretärin oder eine Raumpflegerin sein. Auszubildende oder «geringfügig Beschäftigte», die weniger als 630 DM im Monat erhalten, werden dabei allerdings nicht berücksichtigt.

Probleme können auch dann auftreten, wenn Sie neben Ihrer künstlerischen noch einer anderen, nichtkünstlerischen selbständigen Tätigkeit nachgehen. Sobald Sie mit dieser Tätigkeit mehr als nur geringfügige Einnahmen erzielen, also mehr als umgerechnet 630 DM pro Monat im Kalenderjahr erwirtschaften, können Sie sich nicht mehr über die KSK versichern. Wenn Sie also zum Beispiel neben Ihrer künstlerischen Tätigkeit als Schriftsteller nebenher noch als Kurierfahrer arbeiten und mit dieser Tätigkeit etwa 700 DM im Monat dazuverdienen, unterliegen Sie damit nicht mehr der Versicherungspflicht in der KSK.

Achtung: Sie sind verpflichtet, die KSK ohne besondere Aufforderung über alle Veränderungen Ihrer Tätigkeit und Ihrer Einkommenssituation zu unterrichten. Kommen Sie dieser Pflicht nicht nach, begehen Sie damit eine Ordnungswidrigkeit, die mit erheblichen Bußgeldern geahndet werden kann.

Fazit: Die Künstlersozialkasse soll die soziale Absicherung von Künstlern und Publizisten verbessern. Sie erfüllt für diesen ansonsten selbständig tätigen Personenkreis quasi die Funktion eines Arbeitgebers, der die Hälfte der Beiträge zur gesetzlichen Kranken- und Rentenversicherung übernimmt. Ein Wechsel der Krankenkasse ist nicht erforderlich; die Rentenbeiträge werden an die BfA gezahlt. Wer sich in der KSK versichern kann, wird auf Antrag von der KSK entschieden, die sich dabei nach Ihrer Satzung und gesetzlichen Bestimmungen richtet. Über die Mitgliedschaft in der KSK ist der Wechsel zurück in das gesetzliche Krankenversicherungssystem möglich. Die Vorteile der Mitgliedschaft sind niedrige Beiträge und besondere Leistungen zum Beispiel beim Krankengeld. Besonders Berufsanfänger sollten prüfen, ob sie Mitglied der KSK werden können.

Checkliste 7: Kann ich Mitglied der KSK werden?

	Ja	Nein
Übe ich einen der in Tabelle 4 aufgeführten Berufe aus oder ist mein Beruf mit einem der dort beschriebenen vergleichbar?		
Macht meine künstlerische Tätigkeit den Hauptanteil meiner Tätigkeiten aus?		
Übe ich die künstlerische Tätigkeit vorwiegend im Inland und länger als nur vorübergehend aus?		
Übe ich andere Tätigkeiten aus, die zu mehr als nur geringfügigen Einkünften führen?		
Beschäftige ich mehr als nur eine Vollzeitkraft?		
Kann ich meine künstlerische Tätigkeit dokumentieren und im geforderten Rahmen Nachweise erbringen?		

Vorsorgestrategien und Altersvorsorge

Wenn man Selbständige nach den Vorteilen ihrer freiberuflichen Tätigkeit befragt, rangiert vor allem ein Aspekt weit oben: die Befreiung von der Pflicht, in die gesetzliche Rentenversicherung einzuzahlen. In der Tat kann keiner dieser Pflicht entgehen, der angestellt tätig ist und mehr als 630 DM im Monat verdient. Die Solidarität der Einzahler mit den Rentnern ist per Gesetz vorgeschrieben. Die gesetzliche Verpflichtung zur Beitragszahlung hat aber auch ihre Vorteile, denn umgekehrt haben Beitragszahler auch einen gesetzlichen Anspruch auf Leistungen aus der staatlichen Rentenversicherung.

Nach jetziger Gesetzeslage sind Selbständige von der Beitragspflicht zur Rentenversicherung befreit. Die Situation der öffentlichen Haushalte, zu denen auch die Rentenkasse gehört, läßt immer wieder Politiker aus allen Fraktionen laut darüber nachdenken, die Beitragspflicht auch auf Freiberufler und Selbständige auszudehnen. Eine ernstzunehmende Gesetzesinitiative ist aus solchen Überlegungen bisher allerdings noch nicht hervorgegangen. Und sie ist für die nächste Zeit auch nicht zu erwarten, denn eine Beitragspflicht für Selbständige würde viele Existenzgründungsvorhaben derzeit wohl im Keim ersticken. Unabhängig davon haben aber Selbständige schon jetzt die Möglichkeit, freiwillig Beiträge in die gesetzliche Rentenversicherung einzuzahlen.

Die Freiheit, die Selbständige bei der Wahl Ihres Rentensystems gegenüber Angestellten genießen, bringt naturgemäß entsprechend auch mehr Verantwortung mit sich. Mit der Befreiung von der Beitragspflicht zur gesetzlichen Rentenversicherung legt der Staat die Sorge um Ihre finanzielle Absicherung im Alter allein in Ihre Hände. Es bleibt also einiges zu tun, bevor auch Sie sich entspannt zurücklehnen können, um den Dingen Ihren Lauf zu lassen.

Gerade am Beginn einer freiberuflichen Tätigkeit ist Geld oft ein knappes Gut. Deshalb lautet die Devise meist, zunächst alle regelmäßigen, laufenden Kosten so gering wie möglich zu halten, um sich überhaupt erst einmal freischwimmen zu können. Und da jeder Pfennig jetzt gebraucht wird, legt man ihn nur ungern für später zurück. Bis zum Ruhestand ist es schließlich noch weit hin, und später, wenn die Geschäfte laufen, könnte man zum Ausgleich ja entsprechend mehr in seine Altersvorsorge investieren.

So verständlich diese Haltung ist, so unangenehm können die Folgen sein. Denn es ist nicht allein so, daß für eine adäquate Vorsorge mit zunehmendem Alter immer mehr Geld aufgewendet werden muß. Wer das Thema Altersvorsorge auf die lange Bank schiebt, riskiert, einige Türen zuzuschlagen, die sich später gar nicht mehr oder nur noch mit großem Kraft- und Geldeinsatz öffnen lassen.

Daher sollte die Frage, ob Sie schon jetzt Geld für Ihre Altersvorsorge ausgeben oder nicht, im Bewußtsein ihrer Tragweite von Ihnen entschieden werden. Das setzt voraus, daß Sie Vorteile und Risiken gegeneinander abwägen. Der kühle Kopf ist in dieser Angelegenheit besonders wichtig, denn die aggressive Werbung vieler Anbieter privater Vorsorgesysteme zielt oft darauf ab, Sie in Panik zu versetzen und so zu einem schnellen Abschluß zu drängen. Dabei wissen die geschulten Berater sehr genau, daß sie bei den meisten Selbständigen auf das schlechte Gewissen zählen können, bisher nicht ausreichend fürs Alter vorgesorgt zu haben.

Achtung: Lassen Sie sich auch bei dieser Entscheidung von niemandem unter Druck setzen. Versicherungsberater erhalten Ihre Adresse oft von Ihrem Berufsverband, der Handwerks- oder der Handelskammer. Dadurch geben sie sich gern den Anschein, Sie in Zusammenarbeit mit diesen Organisationen beraten zu wollen. Dahinter stecken aber Versicherungskonzerne oder Vermittlungsagenturen, die vorrangig Geld an Ihnen verdienen wollen. Manche

Vertriebsfirmen haben ihre Berater auch darauf geschult, Freunde, Nachbarn und Bekannte in ihrem direkten Umfeld anzusprechen. Hinter einem gutgemeinten Ratschlag steckt also oft ein schlau angebahntes Geschäft.

In den folgenden Kapiteln wollen wir Sie mit dem Wissen ausstatten, das Sie brauchen, um Ihre Bedarfssituation selbst einzuschätzen und aktiv eine eigene Strategie für Ihre Altersvorsorge aufzubauen. Und um den oft eher verkaufspsychologisch als fachlich geschulten Beratern und Vermittlern selbstbewußt entgegenzutreten.

1. Absichern geht vor Altersvorsorge: Versicherungen und Rücklagen

Ihre Vorsorgestrategie beginnt nicht mit der Frage, wie Sie Ihre finanzielle Unabhängigkeit für den Ruhestand sichern. Schon lange bevor Sie das Alter erreichen, mit dem Sie sich zur Ruhe setzen wollen, kann Ihnen etwas zustoßen, das mit Ihrer Lebensplanung auch Ihre Pläne für die Altersvorsorge zunichte macht. Zum Beispiel kann ein Unfall oder eine Krankheit mit Ihrer Lebensplanung auch Ihre Altersvorsorge ins Wanken bringen. Und eine noch so rentable Geldanlage nützt Ihnen wenig, wenn Sie bis zu Ihrer Auszahlung im Alter von beispielsweise 65 Jahren am Existenzminimum leben müssen.

Grundsätzlich gilt die Regel: Absicherung geht vor Altersvorsorge. Das betrifft nicht nur den Fall einer Berufsunfähigkeit. Im ersten Schritt gilt es also, die existentiellen Risiken abzusichern – zum Beispiel auch durch eine private Haftpflichtversicherung. Erst wenn dieser Schritt getan ist, wissen Sie auch, wieviel Geld Sie noch übrig haben, um es in Ihre Altersvorsorge zu investieren.

Welche Versicherungen sinnvoll und welche zwingend notwendig sind, können Sie im Zweifel noch einmal im Kapitel «Der notwendige Versicherungschutz» nachlesen.

Nachdem Sie bei der Risikovorsorge ausreichend gesichert sind, sollten Sie auch Ihre Liquiditätsreserven prüfen. Gegen manche Risiken kann oder muß man sich nicht versichern, da die Kosten in keinem Verhältnis zum Risiko stehen. Für solche Fälle sollten Sie aber über ein finanzielles Polster verfügen, um den Wechselfällen des Lebens gelassen entgegensehen zu können.

In welcher Höhe Sie eine solche Liquiditätsreserve «auf der hohen Kante» behalten, hängt von Ihrer Einschätzung der Risiken, Ihrem Dispositionsrahmen auf dem Girokonto und Ihrem Pessimismus ab. Eine private Rücklage, die ausreicht, eine aufwendige Autoreparatur zu bezahlen oder im Interesse des Familienfriedens die defekte Geschirrspülmaschine durch eine neue zu ersetzen, ohne dafür den Dispo Ihres Girokontos bis zum Anschlag zu strapazieren, sollte obligatorisch sein. Viel wichtiger ist es jedoch, über eine geschäftliche Reserve zu verfügen, die es Ihnen ermöglicht, sich auch in Krisensituationen eine Zeitlang über Wasser zu halten. Wenn Auftragsflaute herrscht oder Sie ein Projekt an Land gezogen haben, das Ihnen sofort eine Menge Arbeit, aber erst später Geld einbringt, brauchen Sie eine Rücklage, von der Sie in der Zwischenzeit leben können.

Hier eine Summe zu nennen ist nur schwer möglich. Wieviel Sie für Ihren Lebensunterhalt benötigen, hängt ganz von Ihrem Lebensstil und von Ihren Lebensumständen ab. Um zu ermitteln, wie dick Ihr Polster mindestens sein muß, sollten Sie auf die von Ihnen im Kapitel «Haushalts-Check» ermittelten, regelmäßigen monatlichen Ausgaben zurückgreifen.

Anhand Ihres so ermittelten monatlichen Kostenrahmens können Sie festlegen, wie hoch die minimale Reserve sein muß, die Sie aufbauen sollten. Dabei sollte das Ziel sein, langfristig eine Rücklage zu bilden, aus der Sie Ihren Lebensunterhalt zur Not drei Monate lang bestreiten können.

Kaum ein Freiberufler wird sofort zu Beginn seiner Tätigkeit über eine Rücklage in dieser Höhe verfügen können. Ihr schrittweiser Aufbau ist also meist Ihr erstes Sparziel. Die Übersicht über Ihre monatlichen Kosten in Checkliste 1 können Sie auch zur Ermittlung des Betrags nutzen, den Sie regelmäßig in den Aufbau Ihrer Vorsorge investieren können.

Wenn sich Ihre monatlichen Einnahmen auf einem gleichmäßigen Niveau halten, können Sie diese einfach den ermittelten Monatsausgaben gegenüberstellen. Die Differenz, die hoffentlich positiv ausfällt, stellt den Betrag dar, den Sie für den Aufbau Ihrer Vorsorge zur Verfügung haben. Als Abzüge von diesem Betrag müssen Sie allerdings noch Rücklagen für andere Zwecke, also zum Beispiel die Anschaffung eines neuen Autos oder die nächste Urlaubsreise, abziehen. Der jetzt noch verbleibende Betrag steht Ihnen zunächst für den Aufbau Ihrer Liquiditätsreserve und später den Ihrer Altersversorgung zur Verfügung. Oft fließen die Einnahmen von Freiberuflern aber alles andere als regelmäßig. Hier muß dann noch klüger gewirtschaftet werden: Besonders große Einnahmen müssen auf längere Ausgabenphasen verteilt werden.

In beiden Fällen empfiehlt es sich, Sparbeträge zunächst an einer Stelle zu sammeln, an der sie notfalls schnell verfügbar sind. Als solche Pufferstationen sind zum Beispiel Sparbücher mit gesetzlicher Kündigungsfrist gut geeignet. Zwar sind Sparbücher nach dem Sparstrumpf im Kleiderschrank die Anlageform mit der schlechtesten Verzinsung, denn durch die niedrigen Sparzinsen wird oft nicht einmal die Geldentwertung durch die Inflation ausgeglichen. Auf der anderen Seite erhalten Sie zum Beispiel auf einem Girokonto nur in Ausnahmefällen auch Guthabenzinsen. Und gegenüber anderen Sparformen hat ein Sparbuch den Vorteil, daß Sie selbst bestimmen können, wann Sie welche Beträge zurücklegen wollen. Und bei einem Sparbuch mit gesetzlicher Kündigungsfrist können Sie binnen eines Kalendermonats bis zu 3000 DM abheben, also zum Beispiel 3000 DM am Ende des einen und noch einmal 3000 DM gleich zu Anfang des anderen Monats. Wenn Sie mehr Geld abheben wollen, müssen Sie das Sparbuch kündigen oder zumindest eine Teilkündigung über die gewünschte Summe aussprechen. In diesem Fall kommt dann die «gesetzliche Kündigungsfrist» zum Tragen: Bis Sie Ihr Geld nach einer Kündigung ausbezahlt erhalten, müssen Sie drei Monate warten. Doch dies gilt, wie gesagt, nur für Beträge über 3000 DM pro Kalendermonat.

Sparbücher sind damit die flexibelste Geldanlage für kleinere Beträge. Zwar verlocken regelmäßige Einnahmen dazu, einen oft wesentlich besser verzinsten Ratensparvertrag abzuschließen. Bei Ratensparverträgen vereinbaren Sie mit einer Bank oder Sparkasse eine feste regelmäßige Sparrate und einen Zeitraum, über den diese Rate eingezahlt wird. Für diese Einzahlungs- und Anlagegarantie erhalten Sie von der Bank oder Sparkasse einen erhöhten Sparzins. Mitunter werden Sparverträge auch mit besonderen Prämien garniert, die Sie für langes Durchhalten belohnen.

Der große Nachteil dieser Sparverträge ist, daß Sie nicht ohne weiteres über das von Ihnen bereits eingezahlte Geld verfügen können. Sparverträge sind mit Kündigungsfristen zwischen sechs Monaten und vier Jahren ausgestattet. Und bei vorzeitiger Auflösung eines Sparvertrages haben Sie meist ein schlechtes Geschäft gemacht. Denn die attraktive Verzinsung von Sparverträgen kommt meist durch Staffelzinsen oder Durchhalteprämien zustande, die sich erst zum Ende der vereinbarten Laufzeit auf Ihre Spargewinne auswirkt. Bei vorzeitiger Auflösung liegen die Sparerträge mitunter sogar unter denen, die Sie mit einem «normalen» Sparbuch erzielt hätten.

Durch die schlechte Verzinsung sind Sparbücher allerdings nicht dafür geeignet, Geldbeträge über 3000 DM für längere Zeit gewinnbringend anzulegen. Sollten Sie zum Beispiel in der Checkliste 1 ermittelt haben, daß Sie monatlich einen Betrag von 2500 DM für den Lebensunterhalt benötigen, und haben Sie sich darüber hinaus entschieden, eine Rücklage zu bilden, die Sie zur Not drei Monate über Wasser hält, ist ein Sparbuch ganz bestimmt nicht die richtige Form, um den Gesamtbetrag von 7500 DM zu deponieren.

Auch höhere Beträge lassen sich flexibel anlegen, ohne daß Sie dabei auf eine zumindest respektable Verzinsung verzichten müssen. Für ein Liquiditätspolster sind dabei zum Beispiel Termingelder oder Bundesschatzbriefe geeignet.

Termingelder, die auch «Festgelder» genannt werden, können Sie bei Ihrer Bank oder Sparkasse mit verschiedenen Laufzeiten vereinbaren. Dazu wird ein gesondertes Konto eingerichtet. Zu Beginn der vereinbarten Laufzeit wird die vereinbarte Summe auf dieses Konto eingezahlt. Ist die vereinbarte Zeit abgelaufen, also der Termin der Auszahlung erreicht, wird Ihnen der eingezahlte Betrag zuzüglich der verdienten Zinsen zurücküberwiesen, also zum Beispiel Ihrem Girokonto gutgeschrieben. In der Regel benachrichtigt Sie Ihr Kreditinstitut noch einmal von der bevorstehenden Auszahlung. Dann können Sie entscheiden, ob Sie das Konto auflösen oder das Geld zu einem neuen Zinssatz wieder für den vereinbarten Zeitraum neu anlegen wollen.

Termingelder gibt es als Tages-, Monats-, Vierteljahres- oder Jahresgelder. Je höher der Geldbetrag ist und je länger Sie ihn festschreiben wollen, desto bessere Zinsen werden Sie erreichen. Dabei wird der Vergleich verschiedener Anbieter bei Summen ab 20 000 DM besonders interessant, denn bei Termingeldern haben die Kreditinstitute, anders als bei Sparbüchern oder Sparverträgen, Spielräume bei der Gestaltung der Zinsen. Sie sollten mit einem guten Angebot in der Tasche durchaus einmal auch mit einem Konkurrenzinstitut verhandeln, ob Ihnen dort nicht bessere Zinsen geboten werden. Und wenn Sie dieses Angebot dann wieder Ihrer Hausbank vorlegen, hat diese oft großes Interesse, Sie nicht als Kunden zu verlieren, und wird versuchen, dieses Angebot wiederum zu überbieten. Und wenn Sie mit Ihrem Termingeld einmal «fremdgehen», müssen Sie deshalb nicht gleich auch Ihre Girokonto wechseln. Demonstrieren Sie Ihrer Hausbank auf diese Weise, daß auch Sie als Kunde flexibel sind. Mitunter bedarf es nur der richtigen Motivation, um auch Ihre Bank zu besseren Serviceleistungen oder Zinsvorteilen zu bewegen.

Um ein Termingeldkonto einzurichten, müssen Sie zunächst einen Mindestbetrag anlegen. Sobald dieser Mindestbetrag erreicht ist, können Sie Ihr Termingeldkonto oft um beliebige Beträge weiter aufstocken. Da sich mittlerweile auch bei den Banken herumgesprochen hat, daß viele ein Sparbuch nutzen, um einen Grundstock anzusparen, und sich dann auf die Suche nach lukrativeren Anlagen begeben, bieten die meisten Banken und Sparkassen mittlerweile Termingeldkonten schon ab einem Mindestbetrag von 3000 DM an. Interessant werden die Zinsen meist jedoch erst ab einer Anlagesumme von 10 000 DM und einer Laufzeit von drei Monaten.

Ein Nachteil der Termingeldkonten ist, daß Sie vor Ablauf des vereinbarten Termins nicht über Ihr Geld verfügen können. Damit sind diese Gelder weitaus weniger flexibel als ein Sparbuch. Immerhin sind die meisten Kreditinstitute bereit, wenn Sie dort gleichzeitig ein Girokonto und ein Termingeldkonto unterhalten, Ihren Dispositionskredit befristet zu erhöhen. Als Sicherheit dafür haben Sie ja die Gewähr, den Dispositionsrahmen notfalls zum nächstfälligen Termin durch Umbuchung des Termingeldkontos auszugleichen. Ärgerlich bleibt diese Tatsache trotzdem, denn Sie müssen für den vorgestreckten Zeitraum natürlich kräftig Überziehungszinsen bezahlen. Schlauer kann es dann sein, das Liquiditätspolster auf verschiedene Termingeldkonten aufzuteilen:

Beispiel: Herr Schwarz hat sich dafür entschieden, für seinen Betrieb insgesamt 30 000 DM als Liquiditätsreserve anzulegen. Letzten Sommer mußte er feststellen, daß durch die Urlaubszeit eine anhaltende Flaute zu überbrücken war. Von daher ist es ihm lieber, wenn er notfalls über seine monatlichen Reserven verfügen kann. Sein Bankberater bietet ihm an, die 30 000 DM als Monatsgeld anzulegen. Herr Schwarz jedoch ist pfiffig: Er läßt sich vorrechnen, welche Zinsen er im Vergleich erzielen kann, wenn er den Betrag auf drei Vierteljahresgelder mit unterschiedlichen Fälligkeiten aufsplittet. Der Bankberater staunt nicht schlecht, als er selbst ausrechnet, daß Herr Schwarz damit insgesamt bessere Zinserträge erzielen kann als durch Anlage des Gesamtbetrages. Also richtet Herr Schwarz drei Konten für dreimonatliche Termingelder von je 10 000 DM ein: Eines wird zum 31. März, eines zum 30. April und eines zum 31. Mai fällig.

Die Angebote der Kreditinstitute sind nach Anlagebetrag und vereinbarter Laufzeit gestaffelt. Dabei werden zum Beispiel für Beträge zwischen 10000 und 50000 DM bei gleichen Laufzeiten dieselben Zinsen angeboten. Allerdings besteht oft ein Zinssprung zwischen Anlagen mit nur einem gegenüber Anlagen mit drei Monaten Laufzeit. So kann es mitunter in der Tat sinnvoll sein, seinen Anlagebetrag in der Weise von Herrn Schwarz aufzusplitten. Ein solches Splitting lohnt sich in den meisten Fällen allerdings erst ab einer Anlagesumme von jeweils 10000 DM. Und auf jeden Fall sollten Sie in dieser Angelegenheit mit Ihrer Hausbank sprechen und dabei gezielt nach der aktuellen Zinsentwicklung fragen. Denn sollten die Sparzinsen gerade ansteigen, können Sie bei Termingeldern mit einmonatiger Laufzeit schneller vom Zinsanstieg profitieren. Umgekehrt können Sie bei sinkenden Sparzinsen mit dreimonatlichen Termingeldern länger an höheren Zinsen verdienen.

Eine Alternative zu Termingeldern sind zum Beispiel Bundesschatzbriefe. Sie haben gegenüber Festgeld den Vorteil, daß sie an keine Mindestanlagen gebunden sind. Bundesschatzbriefe erhalten Sie für jeden durch 100 teilbaren Betrag (Typ A) oder sogar schon für Beträge ab 50 DM (Typ B). Damit eignen sich Bundesschatzbriefe sogar dafür, schon beim Aufbau des Liquiditätspolsters das Sparbuch zu ersetzen. Wenn Sie auf Ihre Anlage zurückgreifen müssen, können Sie Ihre Schatzbriefe in Teilbeträgen bis zu monatlich höchstens 10000 DM wieder zum garantierten Nennwert an den Bund verkaufen. Allerdings steht Ihnen diese Option erst nach einem Jahr Laufzeit offen. Vor Ablauf dieses Jahres können Sie Bundespapiere nur auf dem Wertpapiermarkt veräußern, was mit einem Kursrisiko verbunden ist. Sind die Zinsen seit Ankauf Ihrer Wertpapiere gestiegen, werden Sie die Briefe nur zu einem geringeren Preis als dem Nennwert verkaufen können. Über die Geldanlage in Wertpapieren allgemein und zu den Risiken von Kursschwankungen erfahren Sie mehr im Abschnitt «Wertpapiere».

Bundesschatzbriefe haben eine Laufzeit von sieben Jahren. Nach Ablauf der sieben Jahre erhalten Sie vom Bund garantiert wieder den Betrag ausbezahlt, den Sie für den Ankauf der Papiere aufgewendet haben. Dazu erhalten Sie Zinsen, deren Höhe bei Ausgabe des Wertpapiers durch den Bund als Festzinssatz festgelegt wird. Diese Zinsen werden beim Bundesschatzbrief Typ A jährlich zu einem festgelegten Stichtag ausbezahlt. Beim Bundesschatzbrief Typ B verzichten Sie auf eine sofortige Auszahlung der Zinsen. Die anfallenden Zinsen werden Ihrem Guthaben auf dem Wertpapierkonto aufgeschlagen und künftig wieder mitverzinst. Diesen Vorgang nennt man «Thesaurierung» und solche Wertpapiere entsprechend «thesaurierende Wertpapiere». Erst mit Ablauf des Schatzbriefes nach sieben Jahren erhalten Sie die Gesamtsumme aus Zinsen, Zinseszinsen und Nennwert des Schatzbriefes, also den ursprünglichen Ausgabepreis ausgezahlt.

Achtung: Durch thesaurierende Wertpapiere fallen alle Zinserträge in nur einem Steuerjahr an. Dadurch kann es sein, daß Ihre Steuerfreibeträge für Zinseinnahmen (6400 DM für Ledige und 12 800 für Ehepaare) überschritten werden und Sie über diese Beträge hinausgehende Zinseinkünfte versteuern müssen. Durch diese Steuerfalle kann die Rendite, also Ihr effektiver Gesamtgewinn der Anlage, so deutlich vermindert werden, daß andere Anlageformen sinnvoller sind. Sprechen Sie also vor dem Ankauf thesaurierender Wertpapiere auf jeden Fall mit Ihrem Steuerberater!

Für die Verwaltung Ihrer Bundesschatzbriefe brauchen Sie ein Wertpapierkonto. Dieses Konto können Sie theoretisch bei jeder Bank oder Sparkasse einrichten. Diese verlangen für die Einrichtung und Verwaltung dieses Kontos allerdings Gebühren, die zu Lasten Ihrer Rendite gehen. Deshalb sollten Sie sich besser direkt an die Bundesschuldenverwaltung richten: Dort können Sie kostenlos ein Wertpapierkonto für Ihre Bundesschatzbriefe einrichten und ohne weitere Gebühren verwalten. Fordern Sie dazu die schriftlichen Informationen der Bundesschuldenverwaltung an; die Adresse finden Sie im Anhang.

Bundesschatzbriefe haben gegenüber Termingeldkonten den Vorteil, auch in der Verwaltung weniger aufwendig zu sein. Und anders als bei Termingeldern, für die bei Verlängerung immer wieder neue Zinsen vereinbart werden und deren Gewinne deshalb nicht kalkuliert werden können, bieten Bundesschatzbriefe eine solide Festverzinsung, deren Rendite sich gegenüber anderen Anlageformen durchaus nicht verstecken muß. Dadurch eignen sie sich auch über den Aufbau und Erhalt einer Liquiditätsreserve hinaus für langfristige Anlagestrategien, mit denen wir uns in den anschließenden Kapiteln rund um das Thema Altersvorsorge auseinandersetzen werden.

Durch diese Doppelfunktion, die Bundesschatzbriefe sowohl im Rahmen der Liquiditätsvorsorge als auch im Rahmen der Altersvorsorge spielen, werden die Nachteile der einjährigen Kündigungsfrist relativiert. Wenn Sie dabei sind, Ihr Liquiditätspolster erst aufzubauen, sollten Sie zumindest im ersten Jahr nicht allein auf Bundesschatzbriefe setzen. Und um zu vermeiden, daß die Kündigungssperre Sie in sieben Jahren wieder einholt, wenn die ersten Papiere ablaufen und Sie neue dafür erwerben, sollten Sie Ihre Ankäufe auf mehrere Jahre verteilen.

Andere Anlageformen, wie zum Beispiel der Ankauf von Aktien, anderen Wertpapieren oder Fondsmodellen, eignen sich aus mehreren Gründen nicht für eine Geldanlage, die rentabel ist und trotzdem flexiblen Zugriff auf Ihr Sparvermögen erlaubt. Sie werden uns aber ausführlich in den nachfolgenden Kapiteln zur privaten Altersvorsorge beschäftigen.

Fazit: Bevor Sie Ihre langfristige Altersvorsorge angehen, sollten Sie zunächst allen akuten Risiken vorbeugen. Unverzichtbar sind dabei der notwendige Versicherungsschutz durch eine private Haftpflichtversicherung, eine Risikolebensversicherung zur Absicherung Ihrer Familie und eine Berufsunfähigkeitsversicherung.

Ebenso sollte zunächst ein finanzielles Polster vorhanden sein, auf das Sie im Notfall zurückgreifen können, ohne finanzielle Verluste hinnehmen zu müssen. Deshalb kommt der Flexibilität dieser

Geldanlagen mehr Gewicht zu als hohen Renditen, die sich langfristig mit anderen Geldanlagen besser erzielen lassen.

Erst wenn Ihre aktuellen Risiken ausreichend abgesichert sind, sollten Sie darangehen, eine Strategie zur Altersversorgung aufzubauen.

2. Die gesetzliche Rentenversicherung: Für Selbständige kein Thema?

Die Tatsache, daß Sie als Selbständiger nicht der gesetzlichen Rentenversicherungspflicht unterliegen, muß noch nicht bedeuten, daß Sie sich nicht auch mit einigen Fragen der gesetzlichen Rentenversicherung auseinandersetzen sollten. Wenn Sie neben Ihrer freiberuflichen Tätigkeit noch angestellt arbeiten, sollten Sie sich ohnehin mit Ihren daraus entstehenden Ansprüchen an die Rentenversicherung beschäftigen. Und auch dann, wenn Sie vor Ihrer selbständigen Tätigkeit als Angestellter gearbeitet haben, oder wenn Sie in anderem Rahmen, zum Beispiel über die «Künstlersozialkasse», Beiträge in die gesetzliche Rentenversicherung eingezahlt haben, sollten Sie diesen Posten aktiv in Ihre Strategie zur Altersvorsorge einbeziehen. Schließlich besteht auch für Sie als Selbständiger noch die Möglichkeit, freiwillig Beiträge in die gesetzliche Rentenversicherung einzuzahlen.

Das gesetzliche Rentensystem ist heutzutage arg in Verruf geraten. Nicht wenig dazu beigetragen haben die Anbieter privater Vorsorgesysteme, die im Interesse besserer Geschäfte mit Ihrer Kritik an der staatlichen Konkurrenz nicht gerade zurückhaltend waren. Dieser Imageverlust hat dazu geführt, daß heute oft schon mitleidig beäugt wird, wer weiter in die staatliche Rentenkasse einzahlen muß.

In der Tat stellt sich die Situation der staatlichen Rentenkassen nicht gerade rosig dar. Immer weniger Beitragszahler müssen für immer mehr Beitragsbezieher aufkommen. Und ob die Ansprüche aus der gesetzlichen Rentenversicherung allein ein sorgenfreies Leben im Alter garantieren können, muß mittlerweile zu Recht bezweifelt werden.

Zur Ehrenrettung des gesetzlichen Rentensystems muß an dieser Stelle angefügt werden, daß weniger die Veränderung der Altersstruktur unserer Gesellschaft als vielmehr das wenig verantwortungsbewußte Verhalten vieler Politiker zur derzeitigen Krise beigetragen hat. In der Vergangenheit war es kein Einzelfall, daß Politiker Ihre Wahlversprechen nur durch einen großzügigen Griff in die Rentenkassen finanzieren konnten und auf diese Weise finanziert haben. Daß sich das Rentensystem von diesen Eingriffen bis heute nicht erholen konnte, geht vorwiegend auf die anhaltend hohe Arbeitslosenquote und damit den Ausfall einer breiten Masse von Beitragszahlern zurück. Insgesamt läßt sich jedoch festhalten, daß dieses System die Rentner in den letzten fünfzig Jahren trotzdem relativ zuverlässig versorgen konnte. Und der Kreis der Menschen, die Ansprüche aus der gesetzlichen Rentenversicherung geltend machen können, wurde über verschiedene Solidaritätspakte eher ausgeweitet. Ein Beispiel dafür ist der Ausgleich von Kindererziehungszeiten.

All diese Überlegungen sollen Sie nun beileibe nicht dazu verleiten, daß Sie sich entspannt zurücklehnen, sobald Sie Einzahlungen in die staatlichen Rentenkassen leisten oder geleistet haben. Unser Anliegen ist es lediglich, die Debatte um die staatliche Rentenversicherung auf eine sachliche Basis zu stellen und Ihnen so die Gelegenheit zu bieten, sich im folgenden selbst ein Bild über ihre Vorteile und Risiken zu machen. Denn auch wenn viele noch so sehr auf dieses System schimpfen: Das ist noch lange kein Grund, auf Ihre Ansprüche zu verzichten und damit Geld zu verschenken.

Am Anfang steht die Frage, was die gesetzliche Rentenversicherung überhaupt leistet. Sie bietet nicht nur die Versorgung des Versicherten im Ruhestand, im Fall seines Todes haben auch seine Angehörigen Anspruch auf Auszahlung von Versicherungsleistungen. Versicherungsschutz besteht auch für den Fall, daß der Versicherte frühzeitig erwerbsunfähig werden sollte. Allerdings ist die Höhe der Ansprüche unterschiedlich. Sie richtet sich nach den bisher geleisteten Einzahlungen, dem aktuellen Rentenwert, der anhand Ihres Einkommens im Verhältnis zum Durchschnittseinkommen aller Deutschen berechnet wird, und der Rentenart. So werden die Ansprüche des Versicherten im Fall der Altersrente zu 100 Prozent ausgezahlt. Sollte der Versicherte versterben, gehen seine Ansprüche auf den Ehepartner über. Dieser erhält dann allerdings nur einen Teil der Altersrente: Wenn der Ehepartner entweder mindestens 45 Jahre alt ist, ein Kind des Verstorbenen erzieht oder berufs- bzw. erwerbsunfähig ist, erhält er die «große Witwenrente», die 60 Prozent der Altersrente des Versicherten beträgt. Liegt keiner dieser Gründe vor, erhält der Ehepartner mit der «kleinen Witwenrente» immerhin noch 25 Prozent. Bei Erwerbsunfähigkeit erhält der Versicherte 66,67 Prozent seiner Ansprüche, bis er das Pensionsalter erreicht hat. Danach stehen ihm wiederum 100 Prozent Altersrente zu.

Die gesetzliche Rentenversicherung umfaßt also neben der Altersversorgung auch Versicherungsschutz für die Versorgung Hinterbliebener und auch für den Fall der Erwerbsunfähigkeit.

Wichtiger Faktor für die Höhe Ihrer Rente ist die Länge der anerkannten Rentenanspruchsjahre. Diese setzen sich aus drei verschiedenen Arten zusammen: Beitragszeiten (versicherungspflichtig beschäftigt, arbeitslos oder freiwillig versichert), beitragsfreie Zeiten (zum Beispiel Ausbildung, Ersatzzeiten) und Berücksichtigungszeiten. Diese Zeiten müssen Sie gegenüber der Rentenversicherungsanstalt (BfA für Angestelle und die jeweilige LVA für Arbeiter) nachweisen.

Bei Nachweisen für Zivildienst oder Bundeswehr ist das kein großes Problem, weil die zuständigen Institutionen noch existieren und Ihnen notfalls eine neue Bestätigung ausstellen können. Auch Kinder können problemlos mit dem Geburtsschein oder einer Kopie des Personalausweises nachgewiesen werden. Ausbildungszeiten werden mit den Abschlußzeugnissen belegt. Für andere Nachweise, wie die ehrenamtliche Pflege eines Familienangehörigen oder Nachbarn, für die Ihnen unter der Bedingung, daß diese

Pflege rein ehrenamtlich erfolgte und mindestens zehn Wochenstunden in Anspruch nahm, ebenfalls Rentenansprüche angerechnet werden, kann dies schon schwieriger werden. Hier würde zum Beispiel die schriftliche Bestätigung des Gepflegten mit Angaben über den Grund der Pflegebedürftigkeit, die Art der Pflege, Sie als pflegende Person und den von Ihnen betriebenen Zeitaufwand pro Woche weiterhelfen.

Tip: Legen Sie noch heute eine Mappe an, in der Sie alle für die Rente wichtigen Belege und Nachweise einordnen. Ergänzen Sie die Unterlagen durch Notizen, die Sie später an eventuelle Ansprüche auf Anrechnungszeit für Kindererziehung, Pflege, ehrenamtliche Tätigkeiten und ähnliches erinnern. Sammeln Sie auch hierfür Belege. Grundlage für diese Mappe kann die Checkliste 8: **Meine Rentenanspruchszeiten** sein. Fordern Sie zusätzlich das «Merkblatt 2» des Verbandes Deutscher Rentenversicherungsträger (VDR) an, welches Ihnen sehr genaue Hinweise über Ansprüche und Nachweispflichten gibt. Die Adresse dazu finden Sie im Anhang.

Hier noch einmal eine kurze Erläuterung der Begrifflichkeiten, mit denen Sie es bei der Einschätzung Ihrer Rentenansprüche zu tun haben:

Versicherungsjahre: Gezählt wird jeder Monat, in dem Sie unter die gesetzliche Rentenversicherungspflicht gefallen sind oder freiwillig Beiträge in die gesetzliche Rentenversicherung eingezahlt haben. Dabei ist unerheblich, ob eine versicherungspflichtige Tätigkeit zu Beginn, in der Mitte oder ganz am Ende des Monats aufgenommen oder beendet wurde: gezählt wird immer der ganze Monat. Beginnen Sie Ihre Aufstellung mit dem abgeschlossenen 16. Lebensjahr. Die Gesamtsumme der Monate wird schließlich durch 12 geteilt und ergibt so die Zahl der Versicherungsjahre. Diese Zahl muß dabei nicht glatt, sondern kann natürlich auch krumm sein.

Wenn Ihre Pflichtbeiträge, zum Beispiel im Rahmen Ihrer Mitgliedschaft in der Künstlersozialkasse, im Durchschnitt weniger als 75 Prozent der Durchschnittsbeiträge aller Versicherten betragen haben, werden Ihre Ansprüche bis zur Obergrenze von 75 Prozent um die Hälfte erhöht. Voraussetzung dafür ist allerdings, daß Sie mindestens 35 Jahre «Wartezeit» vorweisen können. Als Wartezeit werden Ihnen in der gesetzlichen Rentenversicherung die Zeiten angerechnet, in denen Sie Beiträge geleistet haben, die als Ersatzzeit gelten oder die Ihnen als Kindererziehungszeit angerechnet werden.

Als **beitragsfreie Zeiten** gelten «Ersatzzeiten» und «Anrechnungszeiten».

Ersatzzeiten: Hierbei handelt es sich um Zeiten, in denen der Versicherte keine Beiträge zahlen konnte, weil staatliche Eingriffe in sein Leben ihn daran gehindert haben. Für diese Zeiten erhält der Versicherte einen geregelten Ausgleich vom Staat.

Anrechnungszeiten (= Ausfallzeiten): In diesen Zeiten war der Versicherte aus Gründen wie Krankheit, Arbeitslosigkeit oder Schwangerschaft an der Zahlung der Pflichtbeiträge gehindert. Trotzdem werden diese Zeiten dem Rentenanspruch angerechnet. Eine ausführliche Aufzählung möglicher Gründe für Ausfallzeiten findet sich im Sozialgesetzbuch (§ 252 SBG VI).

Berücksichtigungszeiten: Bis 1991 war es, um überhaupt Ansprüche aus der gesetzlichen Rentenversicherung zu erhalten, notwendig, mindestens die Hälfte des Versicherungslebens Pflichtbeiträge zur Rentenversicherung gezahlt zu haben. Diese Notwendigkeit wurde mit dem Begriff «Halbbelegung» umschrieben. Vor allem für Frauen, die ihr Berufsleben wegen ihrer Kinder unterbrochen oder ganz aufgegeben hatten, war es schwierig, diese Anforderung zu erfüllen. Die Halbbelegung war Voraussetzung dafür, daß auch Zeiten der Arbeitslosigkeit oder Ausbildung als Rentenzeiten anerkannt wurden. Diese Regelung wird seit 1992 durch sogenannte Berücksichtigungszeiten ersetzt. Wichtigstes Beispiel: die Kinderberücksichtigungszeit. Seit 1992 werden bis zu zehn Jahre Kindererziehung anerkannt.

Für Kinder, die ihr 10. Lebensjahr nach dem 1.1.1992 erreicht haben, gilt die Nachweispflicht: Sie müssen eine Kopie der Geburtsurkunde bei der Rentenversicherung einreichen. Allerdings sind dies keine Beitragszeiten: Lediglich die Bewertung der Beitragszeiten wird beeinflußt. Außerdem werden Kinderberücksichtigungszeiten auf Ihre Wartezeit angerechnet. Nicht zu verwechseln sind dabei Kinderberücksichtigungszeiten und Kindererziehungszeiten. Kindererziehungszeiten werden als Beitragszeiten anerkannt und für Kinder, die seit dem 1.1.1992 geboren wurden, drei Jahre, für zuvor geborene ein Jahr lang mit 75 Prozent der Durchschnittseinzahlungen aller Versicherten auf Ihren Rentenanspruch angerechnet. Die Mutter wird behandelt, als ob sie in dieser Zeit versicherungspflichtig war. Zur Zeit steigert ein Erziehungsjahr die Rente in der Regel um monatlich 35 DM. Bei Anrechnung von drei Erziehungsjahren pro Kind bedeutet dies eine Rentensteigerung um mehr als 100 DM im Monat.

Achtung: Was auch für selbständig tätige Frauen interessant ist: Schon durch Anrechnung der Ausbildungszeit mit drei Jahren und der Kindererziehungszeit mit weiteren drei Jahren haben Sie die Mindestvoraussetzungen für Leistungen aus der gesetzlichen Rentenversicherung erfüllt. Auch wenn diese Ansprüche im Rahmen Ihrer Vorsorgestrategie kaum ins Gewicht fallen dürften, sollten Sie dieses monatliche Taschengeld später nicht verschenken, sondern Ihre Ansprüche gegenüber der gesetzlichen Rentenversicherung anmelden!

Beispiel: Frau Weiß hat vor 1992, aber nach Ihrer Ausbildungszeit, zwei Kinder bekommen und zusätzlich fünf Jahre versicherungspflichtig gearbeitet. Sie war nach dem 16. Lebensjahr drei Jahre in der Lehre und zwei Jahre auf der höheren Handelsschule. Während des ersten Lebensjahres Ihres ersten Kindes hat Sie weiter gearbeitet, drei Jahre später, nach der Geburt Ihres zweiten Kindes, war Sie nur noch freiberuflich von zu Hause aus tätig. Damit gilt für Sie die folgende Tabelle:

Tabelle 5: Beispiel zu Rentenzeiten

Anrechnungsart	Tätigkeit/Rentenart	Wartezeit
Beitragszeiten	Berufstätigkeit	5
Anrechnungs-zeiten	Kindererziehungszeit	1 (für das erste Kind gilt der höhere Wert der Berufstätigkeit)
	Ausbildungszeit Lehre	3
	Ausbildungszeit Handelsschule	2
Berücksichti-gungszeiten	Kinderberücksichti-gungszeiten	nach Wegfall der versiche-rungspflichtigen Berufs-tätigkeit bis zum 10. Ge-burtstag des zweiten Kindes = 10
Wartezeit insgesamt		22

Wenn beide Kinder nach 1992 geboren wären, würden Frau Weiß für das zweite Kind drei Jahre Kindererziehungszeit angerechnet werden. Für das erste Kind würde sich dagegen nichts ändern, da sie hier die gesamte, sonst angerechnete Zeit über berufstätig war und ihr Verdienst über 75 Prozent des Durchschnittsverdienstes lag. Angerechnet werden dann die Beitragszeiten, die einen höhe-ren Anspruch begründen.

Fazit: Ihre Rente erhöht sich nicht nur in den Jahren, in denen Sie regulär gearbeitet und eingezahlt haben. Auch Zeiten der Arbeits-losigkeit, Schwangerschaft, Krankheit, ehrenamtlichen Pflege, des Wehrdienstes, Zivildienstes, Kriegseinsatzes oder der Erziehung von Kindern gelten. Meistens werden Belege für diese Zeiten auto-matisch vom Arbeitgeber oder Arbeitsamt an die Rentenkasse wei-tergegeben. Trotzdem sollten Sie in Ihren Rentenbelegen überprü-fen, ob alle Zeiten enthalten sind. In den folgenden Fällen müssen Sie selbständig Belege bei Ihrer Rentenkasse einbringen: bei Arbeitslosigkeit vor dem 1.7.1978, ehrenamtlicher Pflege mit einem Aufwand von über zehn Wochenstunden und der Geburt von Kindern.

Im folgenden haben wir für Sie eine Checkliste zusammengestellt, mit der Sie überprüfen können, ob Sie alle rentenrechtlichen Zeiten berücksichtigt und die Belege entsprechend zusammengestellt haben.

Checkliste 8: Meine Rentenanspruchszeiten

Art der Anrechnungszeit	Merkpunkte (zum Beispiel: «Schulzeit» oder «Erziehung»)	Zeitraum (von – bis)	Anrechnungs- monate
Beitragszeiten			
Zivildienst oder Bundeswehr			
versicherungspflichtige Beschäftigung			
freiwillige Beiträge			
insgesamt:			
Anrechnungszeiten (= beitragsfreie Zeiten)			
Kindererziehung			
Krankheit/Arbeitsunfähigkeit			
Schwangerschaft			
Arbeitslosigkeit			
Lehrzeiten			
Schulzeiten			
Rentenbezugszeiten vor dem 55. Lebensjahr, die wieder wegge- fallen sind (Berufsunfähigkeit etc.)			
insgesamt:			

Ersatzzeiten			
(= beitragsfreie Zeiten; zum Beispiel durch Kriegsgefangenschaft)			
insgesamt:			
Berücksichtigungszeiten			
Pflege			
Kinder			
Insgesamt:			
Anrechnungsmonate insgesamt:			

Wie viele Anerkennungsjahre notwendig sind, um einen Rentenanspruch geltend machen zu können, richtet sich nach der Art der Rente. Für die Berufs- oder Erwerbsunfähigkeitsrente, die Witwen- oder Witwerrente sowie für die Vollwaisen- und Halbwaisenrente sind 60 Monate, also fünf Jahre Wartezeit notwendig. Als Wartezeit werden hier alle Beitragszeiten, Ersatzzeiten und Kindererziehungszeiten gewertet. Die Kinderberücksichtigungszeiten, also die Jahre zwischen der Geburt des Kindes und seinem 10. Geburtstag, werden hier nicht angerechnet. Sie zählen nur bei der Wartezeit für die Altersrente. Die zur Pflichtbeitragszeit zählende Kindererziehungszeit von drei Jahren wird aber voll berücksichtigt.

Für die normale Altersrente werden auch nur fünf Jahre Wartezeiten benötigt. Allerdings zählen hier nur Beitrags- und Ersatz-, aber keine Berücksichtigungszeiten. Eine Mutter von zwei Kindern, die beide nach 1992 geboren sind, hat so automatisch mit dem 65. Lebensjahr Anspruch auf Altersrente, da jedes Kind mit drei Anrechnungsjahren gewertet wird. Dabei ist es für den Anspruch unbedeutend, ob die Erziehung der Kinder parallel oder nacheinander stattfand.

Tip: Zum Teil ist es möglich, freiwillige Beitragszahlungen zu leisten. Informationen darüber, wie Sie solche Nachzahlungen vornehmen können, erhalten Sie bei Ihrem Versicherungsträger, also in der Regel bei der BfA. Die Anschrift finden Sie im Anhang. Wer nur ein Kind hat und nicht versicherungspflichtig gearbeitet hat, sollte die Mindestversicherungszeit von fünf Jahren durch den freiwilligen Mindestbetrag auffüllen. Diese Mindestversicherungszeit ist Voraussetzung dafür, überhaupt einen Rentenanspruch aus der gesetzlichen Rentenversicherung zu erlangen.

Um die Berechnung des Rentenalters zukünftig noch etwas komplizierter zu gestalten, gibt es ab 2001 noch einen weiteren Faktor: den Zugangsfaktor. Dieser ist allerdings für Sie nur von Bedeutung, wenn Sie überlegen, ob Sie kürzer oder länger als bis zur Vollendung des 65. Lebensjahres arbeiten wollen. Für jeden Monat, welchen Sie vor Ihrem 65. Geburtstag in Rente gehen wollen, müssen Sie dann einen Abschlag von 0,3 Prozent Ihrer Rentenbezüge hinnehmen. Für jeden Monat, den Sie länger arbeiten, erhalten Sie einen Aufschlag von 0,5 Prozent zu Ihrer zukünftigen monatlichen Rente. Während die erstere Regelung erst im Jahr 2001 eingeführt wird, gilt die letztere bereits seit 1992.

Entscheiden Sie sich als Selbständiger für die gesetzliche Rentenversicherung, müssen Sie überlegen, ob Sie sich freiwillig versichern oder einen Antrag auf Pflichtversicherung stellen möchten.

Pflichtversicherung auf Antrag: Selbständige können innerhalb von fünf Jahren nach Beginn der Selbständigkeit einen Antrag auf Pflichtversicherung über die gesetzliche Rentenkasse stellen. Dabei wird für die Einzahlungen zunächst der sogenannte Regelbeitrag festgelegt. Dieser Beitragssatz bemißt sich an einer festgesetzten Bezugsgröße, die derzeit in den alten Bundesländern 3920 DM und in den neuen Bundesländern 3080 DM pro Monat beträgt. Danach wäre ein monatlicher Beitrag von 752,64 DM im Westen und 591,36 DM im Osten zu entrichten. Diese Beiträge gelten automatisch, wenn Sie als Selbständiger keinen Einkommensnachweis vorlegen.

Wenn Sie mehr oder weniger Geld in die Rentenkasse einzahlen wollen, müssen Sie entsprechende Einkommensnachweise beibringen. Beenden können Sie diese Pflichtversicherung übrigens nur bei Aufgabe der selbständigen Tätigkeit oder Übergang in ein berufsständisches Versorgungswerk, also zum Beispiel die Rentenkasse Ihres Berufsstands: Was die spätere Versorgung im Alter angeht, sind Sie als pflichtversicherter Selbständiger den anderen Pflichtversicherten gleichgestellt.

Tip: In den ersten drei Jahren nach dem Beginn der selbständigen Tätigkeit kann jeder Selbständige beantragen, daß sein Regelbeitrag auf 50 Prozent reduziert wird. Dies ist vor allem für Existenzgründer sinnvoll, die sich in den ersten Jahren ihrer Tätigkeit mehr um das Überleben Ihres Unternehmens als um die Altersvorsorge kümmern müssen.

Freiwillig in der gesetzlichen Rentenversicherung: Der freiwillige Beitritt in die staatliche Rentenversicherung ist ohne Antrag möglich. Wenn Sie sich zu diesem Schritt entschließen, können Sie zudem Ihre Beiträge auch für das abgelaufene Jahr bis zum 31. März des nächsten Jahres komplett nachträglich einzahlen. Die Höhe der Beiträge können Sie in den Grenzen zwischen dem Mindestbeitrag (107,88 DM monatlich) und dem Höchstbeitrag (1450,80 DM monatlich) frei wählen. Auch die Dauer der Versicherung können Sie selbst bestimmen: Mit Ihren Zahlungen können Sie jederzeit aussetzen.

Bei freiwilligem Eintritt in die staatliche Rentenversicherung sind Ihre Versorgungsansprüche allerdings deutlich eingeschränkt. So übernimmt das Arbeitsamt für Sie bei Arbeitslosigkeit zum Beispiel nicht die Bezahlung der Beiträge. Frauen haben als freiwillige Mitglieder der gesetzlichen Rentenversicherung grundsätzlich erst mit dem 65. Lebensjahr Anspruch auf Rente. Außerdem haben Sie keinen Anspruch auf Berufs- oder Erwerbsunfähigkeitsrente. Auch Rehabilitationsmaßnahmen, die bei Pflichtversicherten von der Rentenkasse übernommen werden, können Sie nur eingeschränkt in Anspruch nehmen.

Freiwillige Beiträge haben nur Einfluß auf die Höhe der Altersrente, sie bewirken keine anderen Ansprüche. Die einzige Ausnahme wird in dem Fall gemacht, in dem Sie vor 1984 bereits 60 Monate pflichtversichertes Mitglied waren, seither jeden Monat einen freiwilligen oder Pflichtbetrag eingezahlt haben oder eine entsprechende Ersatzzeit geltend machen können, zum Beispiel durch die Erziehung eines noch nicht zehn Jahre alten Kindes.

Egal, ob Sie nun einen Teil Ihrer Arbeitszeit als Angestellter verbringen und damit automatisch Beiträge in die gesetzliche Rentenversicherung einzahlen, oder ob Sie ganz freiberuflich arbeiten; bei der Planung Ihrer Altersvorsorge sollten Sie Ihre Ansprüche aus der gesetzlichen Rentenversicherung berücksichtigen.

Wenn Sie sich in den ersten fünf Jahren Ihrer Berufstätigkeit selbständig gemacht haben und zuvor Beiträge in die gesetzliche Rentenversicherung eingezahlt haben, räumt Ihnen der Gesetzgeber die Möglichkeit ein, sich die in den letzten fünf Jahren eingezahlten Beiträge zurückerstatten zu lassen. Ob Sie von dieser Option Gebrauch machen, sollten Sie allerdings sehr sorgfältig abwägen. Denn nach einer Erstattung geben Sie Ihre Ansprüche an die gesetzliche Rentenversicherung auf und haben als Selbständiger keine Möglichkeit mehr, in die Pflichtversicherung zurückzukehren. Auch dann, wenn Sie in Ihrem späteren Lebenslauf wieder eine angestellte Tätigkeit aufnehmen, bleibt Ihr Anspruch für den Zeitraum, dessen Beiträge Sie sich auszahlen ließen, verloren. Diese Zeit wird Ihnen dann auch nicht als Wartezeit angerechnet. Einen solchen Schritt sollten Sie also nicht ohne Not unternehmen, nur weil Ihnen eine Auszahlung der Beiträge vielleicht in Ihrer jetzigen Situation zupaß kommt. Denn diese Auszahlung hat noch einen weiteren Nachteil: Sollte Ihr Unternehmen in Schwierigkeiten geraten, und haften Sie mit Ihrem Privatvermögen für den Ausgleich von offenstehenden Forderungen, sind auch Ihre privaten Rücklagen zur Altersvorsorge in Gefahr. Auf Rücklagen im Rahmen der gesetzlichen Rentenversicherung haben Gläubiger grundsätzlich keinen Zugriff.

Um zu ermitteln, welche Ansprüche Ihnen bisher im Rahmen der gesetzlichen Rentenversicherung entstanden sind, können Sie bei der für Sie zuständigen Versicherungsanstalt einen «Antrag auf Kontenklärung» stellen. Füllen Sie dazu unsere Checkliste 8 aus, und schicken Sie diese mitsamt Kopien der jeweiligen Belege und folgendem Schreiben an Ihre Versicherungsanstalt:

«Betrifft: Versicherungsnummer...
Antrag auf Kontenklärung
Sehr geehrte Damen und Herren, ich bitte Sie, diesen Brief als Antrag auf Kontenklärung zu verstehen. Die für mich relevanten Beitragszeiten finden Sie beiliegend in einer Liste zusammengestellt und, sofern notwendig, in Kopien dokumentiert. Für Fragen stehe ich Ihnen jederzeit telefonisch unter... (tagsüber) zur Verfügung. Vielen Dank für Ihre Mühe»

Einen solchen Antrag auf Kontenklärung können Sie alle zehn Jahre von Ihrer Rentenversicherungsanstalt verlangen. Allerdings müssen Sie etwas Geduld aufbringen: Auf das Ergebnis warten Sie mitunter bis zu drei Monate. Je übersichtlicher und vollständiger Sie Ihre Belege beisammen haben, um so schneller können Sie mit einer Antwort rechnen.

Tip: Sie können auch mit Ihren Rentenunterlagen, dem Personalausweis und Ihrer Versicherungsnummer zur «kostenlosen Beratung in Versicherungsfragen» gehen. Solche Informationszentren gibt es in allen größeren Städten. Wo sich das Zentrum in Ihrer Nähe befindet, können Sie unter der Telefonnummer 030/8651 (Bundesversicherungsanstalt für Angestellte) oder – für Arbeiter – bei der Landesversicherungsanstalt (LVA) Ihres Bundeslandes erfragen.

Bei allen Anträgen auf Kontenklärung wird Ihre spätere Rente anhand Ihrer bisherigen Einzahlungen und unter der Annahme berechnet, daß Ihre jetzigen Einzahlungen bis zum Rentenalter kontinuierlich fortlaufen. Als Angestellter sollten Sie im Alter von

55 Jahren von Ihrer Rentenkasse automatisch eine solche Kontenklärung erhalten. In jedem Fall ist dabei wichtig, daß Sie sich um die komplette Dokumentation ihrer Ansprüche bemühen. Dazu sollten Sie die Checkliste 8 nutzen. Bei Zweifeln oder Problemen hinsichtlich der Dokumentation können Sie auch die Sonderbroschüre «Ist Ihr Rentenversicherungskonto vollständig» der «Vereinigung der Rentenversicherer» (VDR) anfordern. Deren Adresse finden Sie im Anhang.

Durch eine solche Kontenklärung erhalten Sie genauen Eindruck davon, welche Leistungen Sie aus der gesetzlichen Rentenversicherung erwarten können. Im nächsten Schritt können Sie dann ermitteln, welche Versorgungslücke zu Ihrem Bedarf im Alter entsteht und in welcher Größenordnung Sie damit im Rahmen privater Anlagestrategien Vorsorge treffen müssen.

3. Playboy oder Parkbank – So viel Geld brauche ich im Alter

Die gängigen Systeme der Altersversorgung über gesetzliche oder private Rentenversicherungen haben gemeinsam, daß sie versprechen, Ihnen im Alter einen bestimmten monatlichen Betrag auszuzahlen. Interessant ist nun die Frage, inwieweit dieses spätere monatliche Einkommen ausreicht, um ihren Lebensstandard zu halten. Die Lücke zwischen der Versorgungsbasis, die durch regelmäßige Rentenauszahlungen geleistet wird, und Ihren späteren Versorgungsnotwendigkeiten zum Erhalt Ihres Lebensstandards, also der notwendigen Grundversorgung, bezeichnet man als «Versorgungslücke» oder auch «Deckungslücke».

Um diese zu bestimmen, gilt es zunächst zu überlegen, welchen Lebensstandard Sie im Alter erreichen möchten. Je nachdem, wie kostspielig die Tätigkeiten sind, denen Sie im Alter nachgehen wollen, ob es Ihnen also ausreicht, im Garten Rosen zu züchten oder ob Sie lieber auf Ihrer Segelyacht um die Welt reisen wollen, wird auch Ihr Versorgungsbedarf aussehen. Neben den angenehmen Fragen der Selbstverwirklichung spielen aber auch andere Faktoren eine wichtige Rolle. Diese Faktoren werden zum Beispiel vom Alter Ihrer Kinder und der Dauer ihrer Ausbildung, vor allem aber von Ihrer Wohnsituation bestimmt. Entscheidend ist dabei natürlich auch die Frage, ob Sie Ihre freiberufliche Tätigkeit ungebrochen weiter fortsetzen, sie einschränken oder gänzlich an den Nagel hängen wollen.

Eine Faustregel besagt, daß Ihr Finanzbedarf im Alter dann, wenn Sie Ihre Arbeit ganz oder zum größten Teil aufgeben, etwa 30 Prozent niedriger als Ihr Bedarf während der Berufstätigkeit liegt. Dies kommt zum Beispiel dadurch zustande, daß Sie zum Beispiel weniger Geschäftsanzüge oder Kostüme anschaffen müssen und Ihre Mobilitätskosten sinken. Mit Hilfe der folgenden Tabelle können Sie überprüfen, ob dies auch für Sie zutrifft. Die Inflation ist dabei nicht berücksichtigt, weil Sie relativ gleichmäßig die Versorgungsbasis wie die Versorgungsnotwendigkeiten beeinflußt. Dies setzt allerdings voraus, daß Sie mit Ihrer Geldanlage eine entsprechende Inflationsvorsorge treffen.

Sie sollten diese Übersicht also auf Basis der heutigen Kosten anwenden. Dafür können Sie die Werte aus der «Checkliste 1: Monatliche Ausgaben für den Lebensunterhalt» heranziehen. Am besten füllen Sie die Checkliste zum späteren Bedarf wieder gemeinsam mit den anderen Haushaltsmitgliedern aus, da es hier häufig zu Überraschungen aufgrund unterschiedlicher Einschätzungen kommt.

Checkliste 9: Bedarf für Ausgaben im Alter

Aufwandsposten	Heutiger Bedarf im Monat	Heutiger Bedarf im Jahr	Bedarf nach Pensionierung im Monat	Bedarf nach Pensionierung im Jahr
Wohnen Miete (plus Nebenkosten) oder Belastung durch das Wohneigentum				
Haushaltsgeld (Lebensmittel, Haushaltswaren)				
Auto (Benzin, Versicherung, Steuer, Reparaturen, Wertverlust, Finanzierungskosten)				
Information (Telefon/Radio/TV-Gebühren/Zeitungsabo)				
Versicherungen				
Krankenversicherung				
Kleidung und Schuhe				
Urlaub, Hobbys, Bildung				
Sonstige Belastungen (Unterstützung von Angehörigen, Unterhaltszahlungen, Verbrauchskredite)				
Ausbildungskosten der Kinder				
Anschaffungen (Möbel, Ersatzbedarf für elektrische Geräte, Reparaturen, Renovierung)				
SUMME in DM				

Wenn Sie die Summe dessen, was Sie als Ihren Bedarf im Alter ermittelt haben, durch die Summe Ihres heutigen Bedarfs teilen und das Ergebnis mit 100 multiplizieren, haben Sie den Prozentsatz ermittelt, den Ihr Einkommen im Alter von Ihrem jetzigen Einkommen einnimmt: Kommt Ihre Berechnung zum Beispiel zum Ergebnis «65», haben Sie ermittelt, daß Sie im Alter mit 35 Prozent weniger Einkommen Ihr Auskommen haben.

Bei der Berechnung des Finanzbedarfs im Alter unterlaufen Freiberuflern immer wieder vor allem zwei Fehler: Zum einen überschätzen Sie die Leistungsfähigkeit Ihrer Arbeitskraft im Alter, und zum anderen unterschätzen Sie die Kostenspirale der privaten Krankenversicherung. Beide Faktoren können Ihre finanzielle Situation im Alter bis an die Grenze des Ruins belasten.

Mancher Leser mag uns belächeln, wenn wir an dieser Stelle eindringlich vor der Überschätzung der eigenen Arbeitskraft bei zunehmendem Alter und daraus folgenden Einkommenseinbußen warnen. Doch die Fehleinschätzungen vieler Selbständiger unterstreichen die Notwendigkeit, hier rechtzeitig Vorsorge zu treffen. Als Freiberufler sind Sie ganz anderen beruflichen und damit auch körperlichen und seelischen Anforderungen ausgesetzt als die meisten Angestellten. Auch wenn es zynisch klingen mag: Die Erfahrung zeigt, daß sich «Verschleißerscheinungen» wesentlich früher bemerkbar machen als bei Angestellten oder Beamten, die nicht nur von geregelten Arbeitszeiten, sondern auch von geregelten Erholungszeiten profitieren. Und auch der Leistungsdruck, der sich auf Freiberufler in der Regel direkt existentiell auswirkt, hinterläßt seine Spuren. So hat es sich zum Beispiel in der Journalismus-Branche zunehmend durchgesetzt, daß für angestellte Redakteure der Abschluß einer zusätzlichen Berufsunfähigkeitsversicherung obligatorisch vom Verlag angeboten wird. Dies geht auf die große Zahl von Journalisten zurück, die nach 25 oder 30 Jahren kontinuierlichem Streß vor dem beruflichen und damit auch finanziellen Burnout standen.

Wenn Sie diesen Faktor erst dann in Ihre Überlegungen einbeziehen, wenn Sie Termine Ihrer Auftraggeber nicht mehr einhalten können, weil Sie mittlerweile auf mindestens sieben Studen Schlaf angewiesen sind, oder Klienten verlieren, weil jüngere Konkurrenten durchaus einmal zwei Nächte durcharbeiten können, ist es zu spät, um geeignete Vorsorge zu treffen. Wohlgemerkt, es geht uns nicht darum, Sie davon zu überzeugen, mit spätestens 65 Jahren aus dem Berufsleben auszuscheiden. Doch der Zeitpunkt, an dem die von Ihnen in die Vorsorge investierten Beträge mit entspannender Wirkung auf Ihr Konto zurückfließen, sollte nicht zu spät gewählt sein. Und wenn Sie zu diesem Zeitpunkt Ihr Einkommensniveau aus Ihrer freiberuflichen Tätigkeit immer noch ungemindert halten können, werden Sie gewiß trotzdem eine kluge Verwendung für diese zusätzlichen Gelder finden – auch wenn Sie nur Ihre Vorsorgesituation durch Reinvestition in risikoreichere, aber damit auch gewinnversprechendere Anlagemodelle verbessern.

Der zweite Punkt betrifft die Kosten einer privaten Krankenversicherung. Wie bereits im betreffenden Kapitel dargestellt, reichen die während der Beitragszeit von der Krankenversicherung gebildeten Altersrücklagen in der Regel nicht aus, um die Mehrkosten der Krankenversicherung auszugleichen. Die einzige Möglichkeit, um die steigenden Kosten im Griff zu behalten, besteht für viele in der Vereinbarung einer höheren Selbstbeteiligung oder einem schrittweisen Verzicht auf zusätzliche Leistungen. Beides ist wenig erfreulich, denn oft genießen dadurch privatversicherte Rentner einen wesentlich schlechteren Versicherungsschutz als die, die Mitglied in einer der gesetzlichen Krankenkassen sind. Der Weg zurück in die «Gesetzliche» ist mittlerweile fast vollständig verbaut. Die einzige Möglichkeit besteht derzeit allenfalls noch, indem man die Versicherungspflicht wieder«herstellt», also zum Beispiel ein Angestelltenverhältnis mit einem Bruttoeinkommen von weniger als 6300 DM monatlich eingeht. Wie schwierig ein solches Unterfangen für einen ehemals Selbständigen im Alter von zum Beispiel sechzig Jahren wird, bedarf keiner weiteren Erläuterung. In den letzten Jahren hat der Gesetzgeber kontinuierlich Lücke um Lücke in dem Zaun geschlossen, der den Wechsel zurück in die gesetzliche Krankenversicherung zuließ. Wenn Sie sich bei einer privaten Versicherung krankenversichert haben, ist es deshalb dringend notwendig, rechtzeitig Vorsorge zu treffen.

Bei den meisten Menschen machen die Wohnkosten den Löwenanteil der regelmäßigen Kosten für den Lebensunterhalt aus. Deshalb ist die Bildung von Wohneigentum, das später oder sofort selbst genutzt wird, nicht nur eine der besten Formen der Geldanlage, sondern auch eine der klügsten Strategien zur Altersvorsorge. Zwar bedeutet ein eigenes Haus oder eine Wohnung nicht, daß Sie damit später umsonst wohnen werden. Laufende Kosten für Energie- und Wasserverbrauch, Gebühren für Müllentsorgung und Versicherungen sowie Kosten für notwendige Reparaturen fallen auch weiterhin an. Immerhin lassen sich die Aufwendungen für Ihre Unterkunft bei einer selbstgenutzten Immobilie auf diese Kosten reduzieren, wohnen Sie hingegen zur Miete, müssen Sie weiterhin Kaltmiete zusätzlich begleichen. Selbst wenn Sie einwenden, daß Sie im Alter mit wesentlich weniger Raum auskommen werden und Ihnen daher zum Beispiel ein eigenes Haus zu groß werden würde, schaffen Sie sich mit einer eigenen Immobilie doch auch einen finanziellen Freiraum. Denn wenn Ihre Immobilie bis zum Alter schuldenfrei ist, steht es Ihnen jederzeit frei, diese wieder zu verkaufen und in eine kleinere Wohnung umzuziehen. Durch die Wertsteigerung von Immobilien, die in den letzten zwanzig Jahren im Durchschnitt immerhin meist über 100 Prozent betragen hat, können Sie in diesem Fall aus dem Verkaufserlös nicht allein eine kleinere Immobilie anschaffen, sondern Ihren überschüssigen Erlös in Ihre Altersversorgung einfließen lassen.

Die Fragen und Probleme rund um den Bau oder Kauf einer Immobilie sind zu komplex, um Ihnen an dieser Stelle auch nur einen befriedigenden Überblick über diese Thematik zu geben. Das sollte Sie jedoch nicht davon abschrecken, sich mit der Frage auseinanderzusetzen, ob die Bildung von Wohneigentum für Sie in Frage kommt; auch wenn dies erst mittelfristig oder langfristig der Fall sein sollte. Denn ohne sich auf diesen Schritt festzulegen, können Sie Ihre Geldanlagestrategie darauf ausrichten, Ihr Kapital zum richtigen Zeitpunkt in Wohneigentum zu investieren. Hierbei ist die Flexibilität Ihrer Geldanlage ein wesentlicher Gesichtspunkt. Dieser Aspekt wird in den nächsten Kapiteln ohnehin immer wieder eine bedeutsame Rolle spielen. Wenn Sie sich näher mit der Bildung von Wohneigentum befassen wollen, empfehlen wir Ihnen, im betreffenden Band Roland Keich, Cornelius Buchmann: «Wohneigentum» (rororo Sachbuch 60221) oder Roland Keich, Christina Niedermeier: «Eigenheimbau» (rororo Sachbuch 60222) nachzulesen, wie Sie die Bildung von Wohneigentum sicher finanzieren können.

Ihrem in Checkliste 9 ermittelten finanziellen Bedarf im Alter können Sie Ihre Ansprüche gegenüberstellen, die Sie durch Kontenklärung bei der gesetzlichen Rentenversicherung erfragt haben. Sollten Sie bereits auf anderem Wege Vorsorge getroffen haben, können Sie die Ihnen daraus bekannten Werte natürlich schon in die Betrachtung mit einbeziehen.

Die Differenz zwischen Ihrem geschätzten Bedarf und Ihren geschätzten späteren Einkünften bezeichnet die Versorgungslücke (Deckungslücke), die Sie durch private Vorsorge ausgleichen müssen. In den folgenden Abschnitten befassen wir uns mit verschiedenen Instrumenten, die zur mittel- und langfristigen Geldanlage und damit auch zur Altersvorsorge zur Verfügung stehen. Auch wenn Sie bereits jetzt festgestellt haben sollten, daß bei Ihnen keine Versorgungslücke besteht, sollten Sie sich trotzdem die Zeit nehmen, die folgenden Kapitel durchzulesen. Vielleicht werden Sie feststellen, daß einige von Ihnen bereits eingesetzte Instrumente der Geldanlage weniger Vorteile bringen, als Ihnen im Verkaufsgespräch dargestellt wurde, oder andere Instrumente besser zu Ihrer individuellen Vorsorgestrategie passen. Und vielleicht stellen Sie fest, daß Sie Ihre vielfältigen Möglichkeiten bislang noch nicht optimal genutzt haben.

4. Mittel- und langfristige Geldanlage: Die Bausteine für Ihre Vorsorgestrategien

In diesem Abschnitt stellen wir die wichtigsten Instrumente für die mittel- und langfristige Geldanlage vor. In unserer Betrachtung haben wir dabei dem Aspekt der Altersvorsorge besondere Bedeutung beigemessen. Das bedeutet aber nicht, daß die unterschiedlichen Methoden der Geldanlage nicht auch für andere Zwecke, wie zum Beispiel dem Aufbau von Kapital für den späteren Erwerb von Wohneigentum, geeignet sind.

Wie bereits eingangs erwähnt, ist für Selbständige und Freiberufler bei der Wahl des geeigneten Geldanlageinstruments vor allem ein Kriterium entscheidend: die Flexibilität. Auch die am besten angelegten Geldmittel nützen Ihnen wenig, wenn sie Ihnen in Krisensituationen nicht zur Verfügung stehen. Bei einigen Geldanlagen, insbesondere bei Kapitallebensversicherungen oder privaten Rentenversicherungen, ist eine vorzeitige Verfügung über Ihr Kapital meist mit großen Verlusten verbunden. Dabei trifft Sie in dem Fall, in dem Sie Ihre freiberufliche Tätigkeit im Rahmen einer Personengesellschaft ausüben, das Problem, daß Sie für Ihr unternehmerisches Risiko mit Ihrem gesamten Privatvermögen haften. Das kann im Extremfall zur Folge haben, daß auch Ihre Rücklagen für die Altersvorsorge von Ihren Gläubigern «liquidiert», also zu Bargeld gemacht werden können. Insofern kommt vorzeitiger Verfügbarkeit Ihrer Geldanlagen eine besondere Rolle zu: Das Risiko, bei einer vorzeitigen Verfügung Verluste hinnehmen zu müssen, sollte so klein wie möglich gehalten werden. Lediglich bei einer Geldanlage stehen dabei Risiko und Nutzen unter diesem Gesichtspunkt in einem angemessenen Verhältnis: bei der Bildung von Wohneigentum. In der Tat handelt es sich bei dieser Geldanlage um eine der am wenigsten flexiblen Anlagen überhaupt. Das Risiko, durch einen vorzeitigen Zwangsverkauf finanzielle Verluste zu erleiden, ist zudem sehr hoch. Umgekehrt bietet eine selbstgenutzte Immobilie im Rahmen der Altersvorsorge bedeutende

Vorteile: Sie ist nicht nur eine wertsichere und gewinnbringende Geldanlage, sondern trägt daneben wesentlich dazu bei, die laufenden Kosten zu reduzieren. Und gesparte Aufwendungen sind in diesem Zusammenhang wirklich die besten Gewinne. Wie im vorhergehenden Kapitel bereits gesagt, ist jedoch die Bildung von Wohneigentum eine zu komplexe und mit zu vielen besonderen Problemen behaftete Thematik, um im Rahmen dieses Buches ausreichend behandelt zu werden. Deshalb sei an dieser Stelle noch einmal auf die beiden anderen in dieser Ratgeberreihe erschienenen Bände unter dem Titel «Wohneigentum» und «Eigenheimbau» verwiesen.

Flexibilität ist bei der Auswahl einer Geldanlage aber nur ein Kriterium. Die beiden entscheidenden Kriterien sind Sicherheit und Rendite. Schnell werden Sie feststellen, daß diese drei Kriterien nicht vereinbar sind: Je länger Sie Ihr Geld an eine Anlage binden, desto höher werden die Erträge in dieser Anlageform sein. Je höher das Risiko ist, daß Sie bei einer Geldanlage Verluste erleiden, desto höher können auch die erzielten Gewinne sein.

Unter diesen Gesichtspunkten wird deutlich, warum es nicht eine einzelne Geldanlage gibt, die optimal zu Ihren Zielen paßt. Damit Sie unter dem Strich mit Ihrer Geldanlage hinsichtlich aller drei Kriterien gute Ergebnisse erzielen, ist es sinnvoll, im Rahmen Ihrer Anlagestrategie verschiedene Instrumente einzusetzen. Welches Gewicht Sie dabei den einzelnen Anlageformen beimessen, hängt von Ihrer Vermögenssituation, Ihrer Risikobereitschaft und Ihrem Vorsorgebedarf ab. Eine allgemeingültige, für alle gleich richtige Strategie zu entwickeln ist also nicht möglich.

Vor allem diese Erkenntnis sollte Sie gegenüber Beratern skeptisch machen, die Ihnen ein Produktpaket als «Vorsorge für Selbständige» verkaufen wollen. Diese Produktpakete sind in der Regel so gestaltet, daß sie den Beratern gute Provisionen und den hinter den Angeboten stehenden Banken oder Versicherungen gute Gewinne garantieren. Von Ihrer Warte aus sind diese Produkte meist zu teuer und bleiben hinter den Renditen anderer Geldanlagen zurück.

Die Entscheidung, welche Geldanlagen zu Ihren Zielen passen, sollten Sie sich nicht aus der Hand nehmen lassen. Das schließt natürlich nicht aus, daß Sie sich zu den einzelnen Angeboten beraten lassen. Es wird im Rahmen dieses Ratgebers kaum möglich sein, alle Fragen zu den verschiedenen Möglichkeiten der Geldanlage erschöpfend zu beantworten. Deshalb geht es uns eher darum, Sie auf die Beratungsgespräche vorzubereiten, die Sie über Geldanlage führen werden. Denn wenn Sie die Angebote von Ihrer Grundstruktur her kennen, werden Sie schnell selbst beurteilen können, ob Sie wirklich gut beraten oder über den Tisch gezogen werden sollen. Wir empfehlen Ihnen auch, sich mit konkreten Fragen an neutrale Beratungsstellen, zum Beispiel die Verbraucherzentrale in Ihrer Nähe, zu wenden. Dort haben Sie nicht allein die Möglichkeit, auf aktuelle Übersichten in den ausliegenden Fachzeitschriften zurückzugreifen, sondern sich auch in einem persönlichen Beratungsgespräch näher über besondere Details einer Geldanlage oder über die Stimmigkeit Ihrer Gesamtstrategie zu informieren.

5. Investmentfonds (Aktienfonds, Rentenfonds, Immobilienfonds, gemischte Fonds)

Fonds gehören, neben der Kapitallebensversicherung, zu den weitverbreiteten Bausteinen privater Altersvorsorge. Und im Gegensatz zur Kapitallebensversicherung sind Sie für diesen Zweck auch wirklich gut geeignet. Der Umgang mit Fonds ist kaum mit Aufwand verbunden, denn Sie übergeben das Management für Ihre Anlage an die Fondsgesellschaft. Um in einen Fonds zu investieren, kaufen Sie Anteile am Fondsvermögen, die je nach Fonds unterschiedlich «gestückelt», also in verschieden großen «Portionen» zu haben sind. Meist sind die Anteile so klein gestückelt, daß Sie Ihr persönliches Fondskapital bequem schon durch relativ kleine

Beträge, also zum Beispiel auch durch regelmäßige monatliche Investitionen, langsam ausbauen können. Fondsanteile zu Stückelungen zwischen 100 und 200 DM sind keine Seltenheit mehr. Die kleine Stückelung der meisten Fonds bietet Ihnen hohe Flexibilität beim An- und Verkauf Ihrer Anteile.

Sie können Ihre Fondsanteile schnell wieder in Bargeld umwandeln. Allerdings drohen beim Verkauf in Zeiten schlechter Kurse Verluste. Der Preis der Anteile wird durch den Markt bestimmt und unterliegt damit konjunkturellen Schwankungen. Zudem müssen Sie für manche Fonds beim Ankauf von Anteilen Gebühren entrichten, die erst nach einiger Zeit durch Gewinne wieder ausgeglichen werden. Deshalb sind Fonds eher eine langfristig gute Geldanlage.

Die von Ihnen erworbenen Fondsanteile bekommen Sie nicht in Form von Papieren materiell ausgehändigt. Vielmehr wird für Ihre Anteile ein eigenes Depot, vergleichbar mit einem separaten Konto, eingerichtet. Die Kosten für die Verwaltung dieses Depots sind nicht in den Kosten für die Fondsverwaltung enthalten. Zum Ausgabeaufschlag kommen also noch laufende Depotkosten von jährlich ca. 0,15 bis 0,3 Prozent der Anlagesumme hinzu. Wenn Sie Ihre Fondsanteile nicht direkt bei einer Investmentgesellschaft erwerben, sondern vielleicht den einfachen Weg über Ihre Hausbank oder einen Anlageberater gehen, müssen Sie darüber hinaus auch noch mit einer Vermittlungspauschale in Höhe von etwa 1 Prozent als zusätzlichem Kostenfaktor rechnen.

Trotzdem bieten Fondsanlagen viele Vorteile, die gemeinsam mit ihrer überdurchschnittlichen Rendite bei langfristigen Anlagen durch kein anderes Produkt erreicht werden können. Allerdings liefern die verschiedenen Fondsklassen (Aktien-, Renten-, Immobilienfonds) sehr unterschiedliche Ergebnisse. Deshalb werden wir die verschiedenen Fondsarten im folgenden etwas genauer vorstellen.

Die verschiedenen Fondsklassen lassen entsprechende Rückschlüsse auf Ihre Kursentwicklung zu. **Geldmarkt- und geldmarktnahe Fonds** reagieren schnell und sensibel auf wirtschaftliche und internationale Entwicklungen. Für die mittel- und langfristige

Geldanlage sind sie nicht besonders geeignet, da sie über längere Zeiträume nur mäßige Renditen abwerfen. Diese Fonds sind eher dafür gedacht, größere Geldbeträge für kurze Zeiträume zu «parken».

Besser für die mittel- bis langfristige Geldanlage sind Aktienfonds, Rentenfonds oder Immobilienfonds geeignet.

Aktienfonds können auch unter dem Gesichtspunkt der Altersvorsorge ein wichtiger Pfeiler Ihrer Anlagestrategie sein. Nach den Erfahrungen der Vergangenheit versprechen sie gegenüber den meisten anderen Anlageinstrumenten über lange Zeiträume die beste Rendite. Sie bezahlen diese Renditechance jedoch mit dem Risiko kurz- und mittelfristiger Kursschwankungen. Daher sind Aktienfonds nicht so gut für Gelder geeignet, auf die Sie mit hoher Wahrscheinlichkeit kurz oder mittelfristig, also zum Beispiel im Rahmen der nächsten fünf Jahre, wieder zurückgreifen müssen.

In einem Aktienfonds sind unterschiedliche Aktien zusammengefaßt. Durch die Streuung der Aktien auf verschiedene Branchen, Regionen oder sogar Länder soll möglichst viel Sicherheit geschaffen und trotzdem eine ansehnliche Rendite erwirtschaftet werden.

Achtung: Ein Börsenkrach geht jedoch auch an einem Aktienfonds nicht unbeschadet vorüber, egal wie gut die Streuung der Aktien vorgenommen war. Sacken die Börsenkurse in den Keller, sackt der Wert Ihrer Fondsanteile mit. Allerdings droht kaum ein Totalverlust, wie er Ihnen bei der direkten Anlage in Aktien durchaus zustoßen kann.

Um Ihnen einen realistischen Eindruck von den Risiken eines Aktienfonds zu vermitteln, zeigen wir Ihnen in der Tabelle 6, welche Renditen vom jeweils besten und jeweils schlechtesten Aktienfonds in verschiedenen Anlagezeiträumen erzielt werden konnten. Eine negative Rendite bedeutet dabei einen Verlust.

Tabelle 6: Risiko von Aktienfonds je nach Anlagezeitraum

Anlagezeitraum	maximaler Gewinn pro Jahr in Prozent	minimaler Gewinn in Prozent pro Jahr (wenn negatives Vorzeichen: Verlust)
1 Jahr	84	–38
10 Jahre	35	1
15 Jahre	24	3,5
30 Jahre	14	5,6

(Quelle: Modellstudie der Deutschen Gesellschaft für Investmentfonds, in: Focus 17/1996)

Über den Investitionszeitraum eines Jahres konnte man in den letzten Jahrzehnten also maximal 84 Prozent Gewinn erzielen, aber eben auch 38 Prozent Verlust. Für längere Zeiträume gelten die durchschnittlichen, also jährlichen Renditen.

Die Tabelle zeigt, daß das Risiko von Aktienfonds über kurze Zeiträume beträchtlich, über lange Zeiträume dagegen recht gering ist. Für Anleger, die Ihre Fondsanteile über 30 Jahre hinweg halten wollen, kommt im schlechtesten Fall, also zum Beispiel Kauf der Anteile bei Börsenhöchststand und dem Verkauf nach einem Börsenkrach, eine Rendite heraus, wie sie sich zum Beispiel durch eine durchschnittliche Kapitallebensversicherung erzielen läßt.

Die Folgerung ist klar: Aktienfonds sind etwas für langfristige Geldanlage. Genau damit sind sie aber für die klassische Altersvorsorge hervorragend geeignet. Über Fondssparmodelle können Sie mit Ihrer Bank oder mit der entsprechenden Fondsgesellschaft auch vereinbaren, daß Sie Fondsanteile mit regelmäßigen Beiträgen aufkaufen. So können Sie Ihr Kapital auch bei einem Aktienfonds schrittweise aufbauen. Auf die Vorteile des Fondssparens kommen wir auch zum Ende des Kapitels noch einmal zurück.

Achtung: Hohe Einmalanlagen in Aktienfonds sollten Sie nur tätigen, wenn Sie dieses Geld mindestens zehn, möglichst aber zwanzig Jahre lang nicht benötigen. Sonst ist Ihr Risiko zu groß, daß Sie durch einen schlechten Zeitpunkt der Anlage, also wenn zum Beispiel die Börsenkurse allgemein sehr hoch stehen, und einen schlechten Zeitpunkt des Verkaufs, also wenn die Börsenkurse sehr niedrig notiert werden, nicht bloß eine nur schlechte Rendite erzielen, sondern sogar Verluste erleiden können.

In einem **Rentenfonds** werden mindestens zwanzig verschiedene festverzinsliche Wertpapiere zusammengefaßt. Die Zusammensetzung der Wertpapiere entscheidet darüber, wie sicher der Fonds ist. Ein Rentenfonds, der zum Beispiel überwiegend öffentliche Anleihen hält, ist sicherer als ein Fonds, der hauptsächlich Industrieanleihen aufgenommen hat. Hinzu kommt, daß einige Rentenfonds auch ausländische Wertpapiere ankaufen. Zwar können solche internationalen Rentenfonds langfristig oft bessere Renditen als nationale Rentenfonds vorweisen, unterliegen aber neben dem normalen Kursrisiko auch noch einem Währungsrisiko. So mußten internationale Rentenfonds in den letzten Jahren durch den Kursanstieg der DM hohe Währungsverluste hinnehmen. Damit konnten sie auch nur schlechte Renditen erreichen. Dieser Nachteil wird für Fonds, die europäische Wertpapiere kaufen, durch die Einführung des Euro aufgehoben. Von Kursschwankungen sind dann nur noch die internationalen Fonds betroffen, die Wertpapiere aus dem außereuropäischen Ausland enthalten.

Um gute Renditen zu erzielen, kauft und verkauft die Fondsgesellschaft laufend neue Wertpapiere. Die Art der Mischung bleibt dabei insgesamt jedoch grundsätzlich erhalten. Wertpapierfonds haben in der Regel Laufzeiten von zwei bis zu acht Jahren. Sie sind häufig bereits für 25 DM pro Fondsanteil erhältlich und weisen mit circa 3 Prozent der Anlagesumme nur geringe Ausgabeaufschläge aus. Trotzdem wird die Rendite eines Rentenfonds durch diese zusätzlichen Kosten in der Regel immer geringer ausfallen als die Rendite, die Sie durch direkte Anlage in Anleihen (also auf dem «Rentenmarkt») erzielen können. In der Vergangenheit haben Aktienfonds allerdings den Anlegern eine bessere Rendite erwirtschaftet als Rentenfonds.

Tip: Bei kurz- bis mittelfristigen Anlagezielen sollten Sie den direkten Weg der Anlage durch den Kauf festverzinslicher Wertpapiere wählen, deren Laufzeit Sie leicht mit Ihren Zielen abstimmen können. Immer gut im Rennen liegen dabei die Bundesschatzbriefe. Hier haben Sie zusätzlich bereits nach einem Jahr die Möglichkeit, im Notfall die Papiere ohne Verlust wieder zum Nennwert zu verkaufen.

Die dritte große Gruppe der Investmentfonds sind **Immobilienfonds**. Die Investition in Immobilien gilt noch immer als eine der besten langfristigen Werterhaltungs- und Wachstumsstrategien, die sich insbesondere durch Inflations- und Krisensicherheit auszeichnet. Deswegen sind Immobilien allgemein für die Altersvorsorge besonders geeignet. Wie bereits geschildert, können Sie die beste Altersvorsorge in diesem Zusammenhang über selbstgenutztes Wohneigentum treffen.

Es gibt zwei Arten von Immobilienfonds: den «offenen» und den «geschlossenen» Fonds. Während ein offener Immobilienfonds die Beteiligung an einem breitgestreuten Immobilienvermögen ermöglicht, ist die Investition in einen geschlossenen Immobilienfonds eine Art unternehmerischer Beteiligung an einem einzigen Immobilienobjekt. So ein Objekt könnte zum Beispiel eine Ferienwohnanlage, ein Einkaufszentrum, ein Heizkraftwerk, ein Gewerbepark oder ein Windkraftwerk sein. Es werden auch geschlossene Fonds angeboten, bei denen der Investor Eigentumsanteile an einem Flugzeug, einem Schiff oder an ausländischen Gesellschaften erwirbt.

Ein geschlossener Fonds hat eine feste Anzahl von Fondsanteilen. Sind alle Anteile verkauft, wird der Fonds geschlossen. Danach kann ein Anteil nur noch über die Börse verkauft werden, was sich in der Praxis als äußerst schwierig erwies, da sich bis jetzt noch kein funktionierender Markt für Anteile an geschlossenen Fonds gebildet hat. Darüber hinaus sind Anteile an geschlossenen Fonds kaum unter 15 Jahren Laufzeit zu erhalten; teilweise sind sie sogar unbefristet.

Das schlagkräftigste Verkaufsargument für geschlossene Immobilienfonds sind die steuerlichen Verlustzuweisungen aus dem Anlageobjekt, die dem Anteilseigner direkt zugeschrieben werden können, da über die Anteile eine direkte Mitunternehmerschaft geschaffen wird. Über hohe Disagios (Zinsvorauszahlungen), Werbungskosten und Abschreibungen werden im Jahr der Investition durch die Gesellschaft hohe Verluste aus Vermietung und Verpachtung erwirtschaftet. Diese Verluste werden in der Höhe der jeweiligen Anteile an die Fondsmitglieder weitergereicht, die sie als persönliche Verluste gegenüber dem Finanzamt geltend machen und damit von ihrer Einkommensteuer abziehen können. Auf diese Weise können, je nach Steuerprogression, recht erhebliche Beträge gespart werden.

Probleme können jedoch dann auftreten, wenn nach den Verlustphasen zum Beispiel fest kalkulierte Mieteinnahmen nicht erzielt und die laufenden Kosten des Fonds für Zinsen, Verwaltung oder andere Nebenkosten nicht gedeckt werden können. Dann müssen Sie als Anleger nämlich Geld zuschießen. Das kann heißen, daß Sie monatlich zur Begleichung der «Unterdeckung», also der Geldprobleme des Fonds herangezogen werden, denn schließlich sind Sie ja Mitunternehmer. Ihren Fondsanteil können Sie dann auch nicht mehr verkaufen, denn wer läßt sich schon auf solch ein schlechtes Geschäft ein? Dieser Fall ist bei weitem keine Ausnahme. Nach der Wiedervereinigung investierten viele Anleger in geschlossene Immobilienfonds in Ostdeutschland; vor allem von sehr hohen Abschreibungsmöglichkeiten angezogen. Fast 50 Prozent der Fonds erwiesen sich allerdings als Anlageflop. Sie erwirtschafteten insgesamt große Verluste, wofür die Anleger aufkommen mußten. Zum Teil gingen die Gesellschaften sogar in Konkurs, was für die Anleger besonders unangenehm ist, denn in diesem Fall verlangt der Staat von ihnen auch noch die gewährten Steuerabschreibungen zurück.

Tip: Geschlossene Immobilienfonds gelten als «Geldanlage für Wohlbetuchte». Das Risiko einer Beteiligung an einem geschlossenen Fonds ist ungleich höher als das an einem offenen. Natürlich winken dem, der Spitzensteuersätze zahlt, über Steuerabschreibungen großartige Renditen, die man sich angeblich nicht entgehen lassen darf. Die Statistiken über gescheiterte, geschlossene Immobilienfonds sprechen deutlich eine andere Sprache. Wenn Sie auf hohe Renditen spekulieren, sollten Sie eher Geld investieren, das Sie im Alter nicht brauchen. Geschlossene Immobilienfonds haben nichts mit Altersvorsorge zu tun. Dafür sind die mit ihnen verbundenen Risiken zu groß.

Offene Immobilienfonds sind auf lange Sicht gesehen eine relativ sichere Geldanlage, wenn die im Fondsvermögen gehaltenen Immobilien gut gestreut sind, also möglichst in unterschiedlichen Regionen liegen und unterschiedlichen Nutzungen unterworfen sind. Oft können Sie Anteile an diesen Fonds schon ab 100 DM pro Anteil erhalten. Weder Inflation noch das Auf und Ab der Börse haben bisher das stetige Wachstum von Immobilienwerten aufhalten können. Deshalb genießen Immobilien den Ruf, ihren Wert dauerhaft nicht zu verlieren.

Es gibt noch ein paar einfache Strategien, mit denen Sie Ihre Risiken bei der Investition in Investmentfonds reduzieren und Ihre Gewinnchancen steigern können:

Wenn Sie Ihre Fondsinvestitionen vor allem als Altersvorsorge einsetzen wollen, können Sie Risiken ausgleichen, indem Sie Anteile durch regelmäßige monatliche Einzahlungen (Kaufbeträge) erwerben. Sie verabreden dazu mit Ihrer Bank oder einem Investmentfonds einen Sparvertrag, bei dem Sie monatlich zum Beispiel für 200 DM Anteile an einem Aktienfonds kaufen. In Zeiten mit hohen Börsenkursen kaufen Sie für die 200 DM entsprechend weniger, in Zeiten niedriger Kurse entsprechend mehr Anteile am Fonds. In der Bankensprache nennt man diesen Effekt den «Cost-Average-Effekt». Über einen langen Zeitraum betrachtet, gleichen Sie damit die Nachteile des Ankaufs bei hohem Börsenstand durch die Vorteile bei niedrigem Börsenstand wieder aus.

Wenn Sie Ihren Investmentfonds dazu nutzen wollen, später mit regelmäßigen Verkäufen einen Zuschuß zum Einkommen im Alter zu erhalten, verspricht eine andere Strategie noch bessere Rendite: Statt Ihr Kapital nur in einen Fonds zu investieren, splitten Sie ihn auf verschiedene Fondsarten auf; investieren also zum Beispiel in Aktienfonds, Rentenfonds und offene Immobilienfonds. Die Kurse dieser Fonds werden durch unterschiedliche Wirtschaftsfaktoren beeinflußt. Dadurch entwickelt sich auch ihr Kurs unterschiedlich. Wenn zum Beispiel die Wirtschaftswerte schwanken, also die Börsenkurse und mit Ihnen der Wert Ihrer Anteile an einem Aktienfonds fallen, geht der Trend zu sicheren Anlagen, wie zum Beispiel Immobilien. Damit steigt der Kurswert Ihrer Anteile am Immobilienfonds. Ist das allgemeine Zinsniveau schlecht, fallen zwar die Werte Ihrer Rentenfondsanteile, dafür kann aber die Wirtschaft stärker investieren, weshalb die Aktienkurse steigen.

So können Sie monatlich den Betrag, den Sie brauchen, um Ihre Versorgungslücke auszugleichen, aus dem Fonds entnehmen, dessen Kurs gerade am höchsten steht. Dadurch profitieren Sie auch im Ruhestand weiter von überdurchschnittlichen Renditen in Investmentfonds, ohne das Risiko einzugehen, bei niedrigen Kursen durch Verkäufe von Anteilen zu schnell Ihr Kapital auflösen zu müssen.

Fazit: Fonds sind grundsätzlich ein probates Mittel zur Geldanlage über mittel- und langfristige Zeiträume. Dabei bleiben Sie flexibel, denn Ihre Fondsanteile können Sie täglich zum jeweiligen Kurswert verkaufen. Insbesondere bei Aktienfonds drohen Ihnen bei Verkäufen nach kurzer Laufzeit allerdings Geldeinbußen oder sogar Kursverluste. Trotzdem zeichnen sich Investmentfonds durch mindestens durchschnittliche, meist aber gute Renditen bei hoher Flexibilität und einfacher Handhabung aus. Durch gezielte Anlagestrategien, wie zum Beuspiel Fondssplitting, lassen sich Risiken senken und Gewinne verbessern.

6. Wertpapiere (Anleihen, festverzinsliche Wertpapiere, Rentenwerte)

Eine besonders sichere Form der Geldanlage bieten Anleihen. Diese Anleihen werden von Firmen wie zum Beispiel Banken mit einer festen Laufzeit als «Schuldschein» ausgegeben. Dafür, daß Sie der Firma auf diesem Wege «Geld leihen», bekommen Sie eine feste Verzinsung und die Rücknahme des Schuldscheins nach Ablauf der Bindungszeit zum vollen Nennwert, also dem Wert Ihrer Einlage, garantiert. Anleihen können Ihnen auch unter dem Namen «festverzinsliche Wertpapiere», «Schuldverschreibungen», «Rentenpapiere», «Obligationen» oder «Effekten« begegnen.

Anleihen bieten in der Regel Zinsen, die deutlich über dem Niveau von Sparbüchern, mittelfristig aber unter dem von Aktienfonds liegen und ungefähr in Höhe der Rendite von zum Beispiel Kapitallebensversicherungen ausfallen. Dafür bieten sie im Vergleich zur Kapitallebensversicherung ein deutlich geringeres Risiko und höhere Flexibilität. Anleihen haben in der Regel Laufzeiten von bis zu sechs Jahren. Aus diesen Gründen bieten sie sich vor allem für die Zwischenanlage Ihres Kapitals an, also etwa zum Ansparen von Grundkapital, mit dem Sie später Ihre Altersvorsorge zum Beispiel in Form einer Immobilienfinanzierung aufbauen wollen.

Im Vergleich zu Aktien, bei denen die Direktanlage in einzelne Aktien zur Altersvorsorge nicht taugt, ist die direkte Investition in Anleihen weitaus weniger problematisch. Die Kursschwankungen von Anleihen sind geringer und zum Ende der Laufzeit hin nahezu ausgeschlossen. Das Risiko von Konkursen der Unternehmen, die Anleihen ausgeben, ist sehr gering; auch wenn es in den letzten Jahren durch den Zusammenbruch des Bankhauses Fischer oder des Flugzeugunternehmens Fokker teure Ausnahmen von dieser Regel gegeben hat.

Durch das geringe Risiko können Sie es fast gefahrlos wagen, mit der direkten Investition in Anleihen bessere Renditen zu erzielen als mit dem Umweg über Rentenfonds. Denn die geringen Renditevorteile, die Ihnen das professionelle Management eines Rentenfonds gegenüber einer wohlüberlegten Direktanlage bieten kann, werden mit großer Wahrscheinlichkeit von den anfallenden Depot-, Verwaltungsgebühren und Ausgabeaufschlägen aufgewogen.

Der Begriff «festverzinsliche Wertpapiere» ist ein Oberbegriff für alle «verbrieften Anleihen», also für alle «Schuldverschreibungen», die in Form einer Urkunde ausgestellt werden. Da bei festverzinslichen Wertpapieren ein vorher fest vereinbarter Zinssatz über die gesamte Laufzeit garantiert wird, werden sie aufgrund ihrer regelmäßigen Zinszahlungen und der häufig langen Laufzeiten von bis zu zehn Jahren und mehr auch «Rentenwerte» oder «Rentenpapiere» genannt.

Festverzinsliche Wertpapiere werden an der Börse gehandelt. Sie sind also «börsennotierte» Wertpapiere (auch «Effekten» oder «Obligationen» genannt), deren Kurswert aufgrund von Angebot und Nachfrage bestimmt wird. Trotz langer Laufzeiten können Sie deshalb Ihre festverzinslichen Anleihen jederzeit zum aktuellen Börsenkurs auf dem sogenannten deutschen Rentenmarkt verkaufen. Auch wenn Sie durch Schwankungen des Börsenkurses durch den vorzeitigen Verkauf Ihrer Anleihen Verluste machen könnten, verfügen Sie mit festverzinslichen Wertpapieren über eine einigermaßen flexible Geldanlage.

Wertpapiere werden mit einem «Nennwert» (auch «Nominalwert» genannt) von dem Aussteller der Anleihen (auch «Emittent» genannt) ausgegeben. Der Nennwert, der insgesamt meist in Millionenhöhe liegt, wird in viele kleine «Teilschuldverschreibungen» (je nach Stückelung 100 DM, 500 DM, 1000 DM oder 10 000 DM) aufgeteilt. Auf einer «Anleiheurkunde», die Ihnen beim Kauf als tatsächliches Wertpapier ausgehändigt wird, sind der Nennwert der Teilschuldverschreibung, der Zinssatz, mit dem dieser Nennwert über die Laufzeit verzinst wird, der Zinstermin, zu dem die Zinsen jährlich ausgezahlt werden, zum Beispiel also der 31.12., und der Rückzahlungszeitpunkt, zu dem Sie den Nennwert vom Aussteller der Anleihe zurückerstattet bekommen, festgehalten («verbrieft»).

Bei Ausgabe («Emission») und nach Ablauf der Gesamtlaufzeit entspricht der Kurswert eines festverzinslichen Wertpapiers seinem Nennwert. Wenn Sie also heute für 10 000 DM neu herausgegebene Anleihen mit einer Laufzeit von 10 Jahren kaufen, erhalten Sie nach 10 Jahren entsprechend 10 000 DM vom Ausgeber der Anleihe zurück. In den dazwischenliegenden 10 Jahren werden die festgeschriebenen Zinsen je nach den vereinbarten Zinsterminen ausgezahlt. Dazu befinden sich an der Wertpapierurkunde «Zinskupons», die Sie abtrennen und dem Ausgeber oder dem von ihm beauftragten Kreditinstitut zur Auszahlung der Zinsen zu den jeweiligen Zinsterminen vorlegen, um Ihren Anspruch zu belegen.

Der Kurswert eines festverzinslichen Wertpapiers ist für Sie nur dann interessant, wenn Sie Ihre Anleihe vor dem festgeschriebenen Rückzahlungstermin verkaufen wollen oder müssen. Die garantierten Zinsen und der garantierte Nennbetrag zum Rückzahlungsdatum bleiben von allen Kursschwankungen, die Ihre Anleihe im Laufe der Zeit durchmachen mag, vollkommen unberührt.

Die Kombination von Zinseinnahmen und Kursgewinnen kann auch steuerliche Vorteile bringen. Kursgewinne sind, solange sie außerhalb der vom Gesetzgeber festgelegten Spekulationsfrist von sechs Monaten liegen (Stand 1998), Sie die Papiere also mindestens ein halbes Jahr lang behalten, steuerfrei. Zinseinnahmen unterliegen dagegen grundsätzlich der Kapitalertragssteuer. Die Steuerfreibeträge für Einkünfte aus Zinseinnahmen lagen 1998 bei 6400 DM für Alleinstehende und 12 800 DM für Ehepaare. Wenn Sie mit Ihren jährlichen Zinseinnahmen die Grenzen dieser Freibeträge überschreiten, kann es für Sie deshalb durchaus sinnvoll sein, «gebrauchte» Wertpapiere mit niedrigen Zinsen zu kaufen, deren Rendite aber durch entsprechende Kursabschläge wieder interessant ist, da Sie ja zum Rückzahlungstermin den vollen Nennwert der Anleihe ausbezahlt bekommen.

Aufgrund ihrer besonderen Sicherheit durch die Absicherung des Staates sind Anleihen vom Bund bei Sparern äußerst beliebt. Zum Punkt der Sicherheit kommen viele weitere Vorteile hinzu:

Die staatlichen Anleihen werden verhältnismäßig gut verzinst und sind schon in kleinen Stückelungen erhältlich, beim Kauf entstehen keine Nebenkosten, und über die Bundesschuldenverwaltung gibt es die Möglichkeit, kostenlos ein Wertpapierdepot einrichten und verwalten zu lassen.

Eine der bekanntesten Formen staatlicher Anleihen sind «Bundesschatzbriefe». Dabei gibt es zwei Formen von Bundesschatzbriefen. Der «Typ A» ist ab einer Mindestanlage von 100 DM (entspricht der Stückelung) und mit einer Laufzeit von sechs Jahren erhältlich. Beim Typ A werden die festgeschriebenen Zinsen jährlich ausgezahlt. Daneben gibt es noch die Bundesschatzbriefe vom «Typ B». Sie sind bereits ab einer Mindestanlage und zu einer Stückelung von nur 50 DM bei einer Laufzeit von sieben Jahren erhältlich. Bei diesen Schatzbriefen werden die Zinsen jeweils dem investierten Kapital jährlich zugeschlagen, von da ab mitverzinst («thesaurierendes Modell») und erst am Ende der Laufzeit in einem Stück ausgezahlt. Eine vorzeitige Rückgabe von Bundesschatzbriefen ist nach dem ersten Laufzeitjahr jederzeit in Höhe von bis zu 10 000 DM innerhalb von 30 Tagen möglich.

Fazit: Anleihen eignen sich für die mittelfristige Geldanlage. Aufgrund ihres geringen Risikos und einfacher Handhabung sind sie für Privatkunden auch als direkte Anlageform interessant. Die meisten Anleihen werden zum Tageskurs auf dem deutschen Rentenmarkt gehandelt, können also täglich verkauft werden. Bei einigen Anleihen sind dabei allerdings Sperrfristen zu beachten. Durch Kursgewinne kann auch der Ankauf niedrig verzinster Anleihen vorteilhaft sein, um Steuervorteile zu nutzen.

7. Aktien

Aktien sind «Teilhaberpapiere», mit denen Sie sich am Grundkapital eines Unternehmens beteiligen. Sie werden also Mitunternehmer, mit all den damit verbundenen Risiken und Chancen. Die Erträge, die Ihre Aktien bringen, nennt man «Dividende», da sie Ihnen nicht, wie zum Beispiel Zinserträge, fest zugesichert werden, sondern auf Basis einer Gewinnbeteiligung am Unternehmen ausgezahlt werden. Geht es dem Unternehmen schlecht, fallen die Kurse Ihrer Aktien, und Sie erhalten keine oder nur eine geringe Dividende. Sollte die Firma Konkurs anmelden müssen, geht Ihr Anteil ganz verloren, da keiner Anteile an einem untergehenden Unternehmen kaufen möchte und damit Ihre Aktien nichts mehr wert sind. Geht es dem Unternehmen hingegen gut, sind auch hohe Gewinne durch Dividendenzahlungen und Kursgewinne der Aktien möglich.

Es gibt eine ganze Reihe unterschiedlicher Typen von Aktien. Unterschiede bestehen vor allem hinsichtlich der Rechte, die Sie als Aktionär haben, und der Übertragbarkeit der Wertpapiere, also demnach, wie leicht die Aktien gekauft und wiederverkauft werden können.

Die Gewinnmöglichkeiten aus Aktienbesitz setzen sich aus drei Komponenten zusammen, wobei keine dieser Komponenten Gewinne garantieren kann. Diese drei Komponenten sind Dividendenzahlungen, Kursänderungen und Bezugsrechte bei der Ausgabe neuer Aktien.

Unter der Dividende einer Aktie wird meist die Bardividende verstanden, also der Betrag, der vom Unternehmen an Sie als Aktionär «ausgeschüttet», also ausgezahlt wird. Die Höhe der Dividende ist dabei vom Gewinn der Aktiengesellschaft abhängig, den diese am Jahresende an die Aktionäre weitergeben kann. Unternehmen sind dabei berechtigt, bis zu 50 Prozent ihres Jahresgewinns für Neuinvestitionen zurückzubehalten oder aber ihrer Unternehmensrücklage zuzuführen. Wenn also zum Beispiel 1 Million DM Gewinn erwirtschaftet wurde, darf das Unternehmen davon 500 000 DM zurückbehalten. Die restlichen 500 000 DM werden anteilsmäßig als Dividende ausgezahlt. Dabei richtet sich die Höhe der Dividende einer Aktie nach ihrem Nennwert. Von dieser Dividende zieht das Finanzamt jedoch 30 Prozent Körperschaftssteuer bereits vor Auszahlung und von der so verbleibenden Bardividende weitere 25 Prozent Ertragssteuer ab. Diese Steuerabzüge können Sie in Ihrer jährlichen Einkommensteuererklärung geltend machen.

Viel attraktiver sind Gewinne aus Aktienanlagen aufgrund von Kursgewinnen. Wenn Ihre Aktien im Kurs gestiegen sind und Sie diese mit Gewinn erst nach Ablauf der Spekulationsfrist von sechs Monaten (1998) verkaufen, sind diese Gewinne steuerfrei. Beides zusammen, Dividenden und Kursgewinne, machen die Rendite einer Aktie aus.

Anders als festverzinsliche Wertpapiere (Anleihen) werden Aktien nicht für eine feste Laufzeit ausgegeben. Es besteht also keine Garantie, am Ende einer bestimmten Laufzeit den Nennwert einer Aktie ausgezahlt zu bekommen. In Deutschland, wie in den meisten europäischen Ländern, dürfen nur Nennwertaktien herausgeben werden. Nennwertaktien werden mit einem festgelegten Nennbetrag ausgegeben. Dieser muß mindestens 5 DM betragen. Die Summe aller Aktiennennbeträge ergibt das Grundkapital einer Aktiengesellschaft. Eine Ausgabe der Aktie unterhalb des Nennwertes ist verboten. Werden die Aktien beim Erstverkauf über dem Nennwert («über pari») ausgegeben, darf das Unternehmen diese Überschüsse nicht einfach einstreichen, sondern muß sie den gesetzlichen Rücklagen der Aktiengesellschaft zuführen.

Neben dem Nennwert haben Aktien vor allem aber einen Kurswert, der sich aus dem Handel der Aktie an der Börse bestimmt.

Achtung: Trotz Berücksichtigung dieser Kriterien, die das Aktienklima beeinflussen, können niemals wirklich zuverlässige Prognosen über die Kursentwicklung einer Aktie angestellt werden – auch wenn das Börsenprofis gerne behaupten! Viele irrationale Entscheidungen, sowohl auf der Seite der Verkäufer wie auf der

Seite der Käufer, und Zufälle können Aktienkurse in die Höhe treiben oder zum Absturz bringen. Aktien bleiben deshalb immer eine Risikogeldanlage!

Mit Kauf und Verkauf von Aktien sind für Sie Nebenkosten verbunden. Um Aktien zu kaufen und zu verkaufen, richten Sie bei Ihrer Bank oder Sparkasse ein Aktiendepot ein. Dafür wird Ihnen eine jährliche Depotgebühr von etwa 0,15 Prozent der Kurswerte Ihrer Aktien berechnet, in der Regel jedoch mindestens zwischen 3 und 5 DM pro Aktie zuzüglich einer pauschalen Depotgebühr zwischen 20 und 30 DM. Dazu kommen noch Transaktionskosten, die sich danach richten, ob Sie Ihre Aktiengeschäfte direkt über die Bank erledigen oder ob Sie oder Ihre Bank zusätzlich noch einen Börsenmakler eingeschaltet haben. Die Bankprovision beträgt pro Transaktion meist 1 Prozent des Kurswerts. Manche Banken setzen hierfür aber auch eine Mindestgebühr an, die bis zu 30 DM betragen kann. Ein Börsenmakler wird Ihnen zusätzlich noch etwa 0,08 Prozent des Kurswerts für seine Tätigkeit berechnen.

Tip: Einige Banken bieten mittlerweile im Rahmen des Online-Banking, mit dem Sie Ihre Bankgeschäfte direkt von Ihrem PC aus erledigen können, auch Online-Broking an, also die Möglichkeit, auch Ihre Aktienkonten selbst vom PC aus zu verwalten. Dadurch lassen sich viele Kosten einsparen. Neben dem Risiko, bei Ihren Geschäften auf einen kompetenten Partner zu verzichten, ist aber Online-Banking allgemein mit Sicherheitsrisiken verbunden.

Wer Geldvermögen in Aktien anlegt, muß sich darüber im klaren sein, daß er sich kontinuierlich mit den wirtschaftlichen, politischen und gesellschaftlichen Gegebenheiten und mit branchenbedingten Entwicklungsperspektiven der jeweiligen Firmen, an denen er Aktienanteile hält, auseinandersetzen muß. Der Markt reagiert sehr empfindlich auf kleinste Veränderungen dieser Faktoren, die sich in den Börsenkursen widerspiegeln. Wie an einem Seismographen, der schon auf die ersten und feinsten Erschütterungen des nahenden Erdbebens reagiert, können Fachleute anhand der Aktienkurse Prognosen über die Entwicklung der gesamten Wirtschaft stellen. Selbst vage Vermutungen darüber, welche politische Partei die nächsten Wahlen gewinnen könnte, lassen die Aktienkurse in die Höhe schnellen oder in den Keller sinken. Wer also seine Zukunft den Aktienkursen anvertrauen will, sollte sich bestens mit den verschiedenen Einflußfaktoren der wirtschaftlichen Entwicklung auskennen.

Fazit: Aktien sind eine sehr risikoreiche Geldanlage. Wie bei allen Anlagen mit hohem Risiko locken hohe Gewinnchancen, drohen aber auch Einbußen bis hin zum Totalverlust. Da Aktien täglich gehandelt werden, sind sie eine sehr flexible Geldanlage. Ausnahmen sind «vinkulierte Namensaktien», bei denen das Aktienunternehmen einem Verkauf erst zustimmen muß. Werden Aktien über lange Zeiträume gehalten, bieten Dividenden zusätzliche Gewinnchancen. Wegen des hohen Risikos sollten Sie aber erst dann Geld direkt in Aktien investieren, wenn Ihre Grundversorgung bereits gesichert ist. Legen Sie nur Beiträge an, auf die Sie notfalls auch verzichten können.

8. Kapitallebensversicherungen

Kapitallebensversicherungen sind wohl das umstrittenste Modell der privaten Altersvorsorge. Auf der einen Seite genießen sie einen Verbreitungsgrad, der einen fast annehmen läßt, ihr Abschluß sei obligatorisch. Auf der anderen Seite steht die Kapitallebensversicherung immer wieder im Kreuzfeuer der Kritik. Kritikpunkte sind dabei vor allem hohe Kosten und mangelnde Flexibilität dieser Geldanlage.

Eine Kapitallebensversicherung ist die Kombination zweier Produkte: einer Risikolebensversicherung und eines kapitalbildenden Sparplans. Oft sind dabei noch andere Versicherungen, wie zum Beispiel eine Unfallversicherung oder eine Versicherung zur Beitragsfortzahlung im Fall einer Berufsunfähigkeit, im Paket enthalten. Aus Ihren Einzahlungen werden die Prämien für diese Versicherungen gedeckt. Zu Beginn der Vertragslaufzeit werden zusätzlich die Kosten für den Vertragsabschluß beglichen, also Verwaltungsgebühren und Provisionen, die an den Verkäufer der Kapitallebensversicherung gezahlt werden. Der Rest Ihrer Einzahlungen wird Ihrem Sparkapital gutgeschrieben. Dieses Sparguthaben wird mit dem gesetzlich festgelegten Zinssatz von derzeit mindestens 3,5 Prozent verzinst.

Bei Abschluß der Versicherung werden Laufzeit, Versicherungssumme und Prämie festgelegt. Die Prämie bezeichnet die Beiträge, die Sie in die Kapitallebensversicherung einzahlen. Aufgrund der Einzahlung wird die «garantierte Versicherungssumme» berechnet. Diese Summe erhalten Sie zum vertraglich festgelegten Enddatum oder im Versicherungsfall, also bei Tod der versicherten Person, ausgezahlt. Die garantierte Versicherungssumme entspricht der Summe Ihrer Einzahlungen zuzüglich der gesetzlichen Zinsen.

Damit alleine sind die Anlagevorteile einer Kapitallebensversicherung noch nicht sonderlich attraktiv. Interessant werden die Versicherungen erst durch Beteiligungen an den Gewinnen des Versicherungsunternehmens insgesamt, die sogenannten Überschußbeteiligungen. Als Ausgleich dafür, daß Sie Ihr Geld der Versicherungsgesellschaft für lange Zeit in die Hand geben, werden Sie über Überschußbeteiligungen an den Gewinnen beteiligt, die das Unternehmen mit Ihrem Geld erwirtschaften konnte. Wie hoch die Überschüsse und damit Ihre Beteiligung bei Auszahlung Ihrer Versicherung anfallen, kann und darf Ihnen niemand garantieren. Der Wert, der Ihnen bei Abschluß einer Kapitallebensversicherung angegeben wird, ist ein Schätzwert, der auf den Leistungen der Versicherungsgesellschaft in den letzten Jahren beruht. Ob dieses Versprechen eingehalten werden kann, hängt von der wirtschaftlichen Entwicklung des Versicherungsunternehmens ab.

Der zweite Vorteil der Kapitallebensversicherung gegenüber anderen Geldanlageformen besteht darin, daß die Erträge aus dem Sparvertrag nach der heutigen Gesetzeslage steuerfrei sind. Anders als bei anderen Geldanlagen, bei denen Ihnen die Erträge erst am Ende der Laufzeit ausgezahlt werden, laufen Sie damit also nicht Gefahr, in eine Steuerfalle zu tappen.

Ob die Erträge von Kapitallebensversicherungen zukünftig versteuert werden sollen, ist immer wieder Gegenstand politischer Diskussionen. Pessimisten behaupten, es sei nur noch eine Frage der Zeit, wie lange sich der Bund diesen «fetten Steuerbrocken» entgehen lasse. Auf der anderen Seite wird eine solche Steuerpflicht nur schwer durchzusetzen sein. Denn gerade der Gesetzgeber hat mit seinem Steuerprivileg dafür gesorgt, daß Kapitallebensversicherungen in der Vergangenheit massiv auch mit diesem Argument verkauft werden konnten.

Immerhin hat der Gesetzgeber die Steuerfreiheit der Erträge an einige Grundvoraussetzungen geknüpft, die gewährleisten sollen, daß Kapitallebensversicherungen vorwiegend von Privatleuten als Altersvorsorgeinstrument eingesetzt und das Steuerprivileg nicht von Geldanlegern mit kurzfristigen Gewinnabsichten «mißbraucht» wird. So schreibt der Gesetzgeber vor, daß eine Kapitallebensversicherung mindestens zwölf Jahre lang bestehen muß und davon mindestens fünf Jahre lang regelmäßig Beiträge geleistet werden, bis die Erträge steuerfrei sind. Werden diese Voraussetzungen nicht erfüllt, müssen die üblichen Steuern auf die Zinsgewinne entrichtet werden. In diesem Fall schnappt die Steuerfalle zu, denn ein Modell, bei dem die Zinserträge nicht erst am Ende der Versicherung ausgezahlt werden, gibt es zur Zeit noch nicht. Durch diese Voraussetzungen sind Einmaleinzahlungen in eine Kapitallebensversicherung auch nur über einen Umweg möglich. Wenn Sie auf einen größeren Geldbetrag zwölf Jahre lang verzichten können, haben Sie die Möglichkeit, bei einer Bank oder direkt bei einer Versicherungsgesellschaft ein Beitragskonto einzurichten, auf das Sie Ihre Einmalzahlung leisten. Über die nächsten fünf Jahre wird dann von diesem Konto ein Jahresbeitrag in die Versicherung umgebucht. Nach zwölf Jahren können Sie sich dann die Versicherungssumme und die erwirtschafteten Erträge auszahlen lassen. Damit ist den Vorgaben des Gesetzgebers genüge getan, womit keine Steuern auf Ihre Erträge anfallen. Doch wehe Ihnen, wenn Sie etwa vorzeitig über Ihr Geld verfügen wollen oder müssen: In diesem Fall sind nicht nur alle Erträge zu versteuern, sondern Sie müssen auch mit zum Teil herben Anlageverlusten rechnen.

Davon abgesehen zeigen Kapitallebensversicherungen noch eine Reihe weiterer Nachteile, durch welche die Vorteile gegenüber anderen Geldanlageformen oft vollständig aufgewogen werden. An erster Stelle stehen dabei die Provisionen, welche die Versicherungsgesellschaften an den zahlen, der Ihnen eine Kapitallebensversicherung verkauft.

Bei der Vermittlung einer Kapitallebensversicherung beträgt diese Provision in der Regel ungefähr 4,6 Prozent der versicherten Gesamtsumme. Bei einem Vertrag über 100 000 DM erhält der Vermittler also etwa 4600 DM Provision. Dieses Provisionssystem hat im übrigen wirksamer zur weiten Verbreitung der Kapitallebensversicherung geführt als ihre Vorteile für die Anleger.

Die Kosten für die Provision werden direkt von Ihren Beiträgen bezahlt; also von Ihren Spareinzahlungen abgezogen. Daher ist der Wert einer Kapitallebensversicherung bei frühzeitiger Kündigung, der sogenannte Rückkaufswert, in den ersten Jahren sehr niedrig. Wenn Sie Ihre Versicherung in den ersten drei Jahren kündigen, weil Sie über Ihr Kapital verfügen wollen, werden Sie meist feststellen, daß von Ihren Einzahlungen kaum etwas übriggeblieben ist. Mitunter befindet sich Ihr Beitragskonto sogar noch im Minus, weil noch nicht alle Kosten ausgeglichen wurden. Denn neben den Kosten für die Provision belastet Ihnen die Versicherungsgesellschaft noch ihren Verwaltungsaufwand und deckt aus Ihren Einzahlungen die Prämien für die im Vertrag enthaltenen Versicherungen.

Meist dauert es mehr als sieben Jahre, bis sich nennenswerte Beträge auf Ihrem Beitragskonto angesammelt haben. Und auch diese Beträge werden dann noch immer nicht dem Gegenwert Ihrer Einzahlungen entsprechen. Die hohen Abschlußkosten werden erst im Lauf der Zeit durch Ihre Beteiligung an den Überschüssen ausgeglichen. Hinzu kommt noch, daß Sie bei vorzeitiger Auszahlung der Versicherung vor Ablauf von zwölf Jahren alle Zinserträge voll versteuern müssen.

Akzeptable Renditen können bei einer Kapitallebensversicherung nur durch sehr lange Laufzeiten erreicht werden. Wenn Sie die Verträge vorzeitig auflösen oder Ihre Beiträge nicht mehr in der vereinbarten Höhe bezahlen können, drohen Ihnen hohe Verluste. Im besten Fall kommen Sie dann mit der bitteren Erkenntnis davon, Ihr Geld sehr schlecht angelegt zu haben, zuweilen sogar unter den Renditen von Sparbüchern mit gesetzlicher Kündigungsfrist. Der Abbruch einer Kapitallebensversicherung ist generell immer ein Verlustgeschäft. Das trifft Sie besonders dann hart, wenn Sie in finanzielle Schwierigkeiten geraten. Sofern Sie mit Ihrem Privatvermögen für die Schulden Ihres Unternehmens haften, können Ihre Gläubiger Sie zwingen, eine bestehende Kapitallebensversicherung aufzulösen. So tragen Sie auf der einen Seite die Verluste und haben auf der anderen Seite wahrscheinlich nur einen unwesentlichen Betrag der Schuldforderung ausgleichen können.

Aus diesen Gründen ist eine Kapitallebensversicherung eine sehr unflexible Geldanlage. Hier sollten Sie ausschließlich Geld investieren, über das Sie sicher für einen langen Zeitraum nicht mehr verfügen müssen. Zumindest für Selbständige und Freiberufler ist es aus diesen Gründen fraglich, ob es sich bei dieser Form der Geldanlage wirklich um ein vorteilhaftes Instrument für die Altersvorsorge handelt.

Fazit: Kapitallebensversicherungen sind nicht aufgrund ihrer Qualität als Geldanlage, sondern vorwiegend wegen hoher Verdienstmöglichkeiten für die Vermittler weit verbreitet. Da sie wenig flexibel und mit hohen Kosten verbunden sind, eignen sie sich weniger gut für die Geldanlage zur Altersvorsorge. Wenn Sie sich trotzdem für eine Kapitallebensversicherung entscheiden, sollten Sie eine Laufzeit wählen, die Ihnen wenigstens die momentan noch bestehenden Steuervorteile sichert. Schließen Sie Verträge nach Möglichkeit direkt mit einer Versicherungsgesellschaft ab, um Provisionskosten zu vermeiden.

9. Private Rentenversicherungen

Die private Rentenversicherung ist auch unter den Begriffen «Leibrentenversicherung» und «Kapitalrentenversicherung» bekannt. Sie unterscheidet sich nur in wenigen Punkten von einer Kapitallebensversicherung. So ist in einer privaten Rentenversicherung kein Lebensversicherungsschutz enthalten. Beim Tod des Versicherungsnehmers vor Ende der Vertragslaufzeit erhalten die Angehörigen keine garantierte Mindestsumme, sondern gar nichts oder – gegen zusätzliche Gebühren – einen Teil des eingezahlten Kapitals. Eine Ausnahme hiervon bilden Rentenversicherungen, bei denen zusätzlich eine Witwenanwartschaft vereinbart wurde. Bei einer solchen Vereinbarung wird an den verheirateten Partner die Rente bis zu dessen Lebensende weitergezahlt.

Ansonsten folgt eine private Rentenversicherung dem Muster der Kapitallebensversicherung: Ihre Beiträge werden mindestens mit dem gesetzlichen Zinssatz verzinst, die Erträge setzen sich aus Zinseinnahmen und «Gewinnbeteiligungen» zusammen, und eine vorzeitige Auflösung ist meist mit großen finanziellen Verlusten verbunden.

Bei privaten Rentenversicherungen erfolgt die Auszahlung Ihres Geldes allerdings nach Ablauf der vereinbarten Einzahlungsphase in der Regel in monatlichen Teilbeträgen bis zum Lebensende oder einem festgelegten Laufzeitende. Wann die Auszahlung beginnen soll, können Sie im Vertrag regeln. Typisch ist eine Auszahlung ab dem 60. oder 65. Lebensjahr. Grundsätzlich unterscheidet man zwei Formen der privaten Rentenversicherung:

1. die Rentenversicherung mit sofortigem Rentenbeginn gegen Einmalbeitrag,
2. die aufgeschobene Rentenversicherung mit Kapitalwahlrecht.

Die erste Form ist für den Fall gedacht, daß Ihnen bereits genügend Geld für Ihre Altersvorsorge zur Verfügung steht. Dann können Sie dieses Geld mit der privaten Rentenversicherung bequem auf den Rest Ihres Lebens verteilen. Diesen Vorgang nennt man auch «Verrentung»: Vorhandenes Vermögen wird auf eine monatliche Rente bis zum Tod des Versicherten oder einem vereinbarten Vertragsende verteilt. Der Versicherer trägt dabei das Risiko eines langen Lebens des Versicherten, wenn die Rente bis zum Lebensende vereinbart wurde.

Bei einer «aufgeschobenen Rentenversicherung» zahlen Sie Ihre Beiträge monatlich, jährlich oder als Einmalbetrag ein. Dabei wird ein Datum vereinbart, bis zu dem die Einzahlungsphase andauert und ab dem die Auszahlungsphase beginnen soll. Diese Form der privaten Rentenversicherung wird häufig auch als Kapitallebensversicherung angeboten, bei der dann bis zum Ende der Beitragszahlung die Auszahlung einer Garantiesumme im Todesfall integriert ist. Dieser zusätzliche Versicherungsschutz kostet allerdings mehr Geld, was sich entsprechend auf Ihre Erträge aus der Geldanlage auswirkt.

Kapitalrentenversicherungen eignen sich grundsätzlich für Rentner oder solche, die es bald werden, wenn bereits ausreichend Vermögen vorhanden ist, dieses gesichert werden soll und dafür auch niedrige Renditen in Kauf genommen werden können.

Um das «Risiko» abzusichern, daß Sie ein hohes Alter erreichen, sollten Sie, wenn Sie sich für eine private Rentenversicherung entscheiden, wenigstens ein Modell mit lebenslanger Rente wählen. Eine Ausnahme davon sollten Sie nur dann machen, wenn die Rentenversicherung nur einen kleinen Teil Ihrer Altersvorsorgestrategie ausmacht und Ihr Lebensunterhalt bereits durch andere Erträge abgedeckt ist.

«Rentengarantiezeiten» sollen eine Mindestzahlungsdauer auch nach dem Tod des Versicherten festlegen. Dies reduziert zwar die garantierte Rentenhöhe und scheint deshalb auf den ersten Blick nicht sinnvoll. Wenn nach Ihrem Tod allerdings Familienangehörige davon abhängig sind, für einige Zeit Ihren Verdienstausfall zu überbrücken, also zum Beispiel die Kinder noch studieren oder die Altersvorsorge Ihres Ehepartners erst in einigen Jahren Erträge abwirft, könnte die Vereinbarung einer Rentengarantiezeit durchaus Sinn machen. Üblicherweise werden hier Zeiträume von fünf oder zehn Jahren vereinbart. Längere Garantiezeiten kosten zuviel Geld und sollten auf jeden Fall durch andere Mittel, zum Beispiel eine Risikolebensversicherung, abgedeckt werden. Eine Alternative zur Garantiezeit ist die «Beitragsrückgewähr», bei der im Todesfall die von Ihnen eingezahlten Beiträge an die Hinterbliebenen ausgezahlt werden. Da aber von Ihren Beiträgen wie bei der Kapitallebensversicherung die Gebühren für den Abschluß und die Verwaltung der Versicherung abgezogen werden, die Beiträge bei diesen Versicherungen höher sind und trotzdem vor der Auszahlung oft noch weitere «Bearbeitungskosten» abgezogen werden, lohnt eine solche Vereinbarung meist nicht.

Ihren Ehepartner sollten Sie aber über eine Vertragsgestaltung mit «Witwen(r)anwartschaft» absichern. Dann zahlt die Versicherung die Rente nach Ihrem Tod zu einem bestimmten Prozentanteil weiter. Dieser Prozentanteil wird vorher vertraglich vereinbart. Die meisten Berater empfehlen Quoten zwischen 60 und 80 Prozent.

Es gibt verschiedene Formen der «Gewinnbeteiligung», dem Pendant zur Überschußbeteiligung bei der Kapitallebensversicherung. Wenn die private Rentenversicherung einen wesentlichen Anteil an Ihrer Altersvorsorgestrategie hat und Sie darauf angewiesen sind, bis zum Lebensende eine wesentliche Rente aus der Versicherung zu erhalten, sollten Sie eine «teildynamische Rentenversicherung» abschließen, bei der Ihre Rentenauszahlung jährlich um 2 bis 3 Prozent erhöht wird. Dabei werden die voraussichtlichen Überschüsse auf die gesamte kalkulierte Laufzeit verteilt, die anhand der aktuellen Sterbetafel berechnet wird. Mit dieser Option sorgen Sie für einen Inflationsausgleich, der Ihnen auch bei sinkendem Geldwert noch ein realistisches Einkommen sichert.

Verträge mit konstanter Rente oder gar fallender Rente sind für die Altersvorsorge nur bedingt sinnvoll. Auf diese Option sollten Sie nur zurückgreifen, wenn Ihr wesentlicher Lebensunterhalt bereits durch andere Vorsorgemaßnahmen abgedeckt ist.

Die «Abrufoption» oder ein «flexibler Rentenanfang» wurde in den letzten Jahren zentrales Werbeelement für Kapitallebens- und private Rentenversicherungen. Diese Vereinbarung ermöglicht Ihnen, das Datum, ab dem die Rentenversicherung ausgezahlt wird, auch später noch selbst zu bestimmen. Wenn Sie in Ihrem Vertrag keine Abrufoption vereinbart haben und trotzdem früher über Ihr Geld verfügen wollen, ziehen Ihnen die Versicherungsgesellschaften für diese Laufzeitverkürzung in der Regel um bis zu 5 Prozent des Kapitals, also Ihrer Einzahlungen und der Zinserträge, für den «Stornoaufwand» ab.

Achtung: Eine «umgekehrte Abrufoption», bei der Sie auf Wunsch Ihrer Versicherungszeit verlängern dürfen, führt zu geringeren Ablaufleistungen. Wählen Sie daher nur die Optionen für ein früheres, nicht für ein späteres Vertragsende!

Fazit: Private Rentenversicherungen sind eine bequeme und sichere, aber auch wenig ertragreiche Methode, um große Geldbeträge für lange Zeiträume aufzuteilen (zu «verrenten»). Wie auch die Kapitallebensversicherung haben private Rentenversicherungen gegenüber anderen Anlageformen Nachteile, wenn es um den langfristigen Aufbau der Altersvorsorge geht: Sie sind wenig flexibel, mit hohen verdeckten Kosten verbunden und bringen im Vergleich bestenfalls mittelmäßige Renditen.

10. Fremdgenutzte (vermietete) Immobilien

Früher galt es als besonders gute Altersvorsorge, Mehrfamilienhäuser zu bauen oder zu kaufen und diese zu vermieten. In der heutigen Praxis ist der laufende Ertrag vermieteter Immobilien allerdings äußerst bescheiden. Mieteinnahmen werden meist durch Zinsbelastungen sowie durch laufende Reparatur- und Instandsetzungskosten aufgefressen. Ferner tragen Sie als Vermieter stets auch das «Mietausfallrisiko»: Zahlt ein Mieter seine Miete nicht oder nicht rechtzeitig, laufen die Kosten für Sie trotzdem kontinuierlich weiter. Sie müssen also stets über ausreichend Reserven verfügen, um die laufenden Kosten der Immobilie für einige Zeit auch ohne Mietzahlungen überbrücken zu können. Haben Sie keinen Verwalter oder Hausmeister für Ihre Immobilie bestellt, müssen Sie darüber hinaus viel Zeit und Nerven investieren. Umgekehrt ist die Bestellung eines Verwalters wiederum mit weiteren Kosten verbunden.

Die beste Rendite einer Immobilie ist der Wertzuwachs. Die Wertentwicklung der Immobilie hängt dabei entscheidend von der Lage und der künftigen Entwicklung der Umgegend ab. Deshalb ist es wichtig, sich umfassend über den Standort des Investitionsobjekts zu informieren, bevor Sie eine Immobilie kaufen. Bedenken Sie, daß Sie eine Eigentumswohnung oder ein Haus in einem Ballungsgebiet grundsätzlich besser wieder verkaufen können als auf dem Land. Andererseits ist der Anschaffungspreis für eine zentral gelegene Immobilie auch entsprechend höher.

Das Preis-Leistungs-Verhältnis Ihrer Immobilie muß stimmen. Vergleichen Sie die Preise mit anderen, ähnlich ausgestatteten Immobilien der Umgegend. Gehen Sie zur zuständigen Gemeinde, und nehmen Sie Einsicht in den Bebauungsplan. Dort ist festgehalten, wie ein Grundstück bebaut werden darf. Bis zur Farbe der Ziegel, Höhe der Giebel, den maximal in einem Haus erlaubten Wohneinheiten, der Größe der bebaubaren Flächen und Regelungen, wie die Nebenanlagen gestaltet sein müssen, ist alles haarklein in Vorschriften und Verordnungen festgehalten. Fragen Sie nach geplanten einschneidenden Veränderungen, wie zum Beispiel neuen Straßenführungen, der Bebauung in der Nachbarschaft oder langfristigen Maßnahmen zur Verbesserung der Infrastruktur, und schauen Sie sich das zukünftige Nachbarschaftsumfeld genau an, denn dieses hat großen Einfluß auf die Wohnzufriedenheit Ihrer Mieter und die im Mietenspiegel festgehaltenen Einnahmemöglichkeiten.

Um einen angemessenen Wertzuwachs realisieren zu können, müssen Sie die Entscheidung zum Kauf oder Verkauf einer Immobilie genau zum richtigen Zeitpunkt fällen. Wie bei jeder anderen Geldanlage, bei der es auf Spekulationsgewinne ankommt, gilt: Kaufen Sie, wenn die Preise niedrig sind, verkaufen Sie, wenn die Preise hoch sind, und behalten Sie dabei die steuerliche Spekulationsfrist im Auge. Bei Immobilien beträgt diese durch den Gesetzgeber festgesetzte Frist zur Zeit zwei Jahre (Stand Mitte 1998).

Ein Ansteigen der Immobilienpreise ist immer dann zu erwarten, wenn sich das Umfeld der Immobilie zum Positiven ändert, wenn Mietwohnungen allgemein knapp sind und die Mietpreise ansteigen oder wenn die Bauzinsen extrem sinken und damit die Finanzierungen billiger werden. Andererseits kommt es immer wieder zu Preiseinstürzen, die sich in der Regel nach Zeiten eines Baubooms oder in Hochzinsphasen einstellen, wenn ein Überangebot an Wohnungen auf den Markt drängt. Ausgefuchste Spekulanten haben einen Instinkt dafür entwickelt, wann sie wertvolle Immobilien während einer Immobilienflaute unter Preis kaufen und dann zum Höchstpreis wiederverkaufen können, wenn sich der Immobilienmarkt beruhigt hat. Dabei achten sie darauf, daß sich die Immobilie mindestens zwei Jahre in Ihrem Eigentum befindet, da der Spekulationsgewinn dann steuerfrei eingestrichen werden kann. Wenn dieses Spielchen allerdings öfter getrieben wird, könnte das Finanzamt auf die Idee kommen, Sie würden die Tätigkeit als Gewerbe ausüben. Damit unterlägen Ihre Gewinne der Gewerbesteuer, und Sie wären gezwungen, auch ein entsprechendes Gewerbe anzumelden.

Über alle Einzelheiten und Risiken des Immobilienerwerbs zu

berichten würde an dieser Stelle zu weit führen. Grundsätzliches zu den Finanzierungsmöglichkeiten beim Bau oder Kauf einer Immobilie können Sie dem Band Roland Keich, Cornelius Buchmann: «Wohneigentum» (rororo Sachbuch 60221) entnehmen.

Fazit: Alles in allem ist die Geldanlage in Immobilien, die nicht selbst genutzt werden, ein gefährliches und riskantes Spiel, für das man das notwendige «Kleingeld» auf der hohen Kante haben muß. Die Gewinne, die sich erzielen lassen, sind keineswegs sicher und liegen selbst dann, wenn man sie erreichen kann, meist unter den Erträgen anderer Anlageformen, die sich bei derart hohen Geldbeträgen, wie sie zum Immobilienkauf notwendig wären, erschließen lassen. Immobilienfinanzierungen sind sehr langfristig angelegt (25 Jahre und mehr) und bei vorzeitigem Abbruch mit vielen Risiken durch Zusatzkosten und Verkaufsverluste verbunden. Diese Form der Altersvorsorge sollte für Sie nur in Frage kommen, wenn Sie Ihre Grundversorgung im Alter bereits gesichert haben und nun nicht mehr wissen, wo Sie Ihr Geld investieren sollen. Aber auch dann gibt es für Sie weitaus gewinnträchtigere Geldanlagen.

11. Geldanlage und Euro

Ab dem 1. Januar 1999 hat mit der Europäischen Währungsunion die Umstellung auf den Euro begonnen. Hierbei handelt es sich nicht um eine Währungsreform, durch die Ihr Vermögen auf- oder abgewertet wird, sondern lediglich um eine Umstellung der Währungseinheit. Am Wert Ihrer Anlagen wird sich also gegenüber der D-Mark nichts ändern. Schließlich wachsen oder schrumpfen Sie auch nicht, wenn man Ihre Größe statt in Zentimetern in Inch ausdrückt.

Trotzdem bestehen bei den Anlegern viele Ängste, die vor allem aus Marketinggründen von einigen Banken und Versicherungen weiter geschürt werden. Auf der Seite der Anbieter ist viel über notwendige Umschichtung in «euro-sichere Anlagen» oder der «Rettung Ihrer Ersparnisse» die Rede. Wer in dieser Weise auf Kundenfang geht, nutzt die Verunsicherung vieler Anleger aus, ohne für die notwendige Klarheit zu sorgen.

Endgültig wird der Euro die D-Mark erst im Jahr 2002 ablösen. Bis dahin bleibt sie weiter als Zahlungsmittel erhalten. Bis auf wenige Ausnahmen werden alle Preise und Werte für diese Übergangszeit sowohl in Euro als auch in DM angegeben. Die Umrechnung erfolgt dabei nach dem Wechselkurs, der zum Jahreswechsel 1998/99 amtlich bis auf fünf Stellen hinter dem Komma genau fixiert wird. Bei Redaktionsschluß dieses Bandes lag dieser Kurs bei 1,95 DM für einen Euro; den gültigen Kurs können Sie bei Ihrer Bank oder Sparkasse erfragen. Dieses Fixing gilt nicht allein für die Mark: Auch die Umtauschkurse aller anderen Teilnehmerwährungen werden unwiderruflich festgelegt. Wechselkursschwankungen zwischen Mark und französischem Franc oder niederländischem Gulden gehören damit der Vergangenheit an.

Im Zuge der Umstellung auf den Euro ist es notwendig, daß einige gesetzliche Grundlagen geändert werden, in denen die Deutsche Mark als verbindliches Zahlungsmittel festgehalten ist. Zu diesem Zweck hat der Gesetzgeber ein Euro-Einführungsgesetz verabschiedet, das zum Beispiel bis zum Jahr 2002 das Wahlrecht zwischen Mark und Euro im bargeldlosen Zahlungsverkehr garantiert. Von daher wird auf Ihren Giro- und Sparkontoauszügen, aber auch bei den Auszügen zu Ihren Fonds- oder Wertpapierdepots der Wert sowohl in Euro wie auch in DM angegeben; durch das Fixing der Kurse am 1. Januar 1999 ist die Umrechnung keinen Schwankungen unterworfen.

Für Besteuerungszeiträume vor dem 1. Januar 2002 erfolgen die Steuererklärungen weiterhin auf Basis der Deutschen Mark. Ob die Doppelwährungsphase, während der beide Währungen gültige Zahlungsmittel sind, bereits am 15. Januar oder am 1. Juli 2002 endet, wird zu einem späteren Zeitpunkt festgelegt. Auf jeden Fall können dann die alten Münzen und Geldscheine nur noch am Bankschalter gegen die neuen Euros und Cent ausgetauscht werden.

Nach Fixing des Umtauschkurses am 1. Januar 1999 werden alle Geldgrößen wie Bargeld, Sparguthaben, Schulden, Löhne und Gehälter, Renten und Pensionen, Preise und Mieten sowie Versicherungen und Hypotheken zum selben Kurs in Euro umgerechnet. Durch die Umrechnung selbst entsteht also kein Wertverlust oder -gewinn.

Ob Sie Ihre Sparkonten gleich ab 1999 in Euro umgerechnet haben wollen, können Sie selbst entscheiden. Sparbücher, Sparverträge, Tages- oder Festgeldkonten, Sparbriefe oder Ratensparverträge müssen erst zum 1. Januar 2002 auf den Euro umgestellt werden. Einzahlungen, Zinsgutschriften und Abhebungen werden weiter in Deutsche Mark abgewickelt, wenn Sie von Ihrer Bank oder Sparkasse nicht ausdrücklich verlangen, daß alle Beträge bereits in Euro ausgewiesen werden. An den Konditionen, die Sie für Ihre Sparanlage vereinbart haben, ändert sich nichts. Wenn Sie also noch im Jahr 1998 einen Sparvertrag mit festem Zinssatz abgeschlossen haben, der zum Beispiel fünf Jahre bestehen soll, erhalten Sie weiter den vereinbarten Zinssatz; spätestens ab dem 1. Januar 2002 entsprechend auf Ihr Guthaben in Euro, das zum am 1. Januar 1999 fixierten Umstellungskurs übertragen wird.

Auch wenn Sie statt eines festen Zinssatzes eine Anlage mit variabler Zinsanpassung gewählt haben, hat die Umstellung selbst keinen Einfluß auf die vertraglichen Bestimmungen; der Zins Ihrer Anlage wird weiter den Marktverhältnissen angepaßt. Änderungen gibt es nur bei Anlagen, deren Verzinsung an die Entwicklung von Referenzzinssätzen (Diskont-, Fibor-Satz) gekoppelt ist. Bei diesen Anlagen können Sie als Sparer zum Beispiel in der Tagespresse verfolgen, wann und etwa in welcher Höhe eine Zinserhöhung von der Bank vorgenommen werden müßte. Mit Einführung des Euro werden aber die alten Referenzzinssätze der Deutschen Mark hinfällig. Zum Redaktionsschluß des Buches stand noch nicht fest, ob sie bereits direkt zum 1. Januar 1999 oder erst im Verlauf der dreijährigen Übergangsfrist abgeschafft werden. Auf jeden Fall werden an ihre Stelle vergleichbare Zinssätze der Europäischen Zentralbank (EZB) treten, die weiterhin Transparenz bei der Anpassung gewährleisten. Im Gegensatz zu den Verträgen mit festem Zinssatz muß bei diesen Verträgen neben der Umstellung auf den Euro auch eine Änderung der vertraglichen Vereinbarungen erfolgen, denn es muß festgelegt werden, an welchen Zinssätzen sich die Anpassung künftig orientieren soll.

Anleger, die nach dem 1. Januar 1999 eine Staatsanleihe kaufen, müssen sich auf den Euro einstellen: Alle Teilnehmerländer werden neue Staatsanleihen mit Start der Währungsunion nur noch in Euro auflegen und Zins und Tilgung nur noch in Euro leisten. Sie können als privater Anleger aber verlangen, daß Ihre Gutschriften noch bis zum Jahr 2002 in DM vorgenommen werden. Private Emittenten (Herausgeber) von Wertpapieren, also zum Beispiel Banken oder Industrieunternehmen, können bis zum 31. Dezember 2001 frei wählen, ob sie ihre Wertpapiere noch in DM oder bereits in Euro auflegen. Da nach Einführung des Euro aber Anleihen in nationaler Währung wohl kaum noch gefragt sein werden, ist hier mit einer schnellen Umstellung auf Euro zu rechnen.

Tip: Sie sollten sich frühzeitig auf Anlagen in Euro einstellen. Diese Anleihen werden mit hoher Wahrscheinlichkeit in der Übergangsphase höhere Kurse und Renditen erzielen.

Die große Ausnahme bei der Währungsumstellung ist die Börse. Bereits mit dem ersten Handelstag nach der Währungsumstellung, also dem 4. Januar 1999, ist die Deutsche Mark vollständig aus dem Börsenalltag verschwunden. Die Kurse aller an deutschen Wertpapier- und Terminbörsen gehandelten Aktien, Anleihen und Derivate werden nur noch in Euro notiert. Das gleiche gilt auch für alle Börsenplätze der anderen Teilnehmerstaaten. Mit der Umstellung der Kursnotierung wird auch die Abwicklung der Börsenaufträge sofortig auf Euro umgestellt. Wenn Sie sich also aktiv an der Börse engagieren, müssen Sie sich schnell an den Euro gewöhnen.

Ihre Depotauszüge werden aber zumindest in der Anfangsphase zwei Währungsangaben enthalten.

Den «Deutschen Aktienindex» (DAX) wird es auch nach der Währungsunion geben; allerdings werden neue Indizes interessanter sein: der «Dow Jones Euro Stoxx 50», der ausschließlich Aktien aus den Euro-Teilnehmerländern enthält, und der «Dow Jones Stoxx 50», der europaweite Börsentrends mißt. Beim Dow Jones Euro Stoxx 50 wurden die Unternehmen nach der Anzahl der in Umlauf befindlichen Aktien, ihrem Kurs, dem Börsenumsatz sowie der Branchen- und Landeszugehörigkeit ausgewählt. Entsprechend dem wirtschaftlichen Gewicht Deutschlands im Rahmen der Teilnehmerstaaten sind in diesem Index die Werte elf deutscher Unternehmen erfaßt. Wie beim DAX wird jährlich geprüft, ob die Zusammensetzung der insgesamt 50 berücksichtigten Unternehmen aufgrund wirtschaftlicher Veränderungen geändert werden muß.

Inwieweit es sich lohnt, sich international auf dem Anlagemarkt umzutun, ist in der derzeitigen Situation schwer zu beurteilen. Macht es noch Sinn, einen kritischen Blick auf den Versicherungsmarkt zu werfen, da hier viele internationale Anbieter bei gleichen Leistungen günstigere Preise offerieren, haben sich die Zinsen im Ausland mittlerweile auf ein durchschnittliches europäisches Niveau angeglichen. Spekulationsgewinnen, die durch Währungsschwankungen erzielt werden konnten, wurde innerhalb der Teilnehmerstaaten mit dem Fixing der Wechselkurse und durch die Einrichtung der Europäischen Zentralbank schon vor der Währungsunion ein Riegel vorgeschoben. Und die Prognosen darüber, wie sich andere Währungen gegenüber dem Euro entwickeln werden, gehen weit auseinander. Von diesen Risikogeschäften sollten Sie ohnehin die Finger lassen, wenn es um Ihre Altersvorsorge geht.

Insgesamt wird die Einführung des Euro mittelfristig zu mehr wirtschaftlicher Stabilität und damit auch zu steigenden Anlagezinsen führen. Von dieser Warte aus können Sie der Währungsunion im Hinblick auf Ihre Altersvorsorge gelassen entgegensehen.

Fazit: Eine Euro-Angst ist bei ihrer Geldanlage genausowenig gerechtfertigt wie eine Euro-Euphorie. Aufgrund des Euro muß niemand sein Anlageverhalten grundlegend verändern. Wie gehabt, kommt es vor allem darauf an, daß Sie Ihre persönlichen Anlageziele und -wünsche abstecken und Ihre Anlagestrategien darauf abstimmen. Dabei bleiben Flexibilität und Risikostreuung für Sie unverändert wichtige Kriterien. Bewährte Anlagestrategien werden von der neuen Währung nicht einfach außer Kraft gesetzt. Wer sein Vermögen bereits über verschiedene Anlageformen breit gestreut hat, ist auf die Währungsunion bestens vorbereitet. Viele Produkte, die jetzt für Euro-Optimisten oder Euro-Pessimisten angeboten werden, verführen dazu, alles auf eine Karte zu setzen. Diesen Fehler sollten Sie auf jeden Fall vermeiden, denn er ist mit hohem Risiko und schlechten Gewinnaussichten verbunden.

12. Ihr Produktmix für die Altersvorsorge

An dieser Stelle sei noch einmal ganz deutlich gesagt: Risikovorsorge geht vor Altersvorsorge. Als Selbständiger müssen Sie mit anderen Risiken rechnen als ein angestellter Lohnempfänger. Das beginnt mit der Unsicherheit der Auftragslage und hört damit, daß Sie im Fall von Arbeitslosigkeit meist keinen Anspruch auf Arbeitslosengeld haben, noch lange nicht auf. Deshalb spielt die Flexibilität Ihrer Geldanlage für Sie eine wichtige Rolle.

Wie Sie in den vorausgehenden Kapiteln lesen konnten, müssen Sie aus diesem Grund nicht auf angemessene Renditen verzichten. Einige Anlageformen, wie zum Beispiel Investmentfonds oder festverzinsliche Wertpapiere, bieten Ihnen Flexibilität bei trotzdem attraktiven Gewinnmöglichkeiten. Allerdings sind diese Anlageformen mit mehr Risiken verbunden als zum Beispiel Kapitallebensversicherungen oder andere Sparverträge. Deshalb wäre es die falsche Entscheidung, nur auf ein Pferd zu setzen. Für Ihre Anlagestrategie sollten Sie einen Produktmix anstreben, der Ihr Risiko nach Möglichkeit so streut, daß Verluste der einen durch Gewinne einer anderen Anlage ausgeglichen werden können.

Um eine Grundversorgung zu gewährleisten, sollten Sie deshalb zunächst auf langfristig sichere Anlagewerte zurückgreifen. Dies kann mittelfristig die Anschaffung einer selbstgenutzten Immobilie sein. Mit Investmentfonds oder festverzinslichen Wertpapieren können Sie bequem auch durch regelmäßige Sparleistungen Grundkapital aufbauen, auf das Sie bei langfristig attraktiven Renditen trotzdem auch kurzfristig zugreifen können. Für spekulative Anlagen, wie zum Beispiel die Direktanlage in Aktien, sollten Sie nur Kapital einsetzen, das nicht zur Deckung Ihrer späteren Grundversorgung gedacht ist. Insgesamt sollte dieses «Spielgeld», bei dem immerhin auch die Möglichkeit eines Totalverlustes besteht, nicht mehr als 10 Prozent Ihres gesamten Anlagevolumens ausmachen. Langfristige Verträge, wie Kapitallebensversicherung oder private Rentenversicherung, sollten Sie nicht voreilig abschließen. Wenn bereits Verträge bestehen, sollten Sie prüfen lassen, ob es günstiger ist, diese weiterzuführen, beitragsfrei zu stellen oder sie aufzulösen. Um die Kostensteigerung im Rahmen einer privaten Krankenversicherung auszugleichen, kann im Einzelfall allerdings der Abschluß einer privaten Rentenversicherung sinnvoll sein.

Wenn Sie sich eingehender mit dem Thema Geldanlage und Altersvorsorge auseinandersetzen wollen, können Sie zum Beispiel auch auf die im Rahmen dieser Ratgeber erschienenen Bände Jan Evers: «Altersvorsorge» (rororo Sachbuch 60224) oder Diana Siebert: «Geldanlage» (roro Sachbuch 60225) zurückgreifen. Nutzen Sie darüber hinaus auch die Möglichkeiten unabhängiger Beratung! Für eine solche Beratung müssen Sie oft anfangs Geld investieren. Ihr Nutzen liegt auf der Hand, wenn Sie die bitteren Folgen falscher Entscheidungen bedenken. Und durch Ihre Einsparungen bei Entscheidungen, die sich an Ihrer persönlichen Situation orientieren und für Ihre individuellen Ansprüche die richtige Lösung darstellen, hat sich die Investition in fachkundige, unabhängige Beratung oft schon nach kurzer Zeit wieder eingespielt.

Ein Wort
fast zum Schluß

Wir hoffen, wir konnten Ihnen in diesem Band einige Anregungen geben, die Sie bei der Planung Ihrer geschäftlichen und privaten Finanzen unterstützen. Dabei war es unser erstes Anliegen, Ihnen ein Gefühl dafür zu vermitteln, wie wichtig die Vorbereitung von Entscheidungen und die Organisation auch der privaten Verhältnisse ist, wenn Sie am Beginn einer selbständigen Tätigkeit stehen. Beide Autoren wissen aus eigener Erfahrung, daß es gerade zu Beginn oft schwierig ist, diese Zeit aufzubringen, wo sich doch alle Kräfte darauf konzentrieren, zunächst die Geschäfte zum Laufen zu bringen. Noch schwieriger ist es am Anfang, Geld für eine Zeit zurückzulegen, die in weiter Ferne zu liegen scheint. Doch genau diese Erfahrungen waren ein wesentlicher Grund dafür, daß dieses Buch entstanden ist. Denn entgegen der landläufigen Meinung ist es in einigen Bereichen durchaus sinnvoller (und vor allem billiger), von den Erfahrungen anderer zu lernen, als sie selbst machen zu müssen.

Das schlechte Gewissen vieler Selbständiger, zuwenig für die eigenen Belange vorgesorgt zu haben, ist der Ansatzpunkt vieler gewiefter Verkäufer. Die Folge sind oft voreilig abgeschlossene Verträge, die nur einem nützen: dem Vermittler, der an ihnen Provision verdient. Daher ist es auch ein Anliegen dieses Buches, Ihnen einen Überblick über die Möglichkeiten und Erfordernisse einer freiberuflichen Tätigkeit zu vermitteln. So wissen Sie, selbst wenn Sie noch nicht alle Schritte, von denen in diesem Band die Rede war, sofort umsetzen können, wenigstens, was Ihnen vielleicht noch fehlt. Und damit haben Sie Ihre persönliche Strategie bereits ein Stück weit in Ihre Planung einbezogen. Damit sind Sie weniger anfällig für die Panik, die aus verkaufspsychologischen Gründen von vielen verbreitet wird.

Um in die Lage zu kommen, für die verschiedenen Wechselfälle des freiberuflichen Lebens gewappnet zu sein, ist vor allem eines erforderlich: eine erfolgreiche Unternehmung, die Ihnen den dafür notwendigen finanziellen Spielraum verschafft. Lassen Sie uns Ihnen also am Ende dieses Bandes vor allem eines wünschen: viel Erfolg!

Adressenverzeichnis

Rentenversicherungsfragen

Verband Deutscher Rentenversicherungsträger (VDR)
Eysseneckstraße 22
60322 Frankfurt a. M.

Bundesversicherungsanstalt für Angestellte (BfA)
Ruhrstr. 2
10709 Berlin

Bundesverband der Rentenberater e. V.
Hohenstaufenring 17
50674 Köln

Versicherungsfragen

Bund der Versicherten (BdV)
Postfach 11 53
24547 Henstedt-Ulzburg

Bundesverband der Versicherungsberater (BVVB)
Alexanderstraße 228
26127 Oldenburg

Bundesaufsichtsamt für Versicherungswesen
Postfach 15 02 80
10664 Berlin

Arbeitsgemeinschaft der Verbraucherverbände (AgV)
Heilbachstraße 20
53123 Bonn
(hier können Sie die Anschrift Ihrer örtlichen Verbraucherzentrale
erfragen)

Geldanlagen

Bundesverband Deutscher Investmentberater (BVDI)
Kieler Straße 357–59
22525 Hamburg

Steuern

Bundesverband der Steuerberater
Wörthstraße 34
50668 Köln

Bundessteuerberaterkammer
Postfach 1340
53003 Bonn

Künstlersozialkasse

Landesversicherungsanstalt Oldenburg
Künstlersozialkasse
Langeoogstraße 12
26384 Wilhelmshaven

Sachwortregister

Abschreibung 37, 41–44, 46,
111, 189
– Degressive Abschreibung
43
– Lineare Abschreibungs-
möglichkeit 43
AfA (Absetzung für
Abnutzung) 42, 44
– AfA-Tabelle 44
Aktien 160, 185, 192,
196–199, 213 f., 216
– Aktiendepot 198
Allgemeine Geschäftsbe-
dingungen 23
Altersbeitragsentlastung 114
Altersrücklagen 112, 114
Altersrückstellungen 99, 105,
114 f., 118
Altersvorsorge 9, 53, 66,
73 f., 115, 117, 138, 149,
151 f., 160 f., 171 f.,
179–181, 183, 185 f., 188,
190, 192, 200, 203–208,
219, 214–216
Anleihen 192–195, 197, 213
Anmeldepflicht 14, 20
Anrechnungszeit 164 f., 168
Anschaffungsjahr 42 f.
Anschaffungskosten 42–44
Anspar-Abschreibung 44
Anwartschaftversicherung
122
Anzeigepflicht 17 f., 71 f., 103
Aufbewahrungsfrist 47 f.
Auftraggeber 20, 24–27, 33
Auftragnehmer 24 f., 27
Aufwendungen 26, 39, 41,
45, 99, 107, 179, 182
Ausschlußfrist 90
Beitragsanpassungsklausel 65
Beitragsbefreiung 109
Beitragsbemessungsgrenze
90, 145
Beitragsrückgewähr 206
Beleg 34, 45, 47, 164, 167 f.,
173
– Ausgabenbeleg 33 f.
Bemessungsgrenze 131

Bereicherungsverbot 109, 111
Berücksichtigungszeiten 165,
167, 169
Berufsbezeichnung 14–16, 19
Berufsgenossenschaft 15, 18
Berufsgenossenschaftliche
Unfallversicherung 15
Berufshaftpflichtversicherung
55, 61 f., 84
Berufsunfähigkeit 62 f.,
65–67, 69–71, 73, 110,
118–123, 153, 168, 200
– Berufsunfähigkeitsrente
63 f., 69, 71, 110, 119, 121,
169, 171
– Berufsunfähigkeitsversi-
cherung 62, 64–68, 73, 76,
80 f., 84, 119, 160, 177
– Berufsunfähigkeitszusatz-
versicherung 64 f., 76, 120
Beteiligung 31, 75, 188 f.,
200 f., 203
Betrieb 16, 44, 47, 60, 157
– Betriebsausgaben 41 f.,
111, 144
– Betriebseinnahmen 37,
40, 144
– Betriebshaftpflichtversi-
cherung 55, 58 f., 62, 84
– Betriebskosten 39
– Betriebsprüfung 48
– Betriebsvermögen 36, 46
Bewirtung 34, 46
– Bewirtungsbelege 34
– Bewirtungskosten 34, 45
Bilanz 36, 47
Brutto-Einkommen 36, 143,
178
Buchführung 35 f., 47
Bundesschatzbrief 155,
158–160, 188, 195
Bürokasse 34 f.
Deckungslücke 174, 180
Depot 184
– Depotgebühr 198
– Depotkosten 184
Dienstleistungsvertrag 23, 101
Disagio 189

Dispo (Dispositionskredit)
153, 157
Dividende 196–199
Dynamik 68, 154 f.
Effekten 192 f.
Ehevertrag 28–32
Eigenanteil 34, 113, 120
Eigentumsvorbehalt 23
Ein-Mann-GmbH 21
Einkommen 35, 54, 57, 67,
73, 77, 79, 91 f., 95–97, 110,
112, 117–119, 122, 131,
139, 143–145, 163, 174,
177, 191, 207
Einkommensteuer 36, 189
– Einkommensteuerbe-
scheid 111
– Einkommensteuer-
erklärung 95, 110, 197
– Einkommensteuergesetz
(EStG) 16 f., 36
Einnahmen 33, 36 f., 40, 42,
46, 53, 66, 91 f., 95 f., 109,
118 f., 139, 142–144, 147,
– Einnahmen-Überschuß-
rechnung 36 f., 39, 42–44,
47
Erbschaftssteuer 79, 81
Erfüllungsschäden 58
Ertragssteuer 197
Erwerbsunfähigkeit 94, 110,
163
Erwerbsunfähigkeitsrente
110, 169, 171
Existenzgründer 39, 44, 88,
171
Existenzminimum 138 f., 153
Freiberufler 9, 14 f., 18 f., 23,
28, 38, 41, 44 f., 61, 83,
115, 138, 146, 150, 153 f.,
177, 181, 203
Familienversorgung 76 f.
Festgeld 156, 158
festverzinsliche Wertpapiere
192–194, 197, 215 f.
Finanzamt 15, 18, 34–41,
44 f., 48, 146 f., 189, 197,
209

Firmenkapital 20, 35
Fonds 183–185, 187–191
– Aktienfonds 183–187, 190–192
– Fondsanteile 184–189, 191
– Fondsmodelle 160
– Fondssparen
– Fondssplitting 191
– Immobilienfonds 183–185, 188–191
– Investmentfonds 183, 188, 190 f., 215 f.
– Rentenfonds 183–185, 187, 191–193
– Wertpapierfonds 187
Formvorschriften 29
Gebühren 7, 31, 40, 45 f., 136, 159, 179, 184, 204, 206
Gemischte Fonds 183
Geschäftsbedingungen 23 f., 28
Geschäftsfähigkeit 22
Gesellschaft des bürgerlichen Rechts (GbR) 19 f.
Gesellschaft mit beschränkter Haftung (GmbH) 16, 19–21
Gesellschaftsvermögen 21
Gesellschaftsvertrag 21
Gesetzliche Krankenversicherung 86–88, 90–92, 95–98, 101, 105 f., 108 f., 117–120, 122 f., 129, 131, 138, 143, 145, 178
Gesetzliche Rentenversicherung 62, 66, 68, 78, 91, 94 f., 109, 113, 119, 138, 143 f., 159, 161–166, 170–172, 174, 180
Gewerbeamt 14–17, 62
– Gewerbeanmeldung 17–19
– Gewerbeanzeige 15
– Gewerbeaufsicht 16
– Gewerbeaufsichtsamt 16
– Gewerbeschein 15, 19
– Gewerbesteuer 46, 209
Gewinn 15 f., 22, 35 f., 42, 67, 75, 77, 111–113, 116, 160, 182, 184–186, 191, 196 f., 200 f., 209 f., 216

Gewinnerzielungsabsicht 17, 143
Girokonto 7, 33–35, 153 f., 156 f.
Gläubiger 20, 30, 172, 181, 203
Güterstand 29, 31
Gütertrennung 29–32
Haftpflichtversicherung 51, 54–59, 61, 84, 153, 160
Haftungsausschluß 28
Handelsregister 16
Handwerkskammer 15, 146, 151
Handwerksrolle 16
Höchstbeiträge 68, 171
Honorar 25–28, 129, 138
– Honorarvertrag 24, 27 f.
Hypotheken 77
Immobilie 179, 181, 188, 190 f., 208–210, 216
Industrie- und Handelskammer 15
Inflation 67, 154, 175, 190
– Inflationsausgleich 207
– Inflationsvorsorge 175
Investition 23, 44, 75, 184, 188–190, 192, 216
– Investitionsrücklagen 45
Kapitaleinlage 20 f.
Kapitalertragssteuer 194
Kapitallebensversicherung 64, 74–76, 181, 183, 186, 192, 200–207, 215 f.
Kapitalversicherung 204 f.
Kassenbeleg 34, 45
Kassenbuch 33, 35 f.
Kassenzulassung 106
Klausel 24, 56, 60, 65, 70
Kommanditgesellschaft (KG) 20 f.
Kommanditisten 20
Komplementär 20 f.
Konkurs 30, 189, 192, 196
Kontenklärung 66, 173 f., 180
Körperschaftssteuer 197
Kostenerstattung 101, 107
Kostenerstattungsprinzip 101 f.
Krankengeld 92, 94 f., 109–111, 131, 144, 148

Krankentagegeld 86, 95, 108 f., 111 f., 119, 121, 126, 144 f.
Krankenversicherung 9, 55, 85–89, 97–103, 105–109, 111–123, 125, 131, 139, 144 f., 177 f., 216
– Krankenversicherungspflicht 86, 145
Kredit 19, 75 f., 78
– Kreditabsicherung 77
Kündigungsrecht 145
Künstlerische Tätigkeit 17 f., 142 f., 147 f.
Künstlersozialkasse (KSK) 18, 91, 137, 139 f., 142–148, 161, 165
Künstlersozialversicherungsgesetz 143
Kursschwankungen 158, 185, 187, 192, 194
Lebensunterhalt 15, 35, 52, 54, 66, 73, 79, 91, 95, 111, 139, 153, 155, 175, 179, 206 f.
Leistungsdauer 65 f.
Liquiditätsreserve 153 f., 157, 160
Mehrleistung 96, 106
Meisterprüfung 16, 18, 146
Meldepflicht 16, 146
Mindestbeitrag 95 f., 110, 171
Nachweispflichten 164, 166
Nettoeinkommen 67, 111 f.
Notar 29, 31
– Notarielle Beglaubigung 30
– Notarielle Beurkundung 20 f., 31
Notarkosten 31
Obligationen 192 f.
Offene Handelsgesellschaft (OHG) 20
Pflichtbeiträge 66, 110, 139
Pauschalregelung 63, 70
Personengesellschaft 19 f., 28, 30, 181
Pflegeversicherung 86, 111, 143–145
Pflichtversicherung 109, 145, 170–172
Privateinlage 35

Privatentnahme 35
Privathaftpflichtversicherung 54–57, 74
Privatvermögen 19–21, 28, 30 f., 54, 172, 181, 203
Provision 88, 124, 126, 129 f., 133, 182, 200, 202 f., 218
Ratensparvertrag 155
Raumkosten 41, 46
Rechtsschutzversicherung 55, 59, 82–84
Regelsteuersatz 37
Reisekosten 45 f.
Rendite 76, 159, 160 f., 182, 184–187, 190–192, 194, 197, 203, 205, 207 f., 213, 215 f.
Rente 62 f., 66 f., 69–71, 73, 91, 94, 115–117, 119, 144, 163 f., 166 f., 169–171, 173, 204–207, 212
– Rentenanspruch 62, 67, 145, 164–166, 169 f.
– Rentenanwartschaften 32
– Rentenversicherung 62, 68, 91, 94, 109–111, 115–117 120 f., 139, 150, 161, 165 f., 171, 181, 204–207, 216
– Rentenwerte 192 f.
Restschuld 75
– Restschuldversicherungen 75
Risikolebensversicherung 64 f., 73–81, 84, 160, 200, 206
Rückkaufswert 117, 202
Rücklage 44, 61, 73, 130, 152–155, 172, 181, 197
Sachleistungsprinzip 92 f.
Sachwerte 21
Salvatorische Klausel 24
Satzung 96, 148
Schadenersatz 27
– Schadenersatzanspruch 51, 54 f., 58 f.
– Schadensersatzpflicht 54

Schätzwert 40, 201
Selbstbeteiligung 98, 112 f., 178
Sicherheiten 20, 75, 78
Sozialversicherung 18, 87
Sparbeiträge 114 f., 117
Spekulationsfrist 197
Spekulationsgewinn 209, 214
Staffelregelung 63 f., 70
Stammkapital 21
Standardverträge 60
Steuerberater 17, 34, 111, 159
Steuerbescheid 48
Steuererklärung 15, 18, 32, 111, 211
Steuerfreibeträge 159, 194
Steuerpflicht 38, 201
Steuersatz 37
Steuervorauszahlungen 15
Steuervorteile 195, 204
Stille Teilhaberschaft 21
Subunternehmer 27, 60
Tätigkeitsschäden 59
Termingeld 155–158, 160
– Termingeldkonto 156 f., 159
Thesaurierende Wertpapiere 159
Thesaurierung 159
Trennungsunterhalt 32
Überschuß 36, 69, 197, 201, 203, 207
Überschußbeteiligung 116, 200 f., 206
Umsatz 37–40, 111
Umsatzsteuer 33 f., 37–41, 45 f.
– Umsatzsteuersatz 34, 47
– Umsatzsteuererklärung 38
– Umsatzsteuerpflicht 18, 38
Unfall-Zusatzversicherung 77
Verlust 42, 111, 115, 132, 136, 160, 181 f., 184–189, 193, 203 f., 216
– Verlustzuweisung 189

Vermögensschäden 56–58, 60–62
Vermögensschaden-Haftpflichtversicherung 61 f., 84
Verrentung 205
Versicherung 45 f., 50 f., 53, 55–63, 66–71, 74, 76, 78, 81, 88–90, 99, 103, 105, 111–114, 117 f., 128, 133, 135, 152 f., 171, 178 f., 200–203, 206
Versicherungspflicht 18, 62, 86 f., 89–91, 95, 97, 111, 122, 138, 147, 178
Versicherungsschutz 49 f., 53–59, 61 f., 69, 71–73, 82–84, 97 f., 101–104, 113, 125 f., 130–136, 153, 160, 162 f., 178, 205
Versicherungsschutzdauer 67, 79 f., 174, 180, 191
Vertrag 22–31, 47, 50, 54, 56, 60 f., 65, 68, 72, 74, 76, 78, 97 f., 103, 109, 111, 115, 120 f., 131–133, 135, 202–205, 207, 213, 216 f.
– Vertragsklauseln 23 f.
Vinkulierte Namensaktien 199
Vorsteuerabzug 39
Währungsunion 213–215
Wartezeit 110, 165 f., 169, 172
Werbungskosten 34, 100, 189
Werkvertrag 24–28
Wertpapier 158–160, 187 f., 192–194, 196, 213
– Wertpapierdepot 195, 211
Wertzuwachs 208 f.
Widerspruchsfrist 132, 135
Willenserklärung 97
Zinseszinsen 159
Zugewinnausgleich 31
Zugewinngemeinschaft 29, 31 f.
Zusatzvereinbarung 28, 60
Zwangsverkauf 181